Cross-cultural Studies Series
クロス文化学叢書　第３巻

有徳論の国際比較

―日本とイギリス―

矢嶋道文　編著

クロスカルチャー出版

目次

【特別寄稿】

はじめに――日本とイギリス――

ここで比較対象とする日本とイギリスは、同時期の一七〜一八世紀を比較してみても、正反対の対外政策をとっていたといえる。すなわち、日本は一七世紀前半から「鎖国」体制に入り幕末「開国」期に至るほぼ二世紀を「海外渡航・帰国の禁止」とした。もとより「鎖国」とはいっても、長崎を窓口とするオランダ・中国との貿易はこの間継続されていた。近年では東アジア貿易圏(中国・朝鮮・琉球など)の研究が富に進んでおり、これは「鎖国」ではなく、むしろ「日本型華夷意識」(日本をアジアの中心とする見方)による「海禁」策にすぎないという説も論議されてきた。[1]「鎖国」であるか「海禁」であるかはともあれ、一方で「開国」という歴史用語がある以上、どこかで国を閉じていなくてはならないことは自明の理である。上記対外政策のほかにも「大船建造の禁止」「キリシタンの禁止」などを目安に、江戸は「鎖国」体制に入ったと解釈しておきたい。[2]なお、この時期のイギリスでは、一七世紀後半における二度の対オランダ植民地規制(一六五一年「クロムウエル航海法」、一六六〇年「スチュアート航海法」)に代表されるように周辺列強国との「富国」競争に明け暮れていた。[3]すなわち、「貿易制限」(長崎貿易)、「海外渡航・帰国の禁止」(植民地政策の禁止)、「大船建造の禁止」(軍船建造の禁止)などの対外政策をとった

「鎖国」下日本と、まさに海外拡張期にあるイギリスとの政策上の違いである。(4)

以下本書では、かかる対外政策上の異なりを歴史上に見た日本とイギリスにおける「有徳」性の比較を試みようというものである。研究のきっかけは、二〇一二年度・二〇一三年度における「人文科学研究所」研究助成（研究課題「有徳性の国際比較―日英にみる道徳と実践」）であり、共同研究者は私のほか伊藤　哲氏と高橋一得氏の三名であった。したがって本書の主な構成は矢嶋（Ⅰ江戸期における「有徳」論）、伊藤（Ⅱイギリスにおける「有徳」の歴史）、高橋（Ⅲイギリス現代社会の「有徳」性）となっていることをあらかじめお断りしておきたい。

［註］

（1）荒野泰典『近世日本と東アジア』東京大学出版会、一九八八年。

（2）これら一連の「鎖国」体制については、四つの口（長崎、対馬、薩摩、松前）と併せて考える必要がある。その上で拙書では「鎖国」であると位置づけた。『近世日本の「重商主義」思想研究―貿易思想と農政』御茶の水書房、二〇〇三年、第一章三を参照。

（3）この点については大倉正雄氏による一連の研究がある。すなわち、氏が「公共の用途（public use）のために必要とされる税収入は、一年間に四〇〇万ポンドである。そのうち一〇〇万ポンドは経常経費を、三〇〇万ポンドは臨時的経費（＝戦費）を賄うために徴収される。」と論じるように、この時期のイギリスでは税金のほぼ七五パーセントが軍事税（海軍力強化・植民地支配強化）に用いられていた。大倉正雄「ウイリアム・ペティ研究」『拓殖大学論集』第二〇巻第二号、二〇一八年、三〇頁。

（4）なお、ロナルド・トビ氏が「たとえ徳川時代がこれまで描かれてきたほど孤立していなかったといっても、当時のたとえばエリザベス朝のイングランドほど開かれていたのではないことは、認めなくてはならない」と指摘していることは、ほぼ同時期の日英を比較する上に有効な表現である。

I

江戸期における「有徳」論

――儒者芦 東山と士農商・経世家との比較――

矢嶋道文

1　儒者にみる「有徳」論――芦　東山「二十二箇条の上言」――

1　芦　東山小史

芦　東山は一六九六（元禄九）年、磐井郡（現在の一関市）東山渋民に出生した。以下、千葉寛二郎「芦　東山略伝」[1]によれば、幼より穎悟、七歳で僧定山について句読を受け、九歳にして山鹿素行門人の桃井素忠に受経、かたわら医術兵法にも及んだ。一七一〇（宝永七）年、一五歳の時仙台に出て、吉田需軒に学ぶ。需軒はその才を愛し、江戸遊学を勧めた。祖父白栄の意見に従い仙台に留まり、天文・暦術を学んだ。藩老田村図書に接見、『大学』『中庸』を講じた。図書は東山を藩に推薦し学費を賜い儒臣田辺整斎に就き学ばせた。一七一六（享保元）年、東山二一歳の折、祖父白栄の言に従い京に学び、浅井義齋門人となり、義齋逝去のあと三宅尚齋に学ぶ。一七二一（享保六）年白栄の死去にあう。この年、獅子山公（藩主吉村）に従い江戸に赴く。この時期、『大学』を講じるとともに社倉義穀及び救荒諸政皆治国の要にして、今に及んで議定せざるべからずを反覆して論じる。さらに七諫（七箇条の上言）を上り、大いに時務を論じた。東山、桑名末雲より室鳩巣の人物なるを聞き室鳩巣室鳩巣に就く。鳩巣その学を称し「我かって漢土諸儒の刑律を論ぜるをとり、一書を編集せんと欲したるも達せず今老いて果たすこと能わず、君が我が意を継いで之を成し遂げんことを」と委嘱する。東山二六歳、鳩巣六四歳であった。これが後の『無刑録』であった。一七三五（享保二〇）年、国学を建てることを請うが聴かれず。藩校設立についてはとくに上書を繰り返す。藩学問所開講後も改革を主張、当局の忌諱にふれ、一七三八（元文三）年、四三歳の折、家族とともに加美郡宮崎村石母田長門守の知行地に配された。以降二四年間の閉門（配所生活）となる。この間、東山は『無刑録』一八巻を完成させた。一七五八（宝暦八）年、妻の赦免願いもあり、一七六一（宝暦一一）年、東山六六歳の折、お預け御免となり渋民に戻った（伊達重村婚儀あり）。その後、仙台では建部清庵とも交友を重ねている。かかる東山は一七七六（安永五）年、八一歳まで存命した。本稿に取り上げる「二十二箇条の上言」は、閉門中の東山が『無刑録』を書き上げた前年、一七五四（宝暦四）年、東山五九歳で論述されたものである。

2　「二十二箇条の上言」

序・凡例：　芦　東山は「二十二箇条の上言」（以下「上言」）の序において、次のように述べている。「退テ民家ノ情状ヲ察シ候ニ、郡司ヨリ以下村邑ノ諸小吏ニ至ルマデ、治道ニ不案内ナルハマ、御教化ニ背戻シテ、下民ノ痛苦ニ至ル事モ少カラズ候、由テ窃ニ其由ヲ惟ンミルニ、堂上ニハ曲サニ下民ノ情態ヲ、聞セ上ル者モ有之マジク候得バ、其状ヲ知シ召ス事稀ニシテ、下情ハ不上達、上意ハ不下通、天地ト懸隔仕ルユヘ、御仁沢下民ニ伝（カ）ヘ兼候事カニ奉存候」(2)。すなわち、この部分において東山は、農民を教え導くべき役人自体が「治道」（農業のあり方、農家経営のあり方）に不案内であり、民家（農家）の実情を上達し得ないでいる現状を厳しく批判している。同上言は一「総論」から二二「倹省」（倹約）に至るまで、順を追って改革すべき内容を具体的に説き示している。本書では、このうち九項目を取り上げ論じることにしたい。

「上言」凡例において、東山は次のように書いている。「一　大凡御郡方ヨリ指上候上言ハ、当時ノ御利潤ヲ上達仕ル由ニ候所、此上言コレニ異リ候、然レドモ其本根ヲ培フトキハ、枝葉自カラ茂盛仕ル理ニ奉存候ユヘ、見在ノ御利益ニ拘ラズ、本ヲ治ル事ヲ主ニ申上ル事ニテ候」。すなわち東山は、同上書の意図・目的が通常の「上言」（見在ノ御利益）とは異なり、藩運営の「本ヲ治ル事」にあるものであることを冒頭に明言するのである。

(1) 総論

総論には、①役人の不仁(不勉強)が民(農民)の悪事に繋がっていること。②制令(規則)は条数が少ない方が良いこと。③刑罰の多さが民心の離脱を招くこと。古代聖人は父母の子を思う如く民を導いたこと。しかし制禁は必要であること、が具体例を交え述べられている。東山は上記内容に入る前に次のように述べている。「一 恭シク惟ンミルニ、国家ヲ治ルハ、大ナル事業ニ御坐候、故ニ天下ヲ治ルニハ、天下ノ賢才ヲ択ンデ任之、一国ヲ治ルニハ国中ノ賢才ヲ択ンデ任之候」。ここで東山が想定する「国家」を仮に藩国家とした場合、藩内中の秀才を選び抜いて藩政を行なわせるべきであるという姿勢である。その上で東山は「然レドモ生レナガラ才徳具ル人ハ、聖人ノ外無之候ヘバ、皆学ンデ其才徳ヲ明ニ仕ル事ノ由ニテ候。(略)凡ソ学問ハ人ノ才徳ヲ砥グモノニ候ヘバ、其才徳アル人ニシテ学問アレバ、益々明カニ其才徳ナキ人モ学問スレバ企テ及之候、左候ヘバ古ヘヨリ学問ノ道ヲ重ンジ候ハ、コレガ為カニ御坐候」と学問の必要性を論じるのである。

はじめに①について、東山は次のようにその実情を訴えている。「凡ソ学問ハ人ノ才徳ヲ砥グモノニ候ヘバ」とする東山にとって、「苟クモ民ニ長タル人学問ナキトキハ其徳下ニ及シ難ク、才智アル人モ、其才智開ケ難ク一己ノ智ニ止リ候由」と、民に長たる人物における学問の不可欠性を述べた後に、「窃カニ当時ノ諸官吏御代官定役人、上廻リヨリ下モ諸役人ノ所為ヲ承リ候ニ、勤方宜キト申モ多クハ民ノ痛苦ヲ不弁候カニテ、収斂ノミヲ以忠義ト心得、甚ダ御仁政ニ背キ候事多ク相聞ヘ申候」として、上に立つ官吏、代官、役人が「民ノ痛苦ヲ不弁」実態を指摘しつつ、「況ヤ其他ノ俗吏ハ一向御政治ノ大体ヲ存ゼズ、収斂ノ甚ダシキ苛刻不仁ノ仕方ニテ取リ集メ候テモ、支配頭ノ面見（メミ）ヨクシテ身分官職ニテモ登ン事ヲ思ヒ、或ハ奸曲ノ計ヲ廻ラシ候テ、己レガ利欲ニ為ン事ヲ思ヒナド仕リ、至ラヌ取所ニテ士風甚ダ衰ヒ候」として、「他ノ俗吏」（下級役人）による「身分官職」への拘泥、「奸曲ノ計」、「利欲ニ為ン事」を厳しく批判する。東山は、その根因を「是畢竟学問仕ラズ、道理ヲモ相心得不申ユヘノ事カニ奉存候」と述べ、ここにおいても学問・道理の不在を訴えるのである。

東山は続ける。「苟クモ如此ナル民ニ長タラシムル者、無学ニシテ、心ザマ悪ク御坐候ヘバ甚以不仁非義ノ事ドモ有之候、右ノ吏風ニナリ下リ候程ニ一々廉潔ノ心ナル者モ、御代官以下ハ同役ニ挾マレ候ユヘ、心ナラズ悪事ヲ仕ル事モ有之由ナド承候」。すなわち、ここでも東山は「民ニ長タラシムル者」が「無学ニシテ、心ザマ悪ク」状況にあることが、さらには「一々廉潔ノ心ナル者」までをも「心ナラズ悪事ヲ仕ル」ことへと悪影響があることを嘆くのである。ただし東山はこの状況を放任しておくのではなく、その改善策を「依之謹デ其弊ヘヲ救ヒ玉ハン儀ヲ愚案仕ルニ、唯学問為シメ礼義廉耻ノ道ヲ知シメ候外、有之マジク奉存候、左候ニハ先儒道ヲ崇ビ玉ヒ、大ニ学校ヲ興シテ諸士ヲ倡ハセ玉ハヾ、可然奉存候」とのべ、「学問為シメ礼義廉耻ノ道ヲ知シメ」ることが唯一の改善策であり、そのためには「学校」を興すべきであると指摘するのである。

②について東山は「凡ソ国家ヲ治ルノ重キハ制令也」という。東山は「制令ハ威尊ヲ貴ブ、威尊軽キトキハ民犯シヤスシ」として、独自の制令縮小説を次のように論じる。「條数多カラザレバ、威尊重ク、條数多キトキハ威尊軽シ、譬ヘバ羅網ノ如シ、細密ナレバ揚之ニ必壊ル、事アリ、網大ニシテ目疎闊ナレバ、物重シト云トモ能堪ヘリ、サレバ制令ハ国人ノ羅網也」。東山は続ける。「依之條数細密ナラズ、大綱疎目ニシテ民犯之トキハ、大ニ制事ニ防害アル事計ヲ令スレバ、制令ノ威尊重ク且所守ノ数多カラザルユヘ行ヒヤスシ」。東山は「大ニ制事ニ防害アル事計ヲ令スレバ」とした上で、「若其ノ犯者アラバ其時厳シク刑罰ヲ加フレバ、民畏テ敢テ犯サヌモノ也、其條数多ク瑣細ノ事マデ禁ズレバ、制令ノ威尊軽クナリテ民狎テ畏ザルモノ也、然ルヲ強テ守ラシメント刑罰ヲ加ルトキハ、守ル所ノ数多ク、手足ノ措キ処モナキヤウニナルユヘ、民心背モノ也」と論じる。

③については、上記下線部の展開である。東山は上記末尾において「民心背モノ也」と刑罰の多さが為政者と民との関係を希薄なものにすることを示唆するのであるが、東山は「民心の背き」

がやがて領主（為政者）と領民との関係を深刻な状態に陥らせると次のようにのべる。「民心背クトキハ其情離ル、然レドモ下ハ上ニ従フモノナレバトテ、愈厳シク刑罰ヲ加ルトキハ、民心大ニ離レ不祥ノ事モ出ヅルモノ也、故ニ古ヘノ聖人ノ国家ヲ治メ玉フハ、民ノ好ム所ハ好之、民ノ悪ム所ハ悪之、父母ノ子ヲ思フ如ク、何トゾシテ下民ノ痛苦ナキヤウニト為玉フ事也」。東山はここにおいて「民心背クトキハ其情離ル」という最も重要なことを論じるに至っている。すなわち、領主と領民がある目的（例えば国益の増加）の下に制令を設け設け、これを成し遂げようとする場合、東山は「條数多カラザレバ、威尊重ク、條数多キトキハ威尊軽シ」とのことから、民が守るべき条数は少ない方がよいという姿勢を保っている。

ただし、それを守らない民に対しては刑罰も必要であるとした上で、制令を守らない民に対してただ刑罰を増やすことは「民心の背き」ともなり、もっとも大事な民心の「情が離れる」結果となると東山は諭すのである。東山の理想は「父母ノ子ヲ思フ如ク」領主・役人層による領民への関わりであったことが明記されている。

(2) 儒業

意外にも、儒者の東山は天下国家を治める要件として「文武両道」を必要とする旨を「二十二箇条の上言」で明らかにしている。東山は次のようにいう。「乱ル、ニハ武ヲ以テシ治ルニハ文ヲ以テシ候ヘバ、上人君執政ヨリ下モ諸官吏ニ至ルマデ、苟モ民ニ長タル者ハ学バズシテ叶ハザル事ニ相見ヘ候」。すなわち「乱ル、ニハ武ヲ」を用いて治め、平和時を「治ルニハ文ヲ」用いての東山による文武両道論である。このように戦時と平和時における「文武両道」論を「儒業」の冒頭に明示した東山は、ここでも「民に長たる者」の学問の必要性を強く訴えている。東山はいう。「苟モ民ニ長タル者ハ学バズシテ叶ハザル事ニ相見ヘ候、故ニ古ヘ三代ノ隆ンナリシトキハ儒官ト申スモナク、府闔ニ庠序学校ヲ設テ、公卿大夫ヨリ士庶人ニ至ルマデ、皆以学問修行仕リ、成徳ノ者ハ官ニ就シメ候程ニ、在職ノ人皆尽ク君子ニテ候ヘバ、上下各其所ヲ得万民不安事ナク候由シ、ケ様ノ事ハ皆伝記ニ明白ニ相見得候」。

民に長たる者への学問の必要性を重ねて述べた東山は、ついで、「当今儒官ノ御待遇ヲ承ルニ、乍恐甚以卑薄ノヤウニ奉存候」と儒者への待遇がきわめて「卑薄」であることを論じる。東山は「当時士風衰ヒ候モ前段ニ申シ上候通リ、学問不仕ユヘノ事ニ御座候処、ケ様ノ御待遇ニテハ何様ニモ学問盛ンニ行ハレ、士風相直リ可申様無之儀ニ奉存候」といい、近年における儒者の待遇は武士や医師の下位におかれ「医師諸芸人ノ前ニ膝ヲ屈サシメ」る状況にあって、強いては「市井懇意ノ者ヨリ無心ノ金銭借用仕リ、衣服財用ニ相弁ジ候」状態であると指摘している。「民に長たる者」への学問の不可欠を説く東山ではあるが、同時に、自ら学問に励み為政者にその有益性を説くべき「成徳ノ者」がこの状態では「学問ノ盛ナラザル事勿論ニ御座候」と嘆息する。そこで東山は「依之学問相行ハレ士風改マリ候ハン儀、謹ンデ愚案仕リ候ニ」として同論への改革論を指し示すのである。

儒者の境遇を訴える東山改革論の根幹は「先御知行百貫文相附ラレ学校造営ナシ置レ」というものであった。すなわち「徳行政事文学等ノ亭堂」としての学校を建立した上で、特別なる身分のものだけが学校に入るのではなく「御家中大番組以下侍分マデノ小進困窮者ノ二男三男、或ハ部屋住等三十以下二十以上ノ者、学問仕リタキ者ニハ望次第入学仕ラセ、学校ニテ衣服小遣下シ賜リ」と広く門戸を開放の上「衣服小遣」までをも世話するという東山の計画であった。ここにおいて東山は、学問に優れた者には江戸遊学をさせる提案にまで論を進めている。「右書生ノ中学問得手ニテ成器ノ者ニ相見へ候ハバ、御物入ヲ以テ江戸へ相登サレ学問修行仕ラセ、愈学徳成就ノ者ニ御坐候ハバ儒官ニ召出サレ、秩禄ハ御格式ノ通リニテモ、位階ハ其身一代詰所以上ニ為玉ハリ、勤仕中別段ニ儒官料下シ賜ハリ、学校ノ書生教誨仕ルカ、其得手得手ヲ以御用方ニ召使ハレ候ハバ可然奉存候」。ここには東山自らの江戸遊学経験が活かされている。かくして東山は「民に長たる者」への学問の不可欠性を訴えつつ「学校」（学問所）の必要性を論じ、そこに学ぶ儒者の教育環境論を説くのである。続けて東山はいう。「サテ又右学校大先生ト申スニハ、右ノ儒官中ニ於テ優学有徳ノ者ニ仰付ラレ、寺院住職ノ如ク在職中ハ大番頭格ニ仰付ラレ、役料ハ右学校料ノ内ヲ以相応ニ下シ賜ハリ、書生ノ支配仕リ、右儒官参会日夜学問相倡ナヒ切瑳琢磨仕ラセベク候」。ここに東山による「民ニ長タル者」が到達すべき最高位としての「優学有徳ノ者」が指し示されることになるのである。

(3) 儒業附録

前段において、学校設置の必要性を説いた上で、儒者への身分的・財政的配慮の必要性、優秀なる者への種々の配慮を示した東山は、それらに必要な経費の捻出方法を明示・提案する。その運営方法は利息による財政運用であり、東山は「富民共ニ御知行何程ト申下シ玉ハリ」として次のように述べる。「金一万両相出候ハヾ、右御借シ方ノ内へ別段ニ相出サレ、利足ハ金ニテ御取立成置レ候ヘバ、右一ケ年ノ利足千二百両ヅ、相出候、其内右御蔵等ノ諸入料五十両ヅ、モ引候ヘバ、一ケ年千百五十両ヅ、相出候間、三年分ニテ学校造営、且書籍等買調ヒ候マデニ相成可申候ヘバ、三年ノ後ハ書生ノ御扶持方下シ玉ハリ候外ハ、右利足バカリニテ、左ニ申上候学校惣入料ニ相弁可申候」。ここにおいて東山は元金一万両を「御借シ方ノ内へ」預け、その利子一二〇〇両をもって学校運営の諸費用に充てるという計画を立てるのである。当時の利子率一割二分としての計算であるが、「御蔵等ノ諸入料五十両」を引き、毎年「千百五十両」の利子をもってすべての運営を行なうという東山の財政計画は具体的且つ詳細で有り、一〇〇年後の二宮尊徳が「日光御神料仕法（開発）」を金三〇〇〇両の元資への利子三〇〇両をもって果たしたものと同類の綿密さが読み取れる。尊徳は元来の農家復興・農政経営学者であるが、東山は生粋の儒者であり、この学校経営論には驚愕するものがある。(3)

かくして東山は「民に長たる者」の不勉強を解消する役割をも果たす学校に「諸役人モ入学」し「不仁不廉ノ事無之」こととなり「農民快ヨク耕作」に励み快く納税する結果を導くとして「群臣万民安堵仕リ、万世不易ノ御長策カニテ、誠ニ御国富強ノ御基ヒニ奉存候」と、東山はこの条を結ぶのである。

(4) 諸士文武修行　附医術精錬

「諸士文武修行」の項では、「怠リハ百事ノ害ニ御座候」と考える東山は「斉家ニ怠リ候ヘバ家事ノ取オキ衰ヘ」「治天下ニ怠タリ候ヘバ、一世ノ風俗衰ヘ」と捉え、この怠りこそが延いては「億兆ノ民安カラズ諸侯ノ心一ナラズ、国家ノ元気簿ク見候者ノ由ニ承リ候」ことに繋がるとしてこれを憂うのである。この怠りを正すのが学問なのであるが、ここでも東山は「サテ学問ト申シ候ハ看書ニ限ラズ、凡ソ国家ヲ治ルノ事武芸軍法ニテモ修行精錬仕ル事、皆学問中ノ事ニ相見へ候」としての文武両道論を展開している。なお、ここで注目すべきことは東山が「信賞必罰」の立場を取っていることである。そのためには、東山は個人の能力を見極めることが重要であるとする。その場合、東山は学問のみをすべての技能に優先させるのではなく「一人ゴトニ其長所ヲ承リ、学問ニ得手候トナラバ講釈申付ケ、是非相正シ刀鎗得手候ナラバ、仕合仕ラセ、弓馬得手候ハヾ弓馬ヲコ、ロミ、算数筆法何レナリトモ其得手ヲ相試ミ」と、一人一人の長所に合わせて能力を引き出すことが肝要であるとしている。その上で東山は「其長ズル者ハ御奉行処へ相達シ」とこれを誉め、一方の「其中含メニテモ怠リ候者ニハ、一年ノ蟄居ニテモ仰付ラレ」と「信賞必罰」の論を指し示すのである。『無刑録』（一八巻）完成前年（蟄居一六年目）にある東山が、怠るものには「一年ノ蟄居」を与えるとしていることには驚きを隠せない。

つぎに注目すべき内容は「医学」に対しての東山の造詣の深さである。東山の祖父白栄は、東山京都への幽学時代、一刻も早く故郷の渋民に戻り本草学や飢饉の際の救荒作物を学び、郷里の人々に教えて欲しいと願っていたという。先述のように、京での東山は三宅尚齋に師事するが、この頃に医学・本草学を学んだようである。また、永い蟄居生活の間、妻と子どもは病弱であったことから東山はこれまでに学び得た知識で漢方治療をなしえたことが十分推測される。東山は同項冒頭において「一　医師ハ御性命ニ与リ候由ヲ以、諸芸人ノ長トシテ御待遇不軽コトニ承知仕候」とのべ、「御性命ニ与リ候」医師の重要性を説くに至る。近年では若くして医按を業とするものがいるが、それは不熟であり「中々二十五歳前後ニテハ熟練仕ルマジク候」「当時無学ニシテハヤリ候ト申ハ神医ニハ無之候」と断じている。東山は、ここでも医学校の必要性を次のように説く。「御城下ニ於テ医学校相立ラレ、御家中町医ノ中、学業修錬ノ者ヲ召シ出サレ、会主先達ニ仰付ラレ候テ、相応ノ御合力下シ賜リ、諸官医ヨリ町医マデ出席許シ玉ハリ、医書講説或ハ会談等仕リ、時々医按ヲ書シメ諸医会席ニ於テ治療方論ノ工拙相正シ」。すなわち東山は、藩内に医学校を設け、官医、町医の隔てなく切磋琢磨する場所とすべきことを提言する。その際、東山は、藩内に医学校を設ける理由を「医師上京相禁」じることにあることを強く訴えるのである。そのようなことからも、医学校での生活には充分な手当を与えるべきであると考える東山は「衣食書籍ニ不自由不仕様ニ為玉ハリ、学業純一ニ修練仕ラセ候ハヾ、御恩寵別テ難有奉存、マスマス神力ヲ相尽シ可申候、左候ハヾ庸医ナルモ其儀ヲ羨シク切磋仕リ、明良医モ可相出事ト存候」と給費制度にも触れて、この条を結んでいる。

（5）諸士御恵　并黜罰寛宥

東山は言う。「一　窃ニ御家中ノ様子ヲ承リ候ニ、当時芸術怠リ候上甚ダ困窮ニテ、兵具等モ吟味不仕不調ガチノ様ニ相聞へ申候、聖人ノ言ニモ足食足兵ト見得候所、万一ノ事有之候トキハ、御用立兼可申カト、乍恐御心許ナク奉存候」。近年における「御家中」の財政事情が厳しく「兵具等モ吟味不仕」現状であることを訴え、東山は「聖人ノ言ニモ足食足兵ト見得候」というのである。(4)そこでの東山は「乍然恒産ナキトキハ恒心モ無之、礼儀芸術モ行ハレ難キ儀人情ノ常ニ御座候、左候へバマヅ食ヲ足シ候様ニナシ置レ候ハヾ、芸術修行モ相ナリ兵自カラ足ルベク奉存候」

と「恒産」の必要性を所与の前提としてあげている。

そのほかに東山は、諸藩における高齢化問題を解決すべき道を考え提案している。先ず東山は、御家中の高齢化が進む中にあって「偖ハ両親老候テ営ノミニテ手少相成、人数ハアダニテ衣食給シ兼候ユヘ、無是非扶持方判等高利足ノ質物ニ指置キ、其レヨリ年々困究仕ル事ニ相聞ヘ申候」と、武家の「扶持」をも老親を養うため「高利足ノ質物」にしている現状を問題とする。そこで東山は諸家の老人に対する扱いを次のように提案している。「縦ヒ人数アマタ有之候トモ、壮歳ノ者計ニ御座候ヘバ産事励仕候ユヘ困究不仕候ヘドモ、老人アマタ有之候ヘバ、甚困究仕ル事ニ御座候、依之其窮ヲ救セラレン儀ヲ謹ンデ愚按仕ルニ、大番組以下侍分マデノ者御知行何貫文、以下御扶持方何人ブン以下ト申候御定例相立ラレ、小進困究者バカリ年六十以上ノ老人有之者ヘハ、老人一人ニ付一人扶持、七十以上ノ老人有之ニハ、一人ニ付二人分ヅヽモ、其老人存命中御扶持下シ賜リ候ハヾ、右困究モ老人ハウキ人ニ仕リ、少壮ノ者ドモハ面々内証営ミテ相続可仕候」。ここでの東山は「老人一人ニ付一人扶持、七十以上ノ老人有之ニハ、一人ニ付二人分ヅヽ」と具体的に解決策を示すのである。その上で東山が、現状の高齢者問題を次のように解釈している点にも注目しておきたい。すなわち、東山は、諸家における老人問題は「右ノ通リ行ハセラレ候ニハ、頗ル御扶持方相費候ヘドモ、諸士ハ君上ノ御手足ニ御座候ヘバ、乍恐ケ様ノ困究ハ、固ヨリ救セラルベキ御事カニ奉存候」問題であって、ことさら取り上げる新たな問題ではないと断じつつも、「尤御家中ノ群臣不残下シ賜ル儀ニモ無之、大番組ヨリ以下侍分マデノ内、小進困究者ヘ計リ恵ミ下サレ、六十七十以上ト申候トキハ、強テ十年十五年ノ間ニ御座候ヘバ、莫大ノ御費ニモ有之マジク奉存候」と先を見越しての解決策を論じているのである。

藩内経営のあり方に深い関心を示す東山は、同項末尾においてもその点を再論しているので触れておきたい。東山による藩内経営の前提となるべきことの一つに「民ニ長タル者」の学問追究があげられる。そのことによって、東山は「民ニ長タル者」が藩内学校で学び「成徳ノ者」へと育ち、そのものが領民のみならず為政者から上下役人層に至るまでをも広く指導し、藩経営を健全に進めるというものである。

さらに東山は、それだけでは藩経営の運営は難しく、次のことが肝要であるというのである。すなわち「凡テ上ノ下ニ於ル徳ヲ以テ導クトキハ、下タル者其徳ニ感ジ威ヲ以テ従ガハシムルトキハ、下タル者妄リニ恐惧仕ルノミニテ、親睦ノ情薄クナリ候者ノ由、聖賢ノ教ニモ相見ヘ候、サレバ古ヘ君臣ノ相会ニ、朝見ノ外ニ燕会ト申候テ、朝衣礼服ヲヌギ燕服ヲ着シ、内証ムキニテ酒宴ノ交驩時々相行ヒ、上下ノ情ヲ通ジ候ユヘ、親ミノ情常ニ離レズ、君臣睦マジク深ク恩義ニ感ジ候者ノ由、是先王礼楽ノ教ト申ニモ相協フ事ニ奉存候」として、ここでも東山は「親ミノ情常ニ離レズ、君臣睦マジク」ことを藩経営の第一義として挙げているのである。

(6) 民間不可制文武

東山はその冒頭において、近年の制度では農民の怠惰に対し「文武ともに百姓には似合わず」とこれを禁ずる方針にあることへの遺憾を示している。東山はこの風潮に対し「凡ソ人ハ活物ニ候へバ」としてこれを以下のように反論していう。「何ゾ宜キ玩ビ物ニ趣ムカセ置カズ候へバ、種々ノ悪事ニ走リ候事ニ相見へ候、宜キ玩ビト申候テハ文武ノ外無御座候、民ハ農事ノ外何ノ芸術モ入ヌ事ノ様ニ相聞へ候へドモ、其ハ入ヌコトニ仕候テモ、何ゾ慰サミナク候テハ居ラレヌ事ニ御座候」。すなわち東山は「玩ビ物」を禁ずるだけでは「種々ノ悪事ニ走リ候」として次の論を展開する。東山は先ず「日中ハ働ラキ候テモ、夜中ノ慰ミカ農ノ暇日カ、兎角ニ徒然トシテハ居ヌコトニテ候ユへニ」と農民の日常を思いやった後、その「玩ビ物」の諸例を次のように紹介している。「弓ノハヤリ候里ニハ、弓ノ外玩ビ他ナク、小児ニ至ルマデ其マネ仕リ候鎗長刀ノハヤリ候里ニハ、鎗長刀ノ外他ナク候、鞠楊弓ノハヤリ候里ニハ、又鞠楊弓ノ外ナク候、或ハ囲碁双六俳諧謡ヒ三絃浄瑠璃、或ハ舞オドリ操ツリ歌舞伎角牴ナド、凡ソ其処ニハヤリ候事ハ其一里ギリニ替リ、大方其ハヤリ玩ビノ外無御座者ニテ候、其ユへニ博奕ノハヤリ候処ニテハ、少長オシナベテ博奕ノ玩ビニテ他慰ミ無之候」。この「上言」の記された時期を上記に次いで再度確認しておくと蟄居一六年目である。「兎角右ニ申上ル如ク、民モ活物ニテ御座候へバ」と考える東山は「何ゾ玩ビノ事ナクシテハ、中々昼夜働キ候辛抱慰ミ可申様無之事ニ御座候」と説いている。「坑場」

に遊技場・遊郭を設けると説いたのは上述経世家の佐藤信淵（『坑場法律』）であるが、蟄居謹慎の身にある東山が「玩ビ」の必要性を領民（農民）に認めるべきとする論には意外性と、その斬新性を感じさせられる。この点には「人（民）ハ活物ニ候」と断じて憚らなかった東山の儒者としての強い信念を見る思いがする。

ついで東山は、戦時における武の必要性について論述する。ここでの東山は、いわゆる「農兵」を想定しての兵士強化論を訴えるのであるが、先ずは現状における農民の武への心がけを次のようにいう。「偖又天下安ト云へドモ戦ヲ忘レザルハ、治国ノ干要ノ由ニモ相見得候処、他日万一大事出来候トモ、当分ノ勢ヒニテハ御家中ハ格別ノ儀、百姓中ハ人足ニ召仕ハル、外ハ、一人モ御用立候者ハ有之マジク奉存候」。すなわち東山は、現況での戦時における農民への期待は全く持てないとしている。ただし東山は、それらの農民を「時々武芸等ハ唱ナハセ玉、修錬仕ラセ置候ハヾ万一御家中ノ軍士困罷ニ及候トモ、御国幾百万ノ凡民ノ内得手修錬ノ者皆尽ク堅甲利兵ニテ候へバ、無限御強ミト奉存候」と考え、武の修練によって農兵は「無限御強ミト」もなることを訴えているのである。農兵ではかの熊澤蕃山（一六一九―一六九一）による農兵論を想起するが、[5]農兵を「無限御強ミト」考える東山は、ともあれ年季のいる軍事修練は「五年七年ニテ、修錬マカリナル儀ニ不奉存候」ともする。すなわち東山は、日頃の「慰ミ」としての稽古を心がけることによって「段々修行ノ上精錬ニ相成候へバ技□《ママ》ト相ナリ、自カライデ一ツ敵ニ対シ見タキト申ス気ニ相成候ユヘ、名馬ノ驕逸ナル如クニテ、天晴御用ニ相立可申事ニ奉存候」と継続こそが力になる旨を論じる。かくして東山は、かかる農兵を「修錬上達ノ上ハ一介ノ御物入ナク、数百千万ノ精兵御養ヒ指置レ候同然ノ理ニテ、万一ノ事出来候トキハ限リナキ御益カニ奉存候」と高く評価するに至っている。

このような農兵論を献策する東山ではあるが、財政基盤である農事についての論及も怠ることなく、次のように論じている。「乍然右ノ如ク唱ハセラレ候ハヾ、農事怠リ其ニ計係リ居可申様ニ御探リモ可有之候ヘドモ、全ク左様ニハ無之事ニ御座候、ケ様ノ芸術ニ心係ケ申ス者ハ、大方繰リ合宜キ者カ、志ノ有之者ノ仕ルコトニ御座候、其内困究ニテ毎日農事ノ働キ仕リ、夜中カ暇日ナドニ心係候者ハ、何ニ程唱ハセラレ候トモ、今日其身ノ働キヲ以テ耕シ出シ、父母妻子ヲ養ヒ候者ニ御座候」。ここにみる東山の農兵論は、平和時の近世徳川社会にあっては一つの献策に過ぎないともいえるが、藩内における領民（農民）が酒色におぼれている現状への打開策として、東山が「大抵文武ニ意ヲヨセ候者ハ、困究ニテモ少シハ志アリテ、芸ヲ嗜ム者ノミ仕ルコトニテ候、ケ様ノ者モ彼博奕酒色ノ徒ニ相入候ヘバ、大方怠リ出候コトニ御座候、因之常ニ玩ビ由ラシメ候処、不軽事ニ奉存候」と同項末尾に述べていることは注目すべき事である。すなわち東山は、軍備に可能性のある農民を「玩ビ由ラシメ」放任することは、決して「不軽事」とその献策意図を末尾に結ぶのである。

(7) 忠孝選挙

東山のいう「忠孝選挙」とは、優秀な者（徳のある者）への表彰制度のことと理解しえる。東山は現行の表彰（御褒美）内容を詳しくみれば、必ずしも「百行ト、ノヒ人」ではないとする。その上で東山は「サレバ孔子ノ語ニモ有徳者ハ必ズシモ才アラズ、有才者ハ必シモ徳アラズト見ヘ候テ、才徳兼備ノ人ハムザト得難キコトニ相見ヘ候」と孔子の言葉を引き、「才徳兼備」の人物を求めても、それは「ムザト得難キコト」と現状を把握する。このように考える東山は、領内に少しでも「忠孝ラシキコトモ御座候ハバ、速カニ御取上御褒美下シ玉ハルベキコトカニ奉存候」と積極的な表彰論を述べている。ついで東山は自論の意義を分かりやすく説明するために、その具体例を挙げる。はじめに東山が挙げるのは一人の娘と一人の児女の事例である。前者について東山は「登米郡米谷辺困究、陪臣ノ者ニ十二三ノ娘ニ御座候所、生来ノ能書ト記憶ニテ、老成ノ書家モ成難キ程ノ能書有之由シ」と紹介し、後者については「又志田郡古川辺ニ是モ困窮者ノ児ニ候処、四歳ヨリ書ヲ能シ候テ、五歳ニシテ五百字ホドヲ暗記仕リ候由シ、人皆神童ト申候、右二児女書ヲ見申候処、何レモ天晴ノ能書ニテ稽古仕ラセ候ハヾ、誠ニ御国ノ光輝ニモ相成ベキ児女ドモニ相聞ヘ申候」とこれを紹介する。しかし東山は「ケ様ノ者モ申上ル者無之、皆天才ヲ不遂コトニ御座候」と表彰外にある現況をのべる。このように「才ある者」であっても選ばれることが難しい中にあって、ましてや「忠孝の者」が選ばれることは少ないと東山は憂いて「財ヲ賎シミ善人ヲ愛スルハ、先王国家ヲ治ルノ道ニテ、忠臣ハ孝子ノ門ニ出ルトモ相見ヘ候ヘバ、左様ノ者ハ御取上ナシ置レ候ハヾ、其者ハ左ノミ御用立チ不申者ニテモ其風化セラレ、以後忠孝ノ者倍（フ）ヘ来リ候ハヾ、御仁政ノ御験シ相見ヘ、忠孝貞烈ノ御用立候者多少出来可仕奉存候」と、表彰（御褒美）の意義を訴えるのである。かくして東山は「能書」者などへの御褒美のほか、「忠孝」者などへの表彰制度（忠孝選挙）によって「何トゾ善人ヲ多ク召出サレ候テ、諸役人モ宜ク相成候ハヾ、万民快ク耕作仕リ、御物成十分御田地見等、相入不申様ニ罷成候トキハ、下シ玉ハル費ヘヨリ莫大ノ御利益ニテ、御仁政御風化ノ験シモ相見ヘ可申候儀ト乍恐申上候」と、その効果への自らの期待を示すのである。

(8) 民害雑事

東山はこの条において「一　民間ニ於テ甚不便利迷惑仕リ、或ハ風俗ヲ乱シ、又ハ妨害ニ相成候コトモ御禁制無之儀ナド、前箇條ノ外数事書記申上候、畢竟下民ノ様子不申上、知ラセラルベキ様無之候故」と、藩内領民に関する弊害を具体例を挙げ詳しく述べている。はじめに東山は、百姓伝馬の負担を訴える。「御郡方へ罷下候諸小吏ハ申ニ不及、御代官定役人上廻リ等モ、往来上下ノ御伝馬ハ、一疋ヅヽノ御定ノ様ニ承知仕リ候」。東山は、伝馬は馬一疋が「御定」であることを説いた上で、現況では「御城下ヨリ罷下リ候節ニハ、一疋ニ御座候へ共御用相シマヒ罷登候節ニハ、十ガ七八ハ皆二疋ヅヽニテ候、右ノ品ハ勤仕ノ役所辺ヨリ、何カ土産ノ物等種々買調候由ニテ、荷物至テ重リ、何様ニモ一疋ニテハ負兼候故、検断方ヨリ弱ハ馬ト申立テ相願候テ二疋ニ仕リ、懸荷一駄鞍馬一疋ニテ罷登候由、依之先々ヨリ右ノ通リニ二疋ニテ罷越候ユヘ、其侭ニテ二疋ヅヽ仕リ、自然ト定例ノ如ク相聞ヘ申候」。すなわち東山は、「代官定役人上廻リ」などが登城の節は「土産ノ物等種々買調」のため通常は一疋であるべき馬が二疋となり、これが今では「其侭ニテ二疋ヅヽ仕リ、自然ト定例ノ如ク」なっている現状を論じる。東山は続けて、さらに近年では「ケ様ノ儀モ増シ馬一疋ノ様ニ御座候ヘドモ、御郡方諸官吏大カタ左様ニ仕リ候ヘバ、現在一倍ノ御伝馬相カサミ申候、其外弱キ馬ハ右懸荷斗リモ負兼候故、荷物相分ケ二疋ニ仕候カ一疋ノ外ニ人歩相添、一駄ノ残リヲ負セ候カナド仕ル計往々有之由、左様ノ者ハ一疋ノ御定ニテモ、都合三疋カ、サテハ二疋ト一人ヅヽ、相立チ申候、依之万事ニ相准ジ、御伝馬歩夫等繁多ニ相成、至テ相痛申事ニ御座候」という。すなわち「其外弱キ馬ハ右懸荷斗リモ負兼候」結果、「荷物相分ケ二疋ニ仕候カ一疋ノ外ニ人歩相添」と馬数を増やすほかにも「人歩相添」となっていることことを訴え、さらには「左様ノ者ハ一疋ノ御定ニテモ、都合三疋カ、サテハ二疋ト一人ヅヽ、相立チ申候」現状を指摘する。その結果、農民は疲弊し「何様ニモ御百姓相続仕リ兼、妻子引連家小屋ステ置、数軒地迯ナド仕候処モ有之由申唱候」と、東山は農民が「地迯《ちのがれ》」に至ることを論じてこの条を結ぶのである。

ついでこの項に東山が指摘することは、役人層の若さとその脆弱性についてである。東山はいう。「一 近年御郡方へ相下サレ候諸役人ノ内、二十二三ヨリ十七八歳マデノ人モ有之様ニ相聞得申候、四十五十ニ候テサヘ、不賢ナルハ下民ノ取扱ヒモ不心得ノ儀ニ可有之処、弱年前後ノ取都モ未ダ合点無之人ナド、民ノ長ニナリ治メシメ候事ハ甚無心許奉存候」。そこで東山は「妄リニ呵リマハシ縄ナド相カケ候ニテ、一向埒明不申コトモ往々相聞得申候」と、若い役人層の未熟さをあげた上で「仍之御郡方諸官吏ハ三十以下ノ者不相下候様ニ為玉ハンコトニ奉存候」というのである。東山の優れた点は、これら若年層の役人が至らないことを論じるのみではなく、彼らの今後のあるべき姿を導き示していることである。東山は次のように述べる。「左様ノ者ハ彼学校へ相入ラレ、学問武芸修行仕ラセ候ハヾ、生産ノ憂モ無之、御恩沢ヲ以テ文武ノ芸術相励ミ、治民ノ事ヲモ学問可仕候、左候テノ後ハ御郡方役人ニ罷下候テモ、右体ノ事ドモ無之、下民モ尊仰仕リ、諸事相弁ジ可申奉存候」。すなわち、藩内学校を利用しての「学問武芸修行仕ラセ候」とする東山自論の教育論である。

つぎに東山は「一 近年民間奢リ候ニ付、木綿合羽等御制禁有之候、民人華奢ノ儀ハ昇平時運ノ然ラシムル所ニテ、御国ニ限ラズ天下一般ニ相聞へ申候ヘバ、中々相止申間敷候」と、「民人華奢ノ儀」にある風潮にあって「木綿合羽等御制禁」は全国的なものであるという。ここでの東山は「当時民間ニ相用ヒ候木綿合羽ト申ハ、本ヨリ木綿ニテ仕リ、指タル飾リ等無之ハ、達テ華奢ニモ相見得不申」として、木綿合羽は「第一倹約ノ為ニ設ケ候物ニテ、歩行ノ者ハ荷摺ニ仕リ、或ハ風雨ノ節モ下着損ジ不申、頗ル便利ナル物ニ相見得申候」と、その便宜性を肯定するのである。すなわち東山は、度を超した驕奢については禁ずるべきであっても、民間における日常的衣具についてはこれを是認する姿勢をみせている。ついで東山は「究民ハ御禁制無之候トモ、自ラ皆々蓑笠ヲ相用ヒ候得ドモ、木綿合羽雨合羽等ヲ着シ候者ハ、中民以上繰合宜キ者計リ相用候処」としながら、その「中民」の中には「去年中ヨリ別テ厳シク御制禁ニ付、木綿合羽ノ代リニ蝋ビキ漆摺ノ羽織又ハ皮羽織等相用ヒ候者往々相見ヘ申候、然ル時ハ此上ニハ羽織ヲ相禁ゼラレ候外有之マジク候ヘドモ、左候ハヾ又何様ノコト可仕候ヤ」と禁制の木綿合羽に代わって「漆摺ノ羽織又ハ皮羽織等相用ヒ候者」がでていることを指摘し、これを禁じる場合には「左候ハヾ又何様ノコト可仕候ヤ」と解決策を見出せないとする。そこで東山は「尤農民ト申候テモ、袴ノ外一衣モ葬祭ノ礼服ト申モナク相成候ヘバ、是亦行セ難キ者カニ奉存候」と、羽織・袴のほかには「一衣」も礼服を持たない農民に同上を寄せつつも、近年では「御免許」（許可）のある商人と農民との区別が付かないことによる「犯罪ノ者モ数々可相出候」事情を併せて指摘し、次のような考えを献策する。「是等ハ木綿ニ仕立候ヘバ、民服ニ相応ノ物ニテ、指タル飾リ等相制セラレ候ハヾ、御免許為玉ハリ候テモ苦カルマジキカニ奉存候、惣ジテケ様ノコト等数々御禁有之候へバ、其レニ付別テ民間歩伝馬相痛ムコトモ有之、随テ御用モ相カサミ、犯罪ノ者モ相出候事ニ奉存候」。すなわち東山は、農民に「木綿合羽」を禁じる制度のあり方が、農民間に「犯罪ノ者モ相出候」結果となっている現状を憂いて改革を促すのである。

同項に東山が指摘することで注目されることは「他領からの商人」の流入とその弊害についてである。同項における東山は「一　先年ヨリ他領商人罷越候処、其内近年甚盛ンニ高売仕リ、頗ル民間ノ痛ミ候者ハ、江州辺ヨリ罷越候商人ドモニ御座候」と「江州辺ヨリ罷越候商人」が領内に入り込む現状を指摘し、その問題点を次のように説いている。「合薬小間物ト取合セ、木綿絹帛ノ類持参仕リ、手代等ノ者ニ数十人ニ相分リ御領内在々大カタ不残貸売仕候儀ニ相聞得申候処、窮民商人モ翌年マデノカシ売ヲ甘ジカリ調ヒ申候、翌年ニ至リ返済可仕様無之候故、去年二両ノ借リニ御座候へバ、当年ハ三両四両分モ借リ置脇売仕リ、右借金相済シ候カ、其年ノ指繰仕候、依之取立ノ節ニハ、指賦リ兼候へバ、御本金拝借返済仕候体ニテ、果ニハ地形相渡シ、身上ツブシ候様ニ罷成候、近年右ノ貸売大ニ盛ニ相成、一ケ所ニテモ十両二十両、或ハ四五十両ニ相至リ候処モ有之、移シク金高相カサミ、頗ル相痛ミ申コトニ御座候」。東山は「合薬小間物、木綿絹帛ノ類」が他領の商人によって持ち込まれるとするが、問題となるのは、他領商人によって持ち込まれる商品が「付け払い」（年賦など）で売られていることから生じる「近年右ノ貸売大ニ盛ニ相成、一ケ所ニテモ十両二十両、或ハ四五十両ニ相至リ候処モ有之」という借用金の現状についてである。東山は「元来ケ様ノ物モ罷越不申候へバ、木綿ヤウノ物モ、面々拵ヒ出シ候テ着用仕リ候カ、買ヒ調候ニモ現金迷惑故、自カラ倹省仕候処、種々結構ナル物ヲ持参カシ渡シ候故、無用ノ物マデ借リ込ミ、十数人ノ手前ニテハ已ニ数千万両ノ金財ニモ可有之候」として、そもそも他領の商人によって持ち込まれる商品は領内で賄える「木綿ヤウノ物」であったものが、徐々に「種々結構ナル物ヲ持参カシ渡」された結果支払う借財が嵩み、それが「数千万両ノ金財」にふくれ上がっていることを指摘する。ここで注目されるのは「無用ノ物マデ借リ込ミ」とする東山が「皆以テ年々御国ノ抜金ニ相成申候」と述べていることである。すなわち東山は、他領からの商人の流入が藩内の財力を著しく損なう弊害となっているとする自らの藩「国益」論をここに強く訴えているのである。

そのほか東山は、山住「悪僧」の存在解消にも力を注いでいる。東山はいう。「一　在々一山ノ住僧行跡不宜候ニテ、大ニ風俗ヲ乱シ民害不少候、其所行ヲ承候ニ、大抵檀家ノムダ者、或ハ通リ者ヲ相会シ酒食ヲ催シ、日夜右ノ楽ミニテ相暮シ候カ、或ハ民家へ出入仕リ、三衣ヲ脱シ、酒宴ヲ催シ、金財ヲ取セ、其家ヲ役介仕リ、果ニハ其婦ニ奸通シ、折々ハ寓宿仕リ、己レガ家ノ如シ、両三年モ過ギ候テ、厭気出デ候へバ、又他家へ入魂ヲ結ビ、右ノ奸通仕リ近所ニ候へバ、寺へモ召連レ候テ寓宿仕ラセ、甚キハ魚鳥ヲ食シ、其婦ヲ召連出奔仕ル抔モ御座候由」。東山は、このように山住「悪僧」の日常的ともいえる悪行を指摘した上で、これらの悪行は「一山ノ僧」に及ぶとして次のようにのべる。「凡テ一山ノ僧ハ、村ノ大小ニ依テ祭葬ノ布施物、一ケ年ニ四五両ヨリ五七十両モ取申候由、是ヲ以テ酒宴遊戯ノ入料ニ仕リ、殿堂破損ノ時ニハ山林ノ竹木ヲ売払ヒ、其上檀家へ申付ツナルキラ以テ脩覆仕リ候」。すなわち東山は、「凡テ一山ノ僧ハ」とした上で、彼らが一カ年「四五両ヨリ五七十両」に至る「祭葬ノ布施物」を「酒宴遊戯」に浪費している実情を糾弾する。ただし、山住僧侶であっても一部修行を重ねた僧はその類いではないと東山は続けて次のようにいう。「右ノ内ニモ修徳ノ僧ハ是ニ反シ候テ、殿堂修理ニハ檀家ノ世話ヲ得不申、儲ヒ置候布施物ヲ以仕リ、其上ニモ良田ヲ買、或ハ資堂金ニ相残シ、後代マデノ余慶ヲ仕リ、檀家ノ助ケニ相成候、右ノ悪僧共トハ同山同住ニテモ、其僧ノ賢愚得失ニテ如此懸隔仕ル事御座候」。ここに東山が唱える「悪僧」解消論についても、山内同住の「修徳ノ僧」を活かしての教育策が明示されている。

東山はついで「修験山伏」の悪弊についても触れる。東山は修験山伏が「農家ニ近ク候テ、指テ下民ノ利害モ相見へ不申処、是亦博奕盛ンニ相成コト御座候」として次のようにその弊害を指摘する。日頃の山伏は「羽黒本山トモニ権現行ト申候テ、百姓共時々其村々山伏宅へ相会シ、又ハ別宅ノ行屋ヲ営ミ、一七日潔斎仕候処、其中七月末ヨリ八九月マデ大会御座候、其行法ト申候テハ、行水仕リ火ヲ改メ、食飲朝夕権現ヲ拝シ候マデニ候」というものであるが、東山はこれらの山伏が悪事を働いていることを強く憂いて次のようにその実態を明らかにする。東山はいう。「其余事ニハ唄三味線碁将戯博奕相催シ宴楽仕候、其内十ニ七八ハ皆博奕興行ニ御座候、右行法中ノ入料ト申候ハ、飯米相出シ候マデニテ、野菜酒等ノ入リ目ハ、右博奕中ノ寺ト申ニテ優ニ相弁ジ候故、中民ハ不及申肝煎検断トモヲ始メ、彼ノ遊手通リ者ドモ相会シ申候」。東山はこれら「唄三味線碁将戯博奕相催シ宴楽仕候」山伏の悪行がこれら領内村々の若者に悪影響を与えていることを危惧し次のようにいう。「少年ヨリ博奕見ナレ不申者モ、右会講ニテ見習面白ガリ候ユヘ、会行十日過候テモ、其節ノ勝負ヲ止メ兼、ソコソコニ相始メ候ユエ、盆前マデ嗜ミ居候者モ、会行中ヨリウチ始メ、忽ニ農業ヲ怠リ通リ者ツキ合仕リ」。すなわち、悪行の山伏が本来は博奕に馴染まない村内少年層をも博奕に引き込む結果となり、ついては「農業ヲ怠リ通リ者」との付き合いによって悪事を働くようになる、と東山は憂うのである。ここでの東山は、前段の「悪僧」に対する「修徳ノ僧」を活かしての教育論ではなく、「修験山伏」の悪弊を「山伏并ニ肝煎検断御咎メノ上、其所ノ行法相禁ゼラレ候由仰出サレ」た上で「直ニ御代官方ニテ山伏閉門」と徹して懲らしめる強い姿勢をみせている。それによって、山伏の悪行を未然に防ごうとする東山の一策であることがわかる。

ついで東山は「民間博奕盛ニ相行ハレ」とする民間（農民）博奕の横行を危惧するのであるが、東山がここにおいて最も憂いを抱くのは「諸民ノ痛ミ農業ノ妨ゲニ相成候」という部分である。

東山は同所において、領内博奕の実体を事細かく記した上で、ここでも少年への悪影響を強く戒めている。東山はその実体を次のようにいう。「困究者ガ父母有之少年共ハ、即坐ニ衣服持尻ハギ取レ仕候上ニモ、其家ノ余糧ヲ盗ミ出シ相弁ジ候カ、甚シキハ他家ノ物置土蔵ヲ破リ、或ハ田畑ノ物ヲ昧マシ候モ数多御座候、日中ハ農業働キ、夜中ハ博奕ニテ臥シ不申候ユヘ、日々ノ働キニ怠リ、父母長老ノ仕置ヲモ不相用様ニ罷成候、右首長ノ者博奕討負手段尽候ヘバ、其郡村富有ノ者ヘ無心ノ申カケ借金仕候、其レヲイナミ候ヘバ、早速仇ヲ報ハレ候ユヘ、不及是非用立申事ナドモ相聞得申候」。困窮農家にある少年達は夜分の博奕によって日中の農業も手に付かず「日々ノ働キニ怠リ」が生じるのであるが、それを戒めるのであれば「仇ヲ報ハレ候」実体にはお手上げの状態であると東山は続ける。ここでの東山の解決策は「通リ者ノ外ハ皆御代官所ニテ裁判仕、直々仕置申付候ヘバ、御評定所御用込候儀モ有之マジク奉存候、右ノ通リ御吟味ヲ以相行ハレ、通リ者ノ首長共相除レ候ハヾ其レニ恐惧仕リ、只今ノ通リ盛ンニ相倡ヒ夫レヲ業ニ仕リ、人民迷惑仕ル儀稍々可相止カニ奉存候」とされ、その解決手法は上記悪行山伏へのものとほぼ同様である。

同条目の最後において、東山は上述の数箇条が愚案ではあるものの「凡ソ教化ノ不立万民ノ不正コトハ、政治時ニ不協コト有ノ故也」としていう。「譬バ琴瑟ノ調子合ザルガ如クニテ候、張テ見テモ弛ヘテ見テモ調子ノ合ハザルハ、其ノ弦久シクシテ、或ハ摺レ或ハ節ナド出ル故也、夫レヲバ解テ別ニ更メ張テ可鼓也」。その上で東山は「政ヲ為モ其如クニテ候、始メニ宜クシテモ年久シクシテ時ニ不協ヲバ、必ズ変ジ更メテ埋メ玉フベシ」とのべる。ついで東山は、自論でもある学校教育の必要性を次のように訴えてこの条を結ぶのである。「願クハ大学ヲ興シ明師ヲ置テ天下ノ士ヲ養ヒ、郡主一人ノ治ヨリ年々賢良三人ヅツヲ貢サシメ、六芸ノ科孔子ノ道ニアラザルヲバ、皆除キ去玉ヘト申ケレバ、武帝尤ト思召、多ク旧例ノ今ニ不協ヲ更メ、大学ヲ興シ孝廉ヲ挙テ、学問盛ンニ教化大ニ行ハレ候由モ相見得候、左候ヘバ其レヲ更メ易ヘテ、国家富強万民安堵可仕方ニ御座候ハゞ、乍恐只今迚モ更メサセラレ可然御事カニ奉存候」

（9）田畑興廃

東山は若くして藩主への御前講義する歴《れっき》とした儒者であるが、農業および農政には相当詳しいものがある。東山は同所冒頭において「一　国家ノ大本ハ民ニテ候、民ノ大本ハ農ニ御座候」としつつも「農工商ノ内ニ農ホド徳益少キハ無之候」という現実を指摘した後、「一ケ年中大抵御伝馬丁ハ二百日、在々ハ諸ツナルキ相募リ候故、日数ハ百五十日モ召仕ハルベク候、其外ソレゾレノ私用、冠婚葬祭休日疾病ノ余儀ナキ隙タハレヲ指引キ候ヘバ、農事一円ノ働キ日ハ、僅カ百日ニ満ヤ不満ニ候」実情から農民が農業に専念出来ないことを訴えている。この項で東山が重視するのは「施肥と草取」である。はじめに東山は施肥についてそのあり方を詳しく述べる。東山が施肥としてあげるのは刈敷と鍬糞である。鍬糞という呼称については必ずしも多く知られている用語ではないので、ここで東山の説明を聞いておくことにしたい。刈敷を畑の養いと考える東山は、糞水を田の養いと捉えて次のように述べる。「田ノ養ト申候テハ、糞水ノ外藁ゴヘ計リニテ候、仍之山林ハ大方田地不宜者ニ御座候へドモ、糞養宜ク候者ハ、常ニ里地ニ勝レ申候、里地ハ山林ヨリ田地宜ク候テモ、糞養疎略仕リ候へバ、動モスレバ山林ノ実ノリニ劣リ申候」と、里地における田地への糞養の不可欠性を説く。さらに東山は「此外ニ日暇有余ノ者ハ、幾度モ其田ヲ鋤キ返シ日々晒シ或ハ塊レヲ打コナシ水ヲ掛候へバ、自ラ崩シ泥ニナリ候様ニ仕リ候へバ、是亦刈シキ等ニ劣ラズ大ニ土地肥立候テ養ニ罷成候、是ヲ農民ハ鍬糞ト申候」というのである。

施肥については上記のようであるが、「草取」についてはかなりの紙数を用いてその不容易性を訴え論じている。東山は「一田ノ草ヲ三度マデ抜去リ候ヲ常例ト仕候」とした上で、通常はそれが遅れがちになることから「五俵夕テ一反ノ田ニ両三人ニテ可相弁候、二三日モ遅ナハリ候へバ、糞養暑気ニテ茂リ候ユへ、五六人ニテ抜去リ申候、其時モ相後レ又三四日モ過候へバ、苗ト斉シク相茂リ候故」との実情を指摘する。東山は三度の草取を首尾よく進めるのであれば「土用前ニ一番田ノ草取尽シ候へバ、其苗肥太リ甚茂盛仕リ茎数相倍シ、三本植候苗ハ十四五本ヨリ二十本余ニモ罷成候、是ヲ苗モテ候トテ、農民悦申候、如此時ヲ不失、二番三番取尽シ候へバ、稲勢大ニ盛ンニ、秋収ノ実ノリ十分仕ルコトニ御座候」という。しかし東山は、農家の実情を次のようにいう。「乍然右ノ通ニテ取尽シ兼候ユヘ、当時大抵百人ノ民家御座候ヘバ、四十人ノ一番草ノ侭ニテ候、又四十人ハ二番草マデ取尽シ候、残ル二十人ノ内十人ハ繰合宜キ民ニテ、其時々人数大勢相雇ヒ、三番マデ取尽シ申候ユヘ秋収十分仕候、又残ル十人ハ至テノ究民或ハ怠リ者等ニテ一番草モ取仕舞不申、秋ニ至リ一円ノ不熟仕候」。すなわち東山は、一〇〇軒（人）の農家の内、上位の四〇軒ですら「一番草ノ侭」であり、ましてや「究民或ハ怠リ者等」の下位一〇軒については「一番草モ取仕舞不申」現状を示して、「一田ノ草ヲ三度マデ抜去リ候ヲ常例」とすることの難しさを訴えるのである。

ついで同項に東山が論じるのは、田畑の「高」（田畑の取れ高）についての問題である。東山は「高一　一貫文」（内、田代八〇〇文、畑代二〇〇文）の事例を詳しく紹介する。(6) 東山の計算では、かかる田畑の作徳は以下のようになっている。はじめに「田代八〇〇文」からの収納については「一　米十二石九斗六升　［但シ高田代一貫文七反五畝ナラシ、六反歩ノ坪数千八百坪、其年ノ作毛中ヨリ上ニテ一坪ヨリ籾一升二合付此籾廿一石六斗ヨリ出ル六合挽ノ積リ、右ノ外苗代並糯苗植候分見コミニ仕候］」とあり、「畑代二〇〇文畑四反歩」からの収納については「一　大豆四石也　［但シ大豆ノ外麦大根葉粟稗蕎麦麻、其外ノ物蒔付申候ヘドモ、大麦大根其外共ニ扶持方不足ニツキ、米ニ取合ヒ飯料ニ相成候故、勘定ニ相加ヘ不申候、葉大豆ハ馬カヒ料ニ仕候］」とされる。東山はさらに詳しくその内訳を紹介するのであるが、田畑経営の実情は「但シ一貫文ノ田畑耕業仕候百姓一家ノ人数老幼五人ニ仕リ、右扶持米一人ニ付一日玄米二合四勺ヅツ一日三度食シ候分一度ニ八勺積リ、五人ニテ一日一升二合、正月朔日ヨリ九月十日マデ日数百二十日分、此米三石、買代米代相場右ニ同ジ、一升ニ付十六文一分五厘、九月十一日ヨリ十二月晦日マデハ、新米御年貢引拵ヒ仕候シヒナ、クダケ等ノ残リ物飯米ニ仕リ如比」と貧しい農家経営の内訳をも紹介するのである。東山が紙面を多く費やし農家経営の実体を詳しく紹介した根拠は一体何であったのかを考えさせられるが、東山は続く条において「商品作物」の領内取り入れを積極的に勧めており、田畑のみの農家経営では成り立たない現状への「商品作物」導入という東山の施策を併せて見ることによって、その意図が解せられるのである。

東山による商品作物の奨励は、ほぼすべての商品に及んでいる。それらを列挙しておくのであれば「産業タバコ・楮・呉坐・筵簑・笠・或ハ紙・綿・紅花・カヒコ・布木綿、或ハ茶・酒・油・蝋燭・八百屋・魚・塩ノ営ナミ、或ハ山林ノ炭・薪・曲ゲ物・指物・干物細工・或ハ織物・編物等町場ニ御座候ヘバ、煮売人宿菓子、沓・草鞋ノ小商ヒ、種々ノ産業耕作中ニ取マゼ、相励ミ相続仕ルニテ候」というものである。ここには驚くばかりの商品認識が見られるのであるが、東山によれば、これら商品作物を兼業農家として経営させるのであれば将来への見通しが立つとしている。しかしここでも東山は「依之恒産有之御俸禄ヲ賜ハリ、飲食衣服相足候者ハ、不勤候テモ事タリ候ユヘ、多クハ其業ニ怠リ申候、大農大商ノ類富有ノ者モ、又同ク怠リ申候」とのべて、「怠り」が「博奕組へ相入カ、又ハ商工ノ末業ニ奔リ候」ともなり得ることに警鐘を鳴らしている。しかし東山は、その一方において「右ノ外農工商ノ平民一通リノ者ノ所業ノ内ニテ、農ホド利益少キハ無之候」ともして、兼業農家の経済的効果についてその意義を説き示すのである。かくして東山は、長きにわたる同項目の最後に「前段申上候事トモ御吟味ノ上相省カレ、諸役人へモ委ク仰付ラレ、仁恵ノ情ヲ以テ役使仕ル様ニ相成候ハヾ、銘下等成下サレ候ヨリ、甚以テ民間ノ窕（ツヾロギ）ニ相成候、左候テ時ヲ不失、耕作心ノ侭ニ培養仕リ、秋収年々宜ク相出候ハヾ、所謂穀不可勝食ニテ、御上下長久ノ御利益ニ奉存候」と記して、農業の豊かさが藩内の財政を「長久ノ御利益」としていることに触れるのである。

3　まとめ

以上、芦東山「二十二箇条の上言」から、その内「九箇条」を取り上げ、東山「上言」（政策提言）の具体的内容を見てきた。果たして、そこに共通するものは何であるのか。「上言」において、儒者としての東山に共通する部分は「教育」にあることが分かる。したがって東山は藩内に「学校」を建立し、優秀な人材を育てることが必要事項であると重ねて指摘している。東山は、「総論」の冒頭部分において、役人の不仁（不勉強）が民（農民）の悪事に繋がっていることを論じているが、「凡ソ学問ハ人ノ才徳ヲ砥グモノニ候」として、領内の万民を導く「民ニ長タル人」の学問・修行の必要性を優先して説くのである。東山の言葉に強く印象が残ることは「民心背クトキハ其情離ル」である。「民ニ長タル人」が学問・修行を通じて領民を導き育てることは、藩内儒者としてごく当然のこともいえる。ただし、「民ニ長タル人」の教えが整わない場合（未熟な場合）には「民心の情が離れる」という考え方は余り見ることがない。いかなる学問・修行であっても、それが「民心の情が離れる」ものでは無意味であり効果がない、と解される内容を東山は説くのである。すなわち、東山は「上言」各所において領内の悪事を紹介し、その改善策を具体的に述べ、ある場合には領内農業の貧困性を救う試作を具体的に述べるのであるが、東山の思考（言葉）において、最も重要で見逃し得ないことは上に再掲した「民心背クトキハ其情離ル」であると思われる。その問題を解決する一つの手段として、東山は「優学有徳ノ者」を必要と論じたのである。

［註］

（１）千葉寛二郎訳注『無刑録訳注』一関市教育委員会、一九七四年〜一九七六年（初版第一巻〜第三巻）、二〇〇七年（第二版）。
『無刑録』冒頭にある「無刑録序解」において、東山は次のように書名の意味を説いている。「此書初ハ明ノ呉訥が祥刑要覧ノ名ヲ用テ祥刑要覧ト号ス。後ニ改テ無刑録ト云フ」。

（２）以下、東山「二十二箇条の上言」は「芦 東山記念館」ホームページによる。筆者のホームページ閲覧は二〇一三年一二月一三日であり、以下拙書には同日閲覧のものを引用した。なお、(一) から (九) に至る通し番号は、論文構成における便宜上のとする。また、「上言」に付した横線は筆者 (引用者) による。
(3) 二宮尊徳 (一七八七—一八五六)「日光御神料仕法」については、拙書『近世日本の「重商主義」思想—貿易思想と農政—』御茶の水書房、二〇〇三年、第五章を参照。
(4)「恒産ナキトキハ恒心モ無之」(孟子) については、佐藤信淵 (一七六九—一八五〇) の経世論にも色濃く見られている。同上書 (同章)、参照。
(5) 熊澤蕃山の農兵論については、一六八六 (貞享三) 年に著わされた『大学或問』(「一二　農兵の昔にかへるべき事」) を参照。拙稿「徳川時代と近代社会の成立—「鎖国」下の政策と思想—」(小林照夫編著『歴史としての近代—西洋と日本の史的構造—』八千代出版、一九九八年。
(6) ここで東山が「高」計算の根拠としているのは全国村々の徴税の基準となる「御年貢可納割符」等によるものと思われるが、同所ではとくに根拠が示されてはいない。ただし東山は「宝暦三年暮ノ諸相場ヲ以相記シ申候」として事例としての「高」が「宝暦三 (一七五三) 年」における相場であることを明記している。

2　士農商にみる「有徳」論――川路聖謨、二宮尊徳・佐藤信淵、石田梅岩――

1　武士にみる「有徳」論――川路聖謨――

(1) 川路聖謨について

川路聖謨（一八〇一―六八、享和元年―明治元年）は、嘉永六年（一八五三年）、ロシア国使節（全権代表）プチャーチンの長崎来航に際して、ロシア側との交渉にあたった高級外交官僚として知られる。一八五三年のロシア交渉当時、川路は五五歳で、江戸幕府の「勘定奉行職」（「海防」担当職を兼任）の地位にあった。

川路は九州（豊後国日田）にある武家の出身（代官所内藤吉兵衛〔のち幕府徒組〕の子）であ

り、自分自身が武士としての鍛錬を晩年まで欠かすことはなかった。

なお、川路は長崎からの帰りに日田の咸宜国を訪れ広瀬淡窓父子に出会っている。このことは『談窓日記』にも川路の漢詩力が記されており、川路（武士）の「文」の面における教養力をもまた見逃がすことはできない。

ちなみに、川路が初めてプチャーチンと会った一〇年後の文久三年（一八六三年）、六三歳の川路は日課として次のような稽古をしている。「大小槍七千回、大棒七五〇回、太刀四五〇回、居合抜き一〇〇本、太刀片手遣い他四〇〇回、冑着用歩行一万八千歩（ただし、歩行の日は棒と太刀を除く）」（『座右日記』）。このほか、川路は儒書（『伝習録』、『論語』、『資治通鑑』、『孫子』など）も日課として読んでいたとするが、その引用は『日記』を読む限り部分的であり、どの程度修得していたかは不明である。[1]

（2）川路とプチャーチン——長崎での出会い——

川路がプチャーチンと初めて出会った一八五三年、ペリー艦隊がプチャーチンよりも約一ヶ月早く日本（江戸沖）に来航している。幕府は両国への同時の対応に苦慮するが、ここに抜擢されたのが勘定奉行の川路である。

川路ほか幕府一行（大目付格筒井肥前守正憲、目付荒尾土佐守成允、儒者古賀謹一郎、箕作阮

甫、大通詞森山栄之助など）のプチャーチンとの交渉は一八五三年（長崎港）と翌一八五四年（下田港）の両年であり、この始終は『長崎日記』と『下田日記』に収められている。『長崎日記』は、（一）江戸城出発から長崎までの四〇日間、（二）長崎での公務の二〇日間、（三）長崎から江戸城への帰路の四〇日間の記録である。往路の四〇日間は旅先の風景や出来事がゆったりと書かれているが、長崎では緊張がいきなり高まっている。

初めての日露交渉での課題は、日本側がロシア船に出向くか、それともロシア側が訪問してくるかということであった。これに対し川路一行は、ロシア側の上陸を主張して譲ることはなかった。問題は二回目の交渉（ロシア艦への訪問）である。日本側は川路達がロシアまで連れて行かれては大変と周囲の海を警戒する。ロシア艦上において、川路とプチャーチンは交渉の場に着くが、日本側一行（通訳達）はいつでもロシア側と戦えるよう準備する。しかし、船内での幕府一行は十分な歓待を受け、この心配は杞憂に終わる。日露交渉の内容は北方領土（樺太国境）問題であったが、ここでの幕府の川路達への指示は結論を先延ばしにし「条約を結ばないこと」（ブラカシ戦法）であった。

(3) 川路のプチャーチンへの友情——下田での再会——

長崎で別れた川路とプチャーチンは、翌、安政元年（一八五四年）、下田で再会することになる（『下田日記』）。両者の目的は日露間北方領土に関する境界交渉であり、川路に交渉上の緊張は強く保たれており、プチャーチンを「実にフテイ奴だ」とも言っている。しかし、この年の一一月、下田を襲った大地震は津波を伴うもので、下田で交渉中の川路とプチャーチンは山に逃げ込み助かるが、津波で下田一帯の村々は流され、プチャーチンも船（ディアナ号）を失うことになった。

日露国境をめぐっては川路とプチャーチンとの厳しい交渉が続いたが、この災害を契機に両者の友情は急に深まることになる。帰国船を失ったプチャーチンは、下田に停泊するフランス艦船を奪う計画を立てるが、下田の安全（秩序）を図る川路はこれを阻止しようと試みる。そこで川路一行は、幕府の協力の下、プチャーチン一行に帰国可能な一隻の船（「戸田号」）を建造する。このころの川路は、津波で船を失う中毅然としているプチャーチンを「真の豪傑也」と呼び、孫の太郎（後嗣、川路寛堂）にも「豪傑とは彼のような人だ」と教えている。ここにみる川路のプチャーチンとの友情に芽生えた「有徳」論は、上述した武士の鍛錬から導き出された自己の強さと「他者への思いやり」に基づいたものといえる。

（４）「日露和親条約」締結と川路の国家・国益観

「日露和親条約」（「日本国露西亜国和親条約」）は一八五四年一二月に調印された（批准書の交

換は二年後の一八五六年)。この間のことを川路は『下田日記』の中で「今回の一つの不思議はロシア船の沈んだことである」と言っている(後に川路はこのことを随所で書き記している)。

いうまでもなく、川路聖謨の生きた時代は幕藩体制下にあり、国といえば「藩」(大名領)を指し示すことが普通であった。しかし川路など幕府要人による対外交渉は、すでに「藩」としてではなく、日本全体を意味する「国家」の代表としてのものであった。この国家観を川路がどこで身につけたのかというと、それは恐らく、海防担当兼務の勘定奉行として、西洋諸国との対外交渉にあたる過程で養われたものと思われる。中でもプチャーチンとの長崎での応接は、川路にとっての大きなインパクト(衝撃)であり、西洋近代国家の軍事力(西洋艦船)を痛感する契機になったものと思われる。また、川路の「国益」観についても、彼の「国家観」の延長線上、もしくはイコールなものとして考えられてよい。

川路がプチャーチンと出会った一八五三年当時、ロシアと対等に戦える軍艦は一隻も無く、海岸を守る大砲も不十分であった。つまり、江戸幕府は「鎖国」(大船製造の禁止)政策を堅持しており、対外的な軍事力(海軍力)をほとんど持っていなかった。ペリー艦隊、プチャーチンの来航を機に、幕府は海防強化に努め財政手段を講じるのであるが、安政元年一一月「大船製造掛勘定奉行並吟味役」から阿部老中宛の上申書には「五拾間形大船」の製造費が「帆柱を除キ一六万両程」とあり、幕末の幕府財政をもって、大型艦船を造り海防を図ることは事実上困難であった。

（5）川路の対外交渉力と明治近代国家

対外的軍事力を所持しない日本において、川路は何をもって対外交渉の席に着いたのであろうか。川路が膨大な量の稽古（修行）を日課としていたことは先に触れたが、これは川路を理解する上で大変重要なことといえる。つまり川路は日々の鍛錬を通じて身につけた「武士道」（体力と精神力、相手への尊重）により交渉に臨んだことになる。もちろん川路は、長崎において、ロシア艦の軍事的装備と水兵の戦闘水準の高さを十分認識しており「当時の武術、鉄砲の外なし」（『下田日記』）とも言っている。

武術（剣術）の鍛錬は向かい合う相手を瞬時に斬り捨てるという目的を持つが、川路は冷静かつ穏健である。行使する軍事力（軍艦）が無いから川路が「穏健派」であったのか、軍事力があっても川路が終始「穏健派」であったのかはここで即断できないが、そこには儒者の東山とはまた異なる武士としての「有徳」論が芽生えていたといえよう。もとより、上記のように、一九世紀前半の江戸時代には「海防・攘夷思想」が高揚し、これが幕府・諸藩の重要な政策課題となっており、川路の対外政策も、このような環境下に置かれていたことは拒めない。しかし、その中にあっても、川路の外交姿勢は武士としての「有徳」性のもとに、実に終始冷静・沈着なのである。

清朝の末、アヘン戦争への反省の書ともいわれる魏源『海国図志』は、一八五一年（嘉永四年）

日本に渡って「禁書」となるが、日露（日米）和親条約調印の一八五四年には公刊された。これには勘定奉行川路聖謨の尽力があり、川路自身、『日記』の随所に同書のことを書き留めている。しかし、徳川幕府の崩壊（江戸城降伏開城）直前に自害した川路が、軍事力の高まる幕末において、対外的交戦論を主張したことはなかった。

一八六八年（明治元年）に川路聖謨が亡くなってから、早くも一八九四年（明治二七年）には日清戦争が、また一〇年後の一九〇四年（明治三七年）には日露戦争が生起している。このような明治近代国家にあって、川路同様、武士としての厳しい鍛錬を経た「武士道」を身につけ、その精神のもとに近隣諸国との友好を図った点に、武士としての「有徳」論を確認することができる。明治近代国家は、さまざまな形において江戸時代の精神風土を受け継いでおり、その意味では、江戸と明治は完全なる「断絶」ではなく、本書に川路聖謨の思想と行動として確認し得た「武士の有徳性」についても全く放擲された訳ではなく、その一部（精神）が明治近代国家に引き継がれたことは否めない事実であろう。

［註］

（1）川路聖謨については、拙稿「川路聖謨―幕末一閣僚の外交日記」川口浩編著『日本の経済思想世界「十九世紀」の企業者・政策者・知識人』日本経済評論社、二〇〇四年、（第二章）を参照。

2　農政・農学にみる「有徳」論――二宮尊徳・佐藤信淵――

(1) 二宮尊徳と「一鍬の法則」(農業理論)の形成

二宮尊徳(一七八七―一八五六)は現在の神奈川県小田原市栢山に生まれた。名前は金次郎(金治郎とも自著)である。かつては勤労少年の鑑として全国の小学校に金次郎の銅像が見られていた。その尊徳はもともと中農身分の農民であり(両親とも村の世話役)、父利右衛門が祖父万兵衛から受け継いだ田畑は「二町三反六畝二二歩」(およそ二三〇〇坪強)であった。しかし、一八〇二(享和二)年尊徳一六歳の年に起きた酒匂川大洪水によってすべての田畑を失った。これによって尊徳は全財産を失い「無一文」(無財産)の身となった。父は尊徳一四歳の時に、母は洪水に先立つこの年「大病」のため逝去し、尊徳は少年期において両親を失うことになった。[1]

しかし尊徳は、逆境の中、流出した「捨苗」を拾い「荒地起返」の農作業を重ねた結果、翌年には一俵の米を、一八一〇(文化七)年二四歳の時には総計「一町四反五畝二一歩」の田畑を復興させるに至った。この間に尊徳が学んだことは「積小為大」(小さく積み大きく為す)であり、「一鍬の法則」であった。ここで尊徳が学んだことは農業における「勤労」の重要性であり、尊徳はこれを「鍬」に譬えて、「どんなに忙しいときでも二本の鍬をもって耕すことはできない」。「農耕は一本の鍬により少しずつ耕すほかに方法は無い」といって、自らの書に「一鍬耕耘談」（一鍬の法則）を遺したのである。尊徳が青年期において「無一文（無財産）」の状態から学んだことは大きく、自らの勤労によって田畑を復興させた農業体験は、その後の農政を広く展開する上に基本的理論として役立つことになるのである。

(2) 桜町仕法における農政の実践（応用）と『三才報徳金毛録』の成立

二〇代から三〇代の半ばにかけて、尊徳は地元小田原藩家老服部家で財政係を務めた。当時、服部家では財政悪化に苦しんでおり、尊徳は少年～青年期に学んだ「勤労」「蓄積」の精神を応用し、服部家の財政を復興させた。この時の成功例（農経験の応用実績）から、以降尊徳は、関東以北にある諸藩の財政復興に力を注ぐようになるのではあるが、一八二一（文政四）年、尊徳三五歳の時に大きな転機が訪れている。服部家の財政復興仕法を終え、小田原藩主大久保忠真より分家下野国桜町領（藩主　宇津釩之助）の復興を依頼され同地を調査し、翌文政五年、名主役格として桜町復興（仕法）に着手している。以下、尊徳『御陣屋日記』を参考に読み取れば、桜町仕法は文政五年～七年の三年間を着手期、文政八年～一二年の五年間を形成期、天保元年～五年までの五年間を展開期と便宜上区分することができる。その間、形成期末年にあたる文政一二年（仕法八年目）、尊徳にとって一つの事件が起き上がっている。遡っての文政一〇年（仕法六年目）一二月、小田原藩から豊田正作が赴任、翌仕法七年目、豊田正作は、農作業への弊害である夜間の博奕など悪事を止められた農民たちと共に尊徳を批判する立場に身を置いている。文政一二年、尊徳は正月四日の江戸出府以降、四月八日まで成田山に籠っている。村人は尊徳帰任への動きを見せ、二月二五日「物井村之内にて内々江戸表罷出候もの」は一四人であり、四月八日の尊徳帰任を迎えた農民は三ケ村一二五人であった。以来、『日記』の様子は一変する。すなわち、尊徳への批判はほぼなくなり、領民による「改悛」の情と豊田正作の失政批判が相次いで見られている。以降展開期にある五年間は目立った紛議がなく仕法は順調に進められている。そのような中、尊徳は天保五年（仕法一三年目）代表作『三才報徳金毛録』を書き上げるのである。

（3）『三才報徳金毛録』と「財宝増減之解」

『三才報徳金毛録』には三四種の図が載せられ、それぞれに尊徳の説明が付されるというものでいわゆる図説と解せられる。次頁の図は、第一六図「財宝増減之解」である。

同図に付された尊徳の解釈は、自らの少年期～青年期における農業経験を生かしたものもといえ、桜町仕法を成功裏に終わらせようとする尊徳四八歳の円熟味を意味示すものであるともいえよう。すなわち、尊徳はその書き始めにおいて「夫本《それもと》一円無財也」という。ここでの「一円」は文字通りの「円」（丸）であり「無財」も文字通りの「財なし」（無一文）である。このことが何を指し示しているのかを考えるとき、直ちに脳裏に浮かぶのは少年期における酒匂川洪水と二宮家田畑の流出（全財産喪失）である。前述のように、尊徳は「二町三反六畝二二歩」の田畑を流出した際、捨てられた苗を拾い翌年には一俵の米を得、二四歳の時には「一町四反五畝二一歩」の田畑を復興している。これが第一六図「財宝増減之解」の核となる説明になっていることに注目しておきたい。(2)

（4）日光「御神領仕法」と尊徳

「総石高二万九六五石五斗三升六勺九才、反別四、〇二六町三反二畝三歩半、村数四、一三三軒、人別二万一、一八六人、馬二、六六九疋、荒地面積九四一町八反六畝二一歩」。これが、一八五三（嘉永六）年三月、日光「御神領仕法」を再任された

夫本一圓無財也無財相變生一寶一寶增化爲萬
寶未發財寶則無貸借無貸借無通用有通用自然
發貸借有貸借必盛增減有增減不止貸借一貸累
積爲萬貸想萬貸本歸無貸無貸轉倒爲一借一借
相重爲萬借悰萬借本歸增減矣有一增必有一減
有一喜必有一怒有一禍必有一福有一損必有一
益有一拾必有一捨有一逢必有一別佛曰之因果
猶施報與之亦復有天地懸隔之理譬似農者施一
粒于穫萬粒所以有一施必有十報有百施必有千
報有千施必有萬報是故稱貸貨財而益之者損彼
損是益彼益是彼是之因果相對如車輪之廻無停
也財本不我財天道之財天感激其性與之在厚薄
摸厚薄本天非作事自招之不好諂貧賤辨焉此謂
天理自然不義而富且貴於我如浮雲可不愼矣

『三才報徳金毛録』

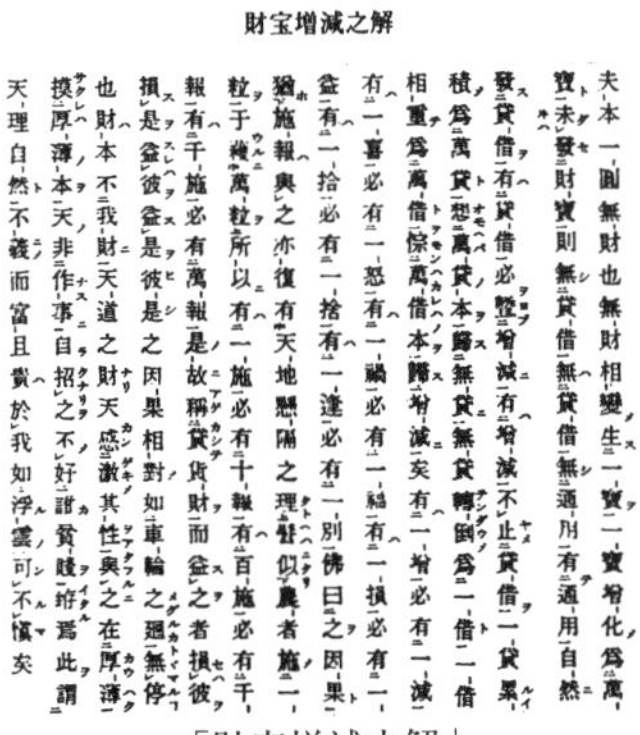
財宝増減之解

夫本一圓無財也無財相變生一寶一寶增化爲萬
寶未發財寶則無貸借無貸借無通用有通用自然
發貸借有貸借必盛增減有增減不止貸借一貸累
積爲萬貸想萬貸本歸無貸無貸轉倒爲一借一借
相重爲萬借悰萬借本歸增減矣有一增必有一減
有一喜必有一怒有一禍必有一福有一損必有一
益有一拾必有一捨有一逢必有一別佛曰之因果
猶施報與之亦復有天地懸隔之理譬似農者施一
粒于穫萬粒所以有一施必有十報有百施必有千
報有千施必有萬報是故稱貸貨財而益之者損彼
損是益彼益是彼是之因果相對如車輪之廻無停
也財本不我財天道之財天感激其性與之在厚薄
摸厚薄本天非作事自招之不好諂貧賤辨焉此謂
天理自然不義而富且貴於我如浮雲可不愼矣

「財宝増減之解」

二宮尊徳（六七歳）が日光奉行宛に差し出した「日光御領高反別其外調書」の数値全容である。

かかる尊徳が幕府から同領の復興を命じられたのはその九年前にあたる一八四四（弘化元）年、尊徳五八歳の時であった。その際、尊徳はそれまでにおける各地での仕法体験を活かし、二年後の一八四六（弘化三）年には、「日光仕法雛形」（『富国方法書』）全八四冊を整理した六〇冊を幕府に差し出している。しかしながら尊徳は、時を同じくして小田原藩との間に軋轢を生じさせており、『富国方法論』を差し出した弘化三年、小田原藩は尊徳仕法のすべてを「畳置」（廃止処分）とし、尊徳自身は小田原領内への出入り禁止となった。後に、陸奥中村藩一二代当主相馬充胤《みちたね》（相馬藩二八代当主）の尊徳仕法への力添え（毎年五〇〇両の献上）もあり、上述のごとく依頼を受けた九年後の嘉永六年、六七歳にして尊徳は日光「御神領」村々を廻村した。

尊徳による日光「御神領」への廻村が始まる一八五三（嘉永六）年は、折からペリーが浦賀に、川路との友情を見せたプチャーチンが長崎に来航した年であった。尊徳を解任した小田原藩は、その折、尊徳に対して仕法礼金五〇〇〇両を支払う予定であったが、尊徳はこれを辞退、五〇〇〇両の受け取りはそのままにされていた。幕府から日光「御神領」開発の依頼を受けた尊徳は、その経費として小田原藩に支払いを要請をするが、これに対して同藩はペリー来航への海防費がかかるという理由で、尊徳に支払い猶予を懇願している。しかし、尊徳は小田原藩からの申し出には一切耳を貸さず、この時小田原藩が尊徳に支払った金額は一〇〇〇両のみであった。尊徳は、他藩からの返済金を含めた総計三〇〇〇両で日光「御神領」村々の復興にあたった。尊徳による廻村と村々の復興は一定の成果を上げるが、廻村の途中、尊徳は一人娘文を亡くしている。文は相馬藩士富田高慶に嫁いでいたが、産後の肥立ちが悪く逝去した。ただし、尊徳はこのことを誰にもいわず、一人でそっと喪に服している。廻村から三年後、尊徳は七〇歳で亡くなるが、かれの事業は富田高慶などの門人・後継者に受け継がれ明治元年まで続けられた。

まとめ――尊徳仕法と有徳性について――

筆者は前著において尊徳を論じた際、上述の桜町仕法～日光「御神領仕法」をも含めて、その手法は綿密なる財政計画が基本であり、必ずしも「道徳的教諭」を核とするものではなかった、とのべた。確かに尊徳の手法は、桜町仕法の内容を『御陣屋日記』にみても、怠惰な姿勢を見せる農民への徹底した生活管理、農業奇特者・借財皆済者などへの表彰制度など「信賞必罰」を主とするものであった。日光「御神領仕法」についてみても、その内容は日光領村々の極貧状態にある農民への報徳金（一両から二両程度の手当・見舞金、荒れ地開発金）の授与とその理由が『日記』には詳しく説かれ、そこに道徳的要素を見出すのは難しい。しいていえば、尊徳が少年期における農作業で身につけた「積小為大」「一鍬の法則」という勤勉性の訴えの中に、また『三才報徳金毛録』に説かれた「夫本《それもと》一円無財也」という経済価値観的解釈の中に、多少の道徳的要素を見出せる可能性がある。尊徳が遺した「荒地起返米麦取増難村旧復之仕法御国益之根元取行方奉願上候書付」の一文に、次のような文言があることを本書執筆中に気づかされた。それは尊徳五〇歳（天保七年）の時のもので「小田原（駿相）、那須郡、真壁郡飢饉救済・相馬仕法」にかかわる項目中に記された一節である。それは「去る天保七申年大凶荒飢饉に付、（略）小田原駿相領内、極難村々、飢民撫育は勿論、荒地起返し、潰百姓取立、往々被安堵深き仁愛を以、存分可取行旨被相任、直に罷越、極難飢民四万三百九拾余人、夫食貸与撫育取計、飢渇を補候処、猶又一同人気相進（以下略）」というものである。本書では、尊徳によって述べられた「往々被安堵深き仁愛を以」という表現に僅かな一節ではあるが、尊徳農政思想の「有徳性」を確実に見出しておきたい。

［註］

（1）小史を含めての二宮尊徳については、拙書『近世日本の「重商主義」思想研究―貿易思想と農政』御茶の水書房、二〇〇三年、第五章を参照。

（2）『三才報徳金毛録』第一六図「財宝増減之解」にある本文記載以外の箇所については、上掲拙書第五章を参照されたい。

3　農業にみる「有徳」論――佐藤信淵――

（1）佐藤信淵の農学論について

上記、芦東山稿においても紹介した佐藤信淵（一七六九―一八二〇）の評価については多様である。それは、信淵が農政家としての一面のほか、神道（平田篤胤）・国学（本居宣長）の影響を受けての軍学論者としての一面があるからである。信淵の軍学論は思想面での展開がある一方、一九世紀前半という日本を取り巻く緊迫した国際状況の中、一八四七（弘化四）年には異国船来襲を想定しての「自走火船大付図」（自走火船により外国艦船を破るの図説）を作るなど、極めて実践的なものであった。[1] かかる軍学論を多く遺した信淵は、他方において、それ自体の影響をほとんど見せない農政論を世に残している。もとより主著の一つである『農政本論』（本篇、一八一五〔文政一二〕年）の冒頭には「凡此書農政の大本を論ずるが故に、初編には、最初天照大神人民の食物・衣類を優にせんことを思召る、こと極て篤く、豊受姫の御体より生じたる穀物・桑・麻・蚕児等を甚尊び、…」ともあり、神道の影響がその根底に見られていることを否むことはできない。しかし、同書の内容そのものは当時行われた伝統的農政の在り方（「検地論」「定免論」などの論述）で占められている。

(2)『培養秘録』と寒冷地肥料

一七八四(天明四)年佐藤信季(深淵父)口述、一八一七(文化一四)年信淵筆記『培養秘録』は、東北秋田に育った信淵が寒冷地農業への配慮のもとに具体的農政を論じたものともいえる。『培養秘録』巻二「馬溺の磠砂《ロシャ》焰硝を論ず」(透明磠砂を製する法)において次のように述べている。「其性太陽の精気を含み極熱火の如し、故に真の磠砂精は、黄金の至剛なるを解釈して粉となすべし、猛熱の最たり、故に此を作物に培養するには、擬磠砂精を製し、諸種の水糞に配合して此を用ふ、此精を加へたる肥養を用るときは、凡そ冷気・陰気等に凋瘵《ちょうさい》したる作物を壮健にすること神のごとし」。すなわちここでは、信淵による寒冷地農業での「磠砂」(塩化ナトリウム)使用による土床への保温論が科学的に説かれている。信淵は、同書同巻の第四一章「石灰の性効を論ず」、第四二章「土硫黄の性効を論ず」においても寒冷地農業への肥料効果を同じく説いている。ここでは、続く第四三章「紅砒の性効を論ず」に信淵の寒冷地農業への施策内容を見ておきたい。同章のはじめに「謹て毒気を嗅ことなかれ」と「紅砒」(ニッケル鉱)について警告する信淵ではあるが、次のようにも述べている。「古来紅砒を糞培に用ひたることは、我が家の外にあることとなし、(略)邪魔左道の如く誹議するものあり、然れども漢土人に至ては砒霜石を甚尊重し、(略)漢土の耕作に砒霜を用ふることは、宋應星が天工開物、其他諸書に詳かなり」と信淵は、中国では『天工開物』をはじめ諸書に紅砒の紹介紹介があることを紹介するのである。

かかる信淵は、我が国における農業への紅砒の応用について「嗚呼汝小子世人の謗議に惑ふことなく、紅砒の性効を明弁し、世人にも此を用ふるの実利を知らしめて、盛んに此物を用ることとなさば、不毛窮髪の国と雖も、作物の豊熟せざる処なかるべし、（略）紅砒の主能、水土を温暖するの功は、絶て他物の及ぶこと能はざる所なり、氷柱の立て作物の生長せざる壚土《ろど》に、此物を培て氷柱の生ぜざるを観て、其他の性効を推察すべし」と述べて、「氷柱の立て作物の生長せざる壚土（腐食火山灰）」を温暖する紅砒の寒冷地農業への効果を重ねて指摘するのである。

（3）『培養秘録』と鶏舎経営

信淵は『培養秘録』巻三「第一四章　鶏屎の用法を論ず」において次のように鶏舎経営の利点を述べる。「鳥類の屎は、其性極熱にして湿気を乾かすの効あり、（略）此を寒冷なる湿地に培養するときは驚異すべき程の妙効を奏す」。すなわち、前項同様、信淵による寒冷地農業への配慮である。信淵は、鶏舎経営を軌道に乗せるためにも量産化が必要であるとして、次のように施策する。「只《ただ》其多く得べからざるを奈（な）んともすることなきのみ。多く得べきものは鶏屎なり、因て鶏屎を多く得るの法を教ん。汝能く此法を世に弘めて、肥培に不足なからしめば、他鳥の屎はなしと雖も、農業に於て遺憾なるべし」。信淵は寒冷地栽培に必要なものは「鶏屎」であるとして、その量産化のための一手段として鶏舎建設を急務とするのである。

信淵の描く鶏舎はおよそ次のようなものである。

信淵による鶏舎は長さ二〇間、横三間の鶏舎小屋場（六〇坪）の中に八棟の鶏舎を作り、各鶏舎に雄雌三二五（雌二五〇）羽の鶏を飼う（合計二六〇〇羽）というものであり、一棟三二五羽から生ずる鶏卵は三二〇〇個、鶏屎は三三〜三四袋（一袋五斗入り）を想定したものである。さらに、信淵の計画がより実践的であるのは、これらの鶏が丈夫に育つよう小屋場の中に畑を設け、餌の青菜を育てるほか、養虫場の工夫までをも加えていることである。信淵の鶏舎経営は概ねこのようなものであったが、かれの農業産業化計画は鶏舎経営のみに終わらず、桐木の苗植えから伐採にいたる「一七年間」の農家産業計画をも説くに至っている（『致富小記』一八四四〔天保一五〕年）。

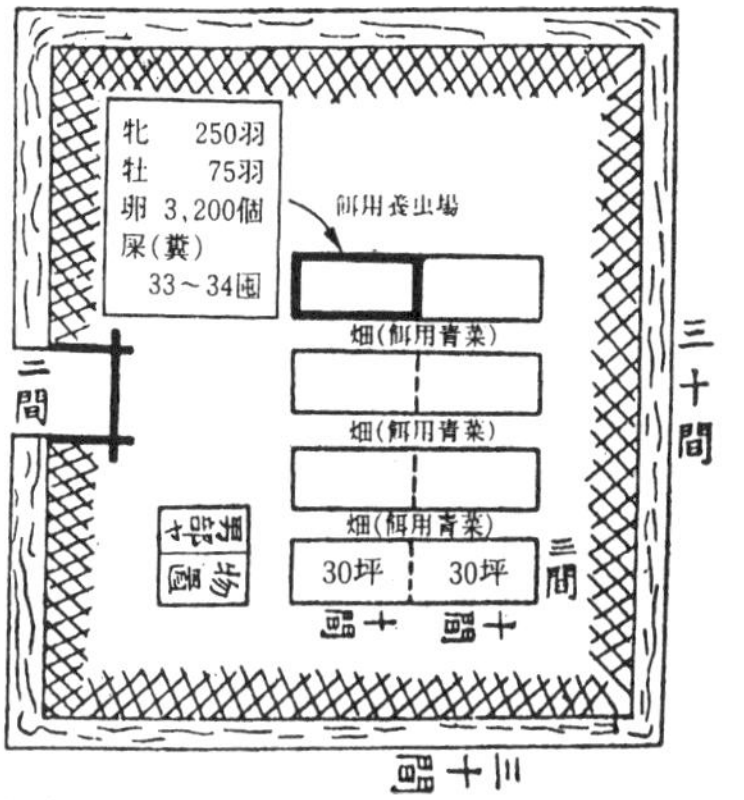

〔注〕数字は8小屋全体（240坪）の1小屋分（30坪）の鶏数及び採卵・採屎（糞）月額
〔出所〕『培養秘録』（『全集』上巻、372頁）に加筆。

鶏舎の図説

まとめ――佐藤信淵農学と有徳性について――

佐藤信淵は『農政本論』『培養秘録』のほか、『種樹必要』『田畯年中行事』『養蚕小記』『草木六部耕作種法』などの農書により、農民の農業（産業）生産力を高める工夫を試みている。果たしてそれらの著作を遺した信淵の農業・農政論が意図するところはどのようなところに置かれていたのであろうか。信淵は『培養秘録』凡例において「天意」と「人君」との関わりを次のように述べている。「夫れ人は万物の霊なり。万物の霊と生れて天意を奉るの業を勤めずんば、人称すべけんや、況んや一国の君と生れて、人たるの徳を修ることを知らず。生涯糞小便の納器と成て死する者あり。恥ずべきの甚だしきに非ずや」。すなわち信淵の説く農学・農政論の根底には為政者（芦　東山のいう「民に長たる者」）が「人たるの徳を修ることを知らず」という政策批判のもとに、とりわけ寒冷地農民への同感のもと、その解決法を工夫・創案した信淵農学・農政論にみる「有徳論」であったとここに結んでおきたい。

〔註〕

（1）佐藤信淵の軍学論については、前掲、拙書『近世日本の『重商主義』思想研究―貿易思想と農政』第三章を参照されたい。

4　石田梅岩の有徳思想

(1) 石田梅岩小史

石田梅岩（一六八五〔貞享二〕年―一七四四〔延享元〕、通称勘平は丹波国桑田郡東懸東懸《とうげ》村（現京都府亀岡市）に中百姓（中農経営）の次男として生まれた。一一歳の時に京都の商家の丁稚奉公となるが、一五歳の時生家に戻り八年間農業に勤しむ。後に梅岩は『都鄙問答』の中で「賢人と実行の例」についてふれ、「実行」（心を知りみずから苦労して努力する勤勉性）のたとえを一日の農作業にもとめている。のちに「商人道」を説く梅岩にとって、生家での八年間に及ぶ農業体験は貴重である。梅岩は二三歳の時再び京都に出て、四三歳までの二〇年間を呉服商に奉公した。その後三五～六歳で人性を懐疑した梅岩は、奉公を辞した四三歳の時小栗了雲に入門した。「心の問題」（学問のあり方）について了雲から「温故知新」の意味を厳しく諭され、古典籍に学ぶだけではなく、自らの考えを抱く必要性を深く悟る。了雲逝去の年、梅岩は四五歳（一七二九）で無料の講席（心学塾）を自宅に開くが、六～七年後に広く認められるまで、詩文の素養に乏しく独学に近い梅岩に入門者は少なかったという。

（2）主要論著にみる梅岩の教え——「倹約」「正直」「放心」——

梅岩には主要論著が二冊ある。その内の一つが毎月の塾会での師弟問答を基調とした『都鄙問答』（一七三九〔元文四〕年）であり、他の一つが、人の心（生活心）のあり方を「倹約」という言葉で説いた『倹約斉家論』（一七四四〔延享元〕年）である。そのほかには、門人の手による『石田先生語録』がある。梅岩没年の書である『倹約斉家論』には「倹約」および「正直」が多出する。

このうち「倹約」について梅岩は、「世を治める道は、倹約を本とす」とした上で「倹約は吝《しわ》きこと（けち）ではない」とし、「倹約は財宝を節《ほどよ》く用ひ、我が分限に応じ、過不及なく、物の費《ついへ》捨《すつ》る事をいとひ、時にあたり法にかなふように用ゆる事成べし」（『日本思想大系』42、二四頁）としている。「倹約」については『石田先生語録』にも説かれ、民の豊かさ（＝国の富）や食物を養う糞尿への敬い、さらには「礼儀」（上を恐れる恭順）の道にまで論及している。つぎに「正直」は、ものごと全ての行為に通じる教えであり、比較的今日の意味に近いものがある。『都鄙問答』において梅岩は「誠実・孝心・正直」の三徳を列挙して論じている。また、「放心」は「不学・不仁」をいい、「倹約」の対置語として梅岩は用いている。

（3）「商人道」（商人の道）の肯定

享保改革の影響下にある一八世紀の前半、梅岩は四民（「士農工商」）の職分を説くことによって「商」の正当性である「商人道」を見いだす。梅岩によれば、商人の利（利息）は武士の俸禄と同じ性格のものであった[1]。

ただしこの場合、梅岩によれば、「商人道」とは先に挙げた「倹約」の心を旨とし、「正直」をいかに実行しうるかが究極の課題とされた。一方、その姿勢は常に体制内におかれ「都《すべ》て農工《のうこう》商《しやう》は下賤也《げせんなり》、其賤者《そのいやしきもの》として、歴々《れきれき》の武家方と同じやうに思はるるこそ愚《おろか》なれ」（同上書、一七頁）と説くのである。

まとめ――「心法」にみる「有徳」性――

梅岩はその教えを「心法」（石門心学）ともいっている（『石田先生語録』）。したがって、彼の教えはその一部をのぞいて迂遠的である。梅岩は「商人道」の具体例を示す以上に、人々の生き方そのものを説き、これを普遍化する試みをしている。「性善説」に立つ梅岩が「教育」（学問）の効果を最重視することにもその「有徳」性の一部を読みとれる。その意味では、梅岩にとっての「商人道」とは、彼の「心法」の対象の一つに過ぎなかったのかもしれない。彼の教えは手島堵庵、中沢道二、柴田鳩翁などの門人に受け継がれた。

〔註〕

（1）この発想は、海保青陵（一七五五〔宝暦五〕年―一八一七〔文化一四〕年）が『稽古談』（一八一三〔文化一〇〕年において、武士の俸禄（年貢米）は商人の利得（利子）と同じであるので取るべきであると述べたことの裏返しとして注目される。

〔参考文献〕

柴田実編『石田梅岩全集上下』明倫舎、一九五六～五七年。

柴田実『石田梅岩』（人物叢書）吉川弘文館、一九六二年。

竹中靖一『石田梅岩の経済思想』ミネルヴァ書房、一九六二年。

小高敏郎校注『都鄙問答』（『近世思想家文集』）日本古典文学大系97、岩波書店、一九六六年。

石川謙『石田梅岩と「都鄙問答」』岩波新書、一九六八年。

柴田実校注『石門心学』日本思想大系42、岩波書店、一九七一年。

3　経世家にみる「有徳」論（本多利明）

（1）本多利明

江戸後期の経世家である本多利明（一七四三―一八二〇、寛保三―文政三）は、越後国北蒲原郡の出生とされる。[1]一〇代後半において、郷里越後から江戸に出た利明は、関孝和の高弟建部賢弘の門人今井兼延に関流算学を学び、賢弘の門人中根元圭の高弟千葉歳胤には天文・暦学を学んだ。二〇代半ばには、町人学者として開塾し天文・地理・測量術を教えた。利明四三歳の時の「幕府蝦夷調査」には塾生の最上徳内が派遣されている。五六歳にして、主要著書『経世秘策』『西域物語』を著すが、同書のきっかけとなったのは、天明三年大飢饉〈四三歳〉への視察であった。両著では、国内開発の急務を説く一方、国内限りの開発には限りがあるとして、海外貿易論による国富の必要性を説いた。利明が海外貿易論を説く背景となったのは、イギリスの繁栄をモデルに、みずからの和算を基礎とする西洋航海術の習得であった。

(2)「共存共栄」的貿易論

五九歳の頃に書かれた『経済放言』において、利明はイギリスを理想の近代国家と捉える。たとえば、彼はそのイギリスについて「オランダより西方凡百五十六里（日本里法三十六町一里積）にして、エンゲランドといふ国あり、都をロンドンといふ、北極高五十一度三十一分にして、日本の東蝦夷カムサスカと同じ寒国（日本の気候よりは寒国なれども、彼国等は寒暑程能良国とせり）なり、欧羅巴州の西北の地端に所在し、彼州諸国に雄長たり、土地の幅員我国の如く島国也、地勢三カ所に分れ、四国九州の切々あるに似たり、然に欧羅巴第一の大富国、且つ水軍・陸軍の火術・奇器を備て、威勢欧羅巴に独輝せり[2]」とのべ、今後日本が理想とする国家は、現実に「出嶋」を通じて交流をもつオランダではなく「イギリスである」としている。利明によるイギリス評価については『西域物語』にもしばしばのべられている。たとえば、船舶について利明は「夫《そ》の中にもエゲレス船を最上とせり[3]」といい、オランダ人のもちよる時計を「其細工、ロンドンを以、天下第一とせり。次を仏良察（フランス）のパリス、次を和蘭陀（オランダ）のアムステルタン」と、する。また、西欧諸国の石作りの堅牢な家についても「エゲレス、フランス、ヲランタ（略）[4]」の順にこれをあげている。また同じ頃書かれた『交易論』においても利明はいう。「西洋には奇妙なる海賊あり。（略）然れども、エンゲランドの大船は、要害堅固なれば、其憂ある事なし。西洋の諸船、エンゲランドの大船を指て、海王と称し、償物を捧て拝礼に来れば、カビタン艫櫓《ともろ》の上へ出て机床に掛り、其償物を一覧し、礼式を受るといへり(5)」。

利明は、かかる近代国家イギリスの繁栄の要因を貿易に求めて、「国家に利益を得るは、万国交易の外に道なき故に、渡海の明法を建立し、天下の海洋を自在に渉渡し、其国其島に距り、隆国は王侯と交易し大利を得、又人道未開の国々島々は、人道に係る諸色百物を持渡り土人に与ゆ、撫育交易し大利を得、此故に世界の金・銀・銅及産物の種々、皆欧羅巴へ群集するなり」といい、その手段としての航海術を「然ば豊饒の根本は渡海の明法にあり、渡海の明法は天文学・地理学・算数にあり」と、「富国」への「沖乗」渡海術（西洋航海術）の必然性を指摘するのである(6)。

（3）「天文・地理・渡海」術の必要性

利明がなぜ航海術の必要性を説くに至ったのかは、『経世秘策』や『西域物語』にもそれぞれ明記されている。たとえば『西域物語』上巻において彼はいう。「日本は海国成ば、是に備ふべき天文・地理・渡海の法を以当時の急務とし、是に仕向すれば、其器に当る者何程も出来、国家の要用に達る也。此道に精しからざれば、海洋を渉渡するの業に暗く、渡海・運送・交易ならざる故国産の融通悪敷、或は国（ここでは藩ー筆者）により所に依ては余り有りて自ら腐物あり。（略）

運送の船舶、海洋を暗渡する故、或は破損して国産を失ひ、或は漂流して異国へ漂着して、日本の秘事を知られ、種々様々の災害多く、盗賊の損は国内に有りて、真の損に非ず、船舶の漂流破損の損は国内になくて、真の損となる也。（略）然るに我日本は前に所謂天文・地理・渡海の治法なきゆへに、国務第一の渡海に暗く、故に異国え船を出す事をせず、異国と交る事をせず、独立の島国也」。ここで利明は国内における藩間交易（藩間流通）が航海術の未発達により妨げられていることを説くとともに、海洋への「暗渡」が破船となり日本全体の損失を招いているという。

この点は、同書下にも次のように明記されている。「倩《つらつら》おもうに只其国より産る所の物を用て、其国を養んとすれば常に足ず。強てせんとすれば、必国民疲れて成就せず。於テ是ニ他の力を入れずしては、大業の成就する事は決てなし。此境を、開祖たる人能〔諦〕悟し、万国の力を抜取て我国へ入れざれば、此大業が決て成就せずと見究め、扨万国の力を抜取には、交易を用て抜取の外なし。交易は海洋渉渡するにあり。海洋渉渡は天文・地理にあり、天文・地理は算数にあり。是則国家を興の大端也」。また『経世秘策』後編では利明はつぎのようにのべる。「固より日本の国内の国産は出産に際限あり、万民の増殖は際限なし。此出産に際限ある国産を用て、増殖に際限なき国民を、末遂て余さず洩さず養育して、猶有余あらしめんとするは無理ならず哉。終に国民は国産よりも多く、国産は国民よりも少く迫り至る期到来せずんば非ず。是れ無理なる証拠なり。元来際限ある国産を以、次第増殖に際限なき国民を養育せんことは、迚も仕難し。此仕難きことを知て前広に遠慮し、日本周廻の属島の島産及周廻の海産を、自然と日本へ独り入来る様に仕掛するを遠慮といふて、せで叶ぬ国務なり。（略）然れば国務の本は船舶にあり、其船舶は海洋渉渡を自在にせざれば国用を達ること難し。海洋渉渡を自在にするには天文・地理・渡海の法に熟さするにありて、外に拠あるに非。其法に熟させんに仕方あり。其仕方といふは則仕向にあり」。すなわちこの部分には、利明による海外貿易論提唱の必然性が読み取れる。その上で利明は、西欧諸国に眼を向け「故に欧羅巴諸国は、国王あつて万民を撫育するに、渡海・運送・交易を以、饑寒を救ふを国王の天職とせり。故に盗賊抔は決てなし。殊に日本は海国なり。渡海・運送・交易は国家政務の肝要たることは勿論なり」というのである。ついで利明は、わが国における海難の多発についても「是海上第一の天文・算数なく、渡海の法則なきゆへ也。依て行衛知らずとなる船舶年々其数を知らず。年々莫大なる国産を棄るのみに非ず、大切の国民を失ふなり」とその現状と、航海術習得の必要性を訴えるのである。

同時期の西欧に目を向けるのであれば、航海技術の習得はごく当然の生活基盤であり、そこでは海軍力を背景に植民地の獲得を求め、それを国富の基盤とすることが通例であった。ところが、利明の場合は、「鎖国」下の経世家として、西欧航海技術を見習う必要性を訴えるという政策思想の構想が精一杯の展開であった。その点に「鎖国」下の経世家としての限界が見られるのであるが、一方、これは、一隻の軍艦建造論をも想定しない平和貿易論として、そこに「鎖国」下固有の「有徳」性を見いだすことにもなるのである。

利明の場合に注視すべきは、かねてからの数学知識を元に、今後は西欧航海術の基本的理論を習得し、航海は占いで進路を決めるのではなく、天体観測による科学的方法によらなくては難船を避けることができないであろうとしている点である。また利明は、航海の責任をもつ船長は炊あがり（飯炊き経験者）ではなく、有能な算術修得の人物を広く社会から募集すべきであるとも強く説いている。さらにまた利明は、西欧航海術の教本を日本全国の書店に置き、広く国民に啓蒙すべきであるともいう。平和貿易を重視する彼の考えは、「鎖国」下の社会では実行されえなかったが、貿易を平和な手段によって行い、異国との「共存共栄」を「船長」の育成、航海術本の啓蒙によって図ろうとした利明の考え方は、二一世紀の国際交流社会においても十分通用するものであって、そこに経世家としての「有徳」性を読みとることができるのである。(7)

［註］

（1）本多利明に関しては、拙稿「『鎖国』を通してみた日本とヨーロッパ」（三村眞人他編『交通と文化の史的融合』八千代出版、二〇〇二年）および拙書『近世日本の「重商主義」思想研究—貿易思想と農政』御茶の水書房、二〇〇三年、第三章を参照した。

（2）本庄栄治郎解題『本多利明集』誠文堂、一九三〇年、九四頁。

（3）塚谷晃弘・蔵並省自校注『本多利明・海保青陵』（『日本思想大系』四四、一九七〇年、一一二頁。
（4）塚谷、前掲書、一二二頁。
（5）同書、一七六頁。
（6）前掲、本庄栄治郎解題書、九五～九六頁。
（7）本多利明の共存共栄論については、佐藤信淵の軍学論との比較によってもその平和性（有徳論）が一目瞭然である（同上、拙書第三章）。ただし、信淵思想の真価は続く項にもみるように、農業政策家としての看過し得ない特異性があることも付記しておきたい。利明研究の最新作としては、宮田純『近世日本の開発経済論と国際化構想―本多利明の経済政策思想』御茶の水書房、二〇一六年がある。なお、本書、宮田純氏の「補論」には本多利明思想の本質が説かれている。

まとめ　――儒者の「有徳」論と士農商・経世家との比較考察――

上述した芦東山が、『無刑録』の論述を背景に論じた「二十二箇条の上言」に繰り返して述べていることは、藩内における優秀な人物の育成についてである。つまり、「上（指導者）を育てて、下（民）に学ばせる」という方法による教育論である。かかる東山の教育論は「善人を育てること」が目標とされる。そのため、東山の教育論では「人を褒めること」が最優先されている。しかし一方において、東山は「処罰」も必要であるという。すなわち、東山が「上言」において、「悪僧」や「山伏の悪行」「怠惰な農民」を何故それほどまで厳しく戒めているのか、を考える必要がある。東山は「総論」において「役人の不勉強が農民の悪事に繋がっている」現状から、指導者（民の長たる人）の要請を必要とし、学校の建設にも施策の論を巡らすのである。東山にとって、「悪僧」や「山伏の悪行」は目標を実現するための妨げとなるものとして、ここでは教育論による解決方法ではなく阻害するものへの厳しい姿勢を見せることに終始しているのである。とはいえ、東山の思考に再度ここで注目しておくべきことは、藩政における指導者もしくは施策への徹底した「民心乖離」批判である。東山が「上言」において「民心背クトキハ其情離ル」と述べたことは、藩政を実施する際に最も重要な部分（理論）として、儒者としての東山の真価を認めることにもなるのである。果たしてそれでは、上記した士農商、経世家にみる「有徳」性はいかなるものであったのかを東山の「上言」を念頭におきつつ、論じてみたい。

1 「士」としての「有徳」性――川路聖謨との比較――

川路聖謨は幕府「勘定奉行」である。主な前職は、佐渡奉行、普請奉行、奈良奉行であり、のち外国奉行を勤めた。下田奉行、軍艦奉行を勤めた井上清直は実弟。奈良奉行時代に植樹した川路桜は今も人々を楽しませている。本書では主に『長崎日記』『下田日記』からロシア提督のプチャーチンとの長崎での出会い、北方領土交渉、下田津波、日露和親条約締結などを紹介した。なかでも、下田を襲った安政元（一八五四）年の津波は、折から下田におりプチャーチンとの交渉を行った川路一行をも襲い、川路は命からがら裏山に避難し難を逃れるに至った。一方のプチャーチンは自ら指揮を執った旗艦ディアナ号を破損、修復のため多数の漁舟で曳航中沼津沖で沈没した。川路はこれを不憫に思い伊豆戸田の船大工に代用船建造を幕府に願いでて建造、プチャーチンは代用船「ヘダ号」で帰国した。[1] 川路が長崎でプチャーチンに出会った際はお互いが意地の張り合いであった。しかし、翌年伊豆大津波の折、共に被害を被ってからは「ヘダ号」の建造もあって両名の間の友情は深いものとなる。下田での川路は諸外国の風習(例えば米国人の抱擁)を見て感心し「日本の人情を以論ずべからず」といい異国の風習への柔軟な態度を見せるのである。前述のように、川路は日課として「大小槍七千回、大棒七五〇回、太刀四五〇回、居合抜き一〇〇本、太刀片手遣い他四〇〇回、冑着用歩行一万八千歩」を行ったとあるが(『座右日記』)。このような修行を毎日重ねることによって、川路は武士としての「有徳性」を身につけたのであろうか。

2 「農」としての「有徳」性

(1) 二宮尊徳との比較

少年期の農業復興体験をもとに「積小為大」「一鍬の法則」(「一鍬耕耘談」)など農政における「勤労」を核とする基本理論を習得したのが二宮尊徳であった。その意味において、もとより尊徳の農政論は儒教教育的ものではなく、自らの農体験に導かれた実践的理論として自らの農政を支えるものとなっている。したがって、尊徳の仕法（復興・開発策）の場合必ず「財政計画」（いわゆる「分度」(2)）が伴われることになる。たとえば、尊徳が幕府から日光「御神領仕法」を命ぜられた一八四四（弘化元）年五八歳の折、尊徳は相馬藩主から相馬六万石の復興策（仕法）を依頼されている。相馬藩と尊徳との関わりは、尊徳五三歳の折に江戸遊学中の相馬藩士富田高慶（のちに娘文が嫁ぐ）が桜町陣屋を訪問したことに始まる。その際、尊徳は相馬藩の過去一八〇年分の租税状況を差し出させ、これを三期各六〇年に分け、また陰陽二期九〇年にも分けてその租税額を算出（天明・天保両飢饉による減収も計算）し、その後一〇年間における租税の基準額とした。これを尊徳仕法では「分度」と称している（「為政鑑土台帳」）。東山においても一万両の基金を貸し付け、その利息で学校建設・学校運営のすべてに用いるという施策を論じており（「儒業附録」）。尊徳仕法との近似性を見せている。しかし、東山の施策は「怠惰」「悪行」の者をいかに「成徳ノ者」（有徳者）に導くかという教育論に力点がおかれ、仕法（村々開発）に力点をおいた尊徳との異なりを見せていた。それでは尊徳の「有徳」性はどこにあるのかといえば、一つには、日光「御神領仕法」における主とした極貧村々への廻村に伴う村人への対応（褒美金・開発金などを含めての財政支援）にそれを見出すことができる。また一つには、天保飢饉下における「極難飢民四万三百九拾余人」への「往々被安堵深き仁愛を以」する尊徳の仕法（報徳仕法）そのものにも「有徳性」を認めることができる。

（2）佐藤信淵との比較

信淵の農政論は『培養秘録』に代表される東北寒冷地農業への施肥の工夫が特徴的である。しかし、信淵農政論にはもう一つの書『農政本論』があり、その凡例において信淵は次のように述べている。「凡そ百姓を富さんことを欲すと雖も、時代と人情にも通達せずして、（略）取箇を減じ小物成・浮役等を卑しくして遣わすこと、心得るが如きは、大なる誤りなり」。とした上で続けていう「何となれば土民百姓は甚だ愚昧なる者にて、常々領主より篤く慈悲心を加え、農業を世話する役人を附置て、幾度と云ふ限り無く教化を施し、日夜勤めて稼穡を励まざるときは、放蕩無頼に為りて骨折ることを憚り、博奕飲酒を好み、姦淫の頑要《のらあそび》にのみ耽り、只管に月日を送る者多し。故に暇令年貢を皆免して遣すと雖も、政事の正経なきに至ては、年々以外に困窮す」。ここに見る限り、信淵の愚民間は、東山「上言」（とりわけ「民害雑事」の項）がいう役人無能（無学）論、農民怠惰論という現状認識では軌を一つにしている。信淵農政のもう一つの特徴は商品作物の奨励である。しかし農民の兼業化については厳しくこれを戒めている。この点に関し東山は、「上言」（とりわけ「田畠興廃」の項目）においてあらゆる商品作物を紹介し、農家の兼業化を促すといった異なりを見せている。そのほか、東山は「上言」（「田畠興廃」）において、田畑への肥料（鍬糞）の施し方、草取り（一田三度の草取り）の方法に触れ、具体的農業指導の根幹（草取りと勤勉性の必要性）について述べている。ただし、儒者東山の農民観はあくまでも（民の長を育て農民を指導する）という漸次育成論の肯定であって、したがって、時にはその政策手段の一つとしての「信賞必罰」をも交えての農民指導（とりわけ「忠孝選挙」の項）であった。[3]もとより、近世農業社会の特徴として「勤勉」の必要性を訴えるのは農政家に共通する事項であり、信淵の農政論にも説かれるのではあるが、信淵農政論の真価は『培養秘録』に詳しく見られた実践的農業技術論であり、その姿勢はあくまでも「農民家計」（農家）への配慮・献策におかれるという「有徳性」を示すものであった。また、一方において信淵は、神道・国学思想の影響下にあって、農政を果しえない君主への「況んや一国の君と生れて、人たるの徳を修ることを知らず」という実情に対し、徳を修めた「有徳的」指導者の出現を期待するものであった。すなわち、ここにおいて信淵は、寒冷地への施肥工夫など農家経営への具体的配慮・工夫を見せる一方で、実政を担う君主への批判・検索をも惜しまないという視野を抱くものであった。

3　「商」としての「有徳」性――石田梅岩との比較――

石田梅岩の場合、その思想は極めて「迂遠的」である。上述のように梅岩は少年期を農家に過ごしている。この農体験は、後に商家に入る梅岩にとって意味深いものがあった。すなわち、「倹約」と民の豊かさ、「倹約」と「糞尿への敬い」という商業の範囲を超えた梅岩思想の展開である。

上述『都鄙問答』（一七三九年）において梅岩は学問の必要性について次のように述べている。「学問の至極トイフハ、心ヲ盡《ツク》シ性ヲシリ、性ヲ知レバ天ヲ知ル。天ヲ知レバ、天即孔孟ノ心ナリ。孔孟ノ心ヲ知レバ、宗儒ノ心モ一ナリ。一ナルユヘニ註モ自《オノズカラ》合《カナ》フ。心ヲ知ルトキハ天理ハ其中ニ備ル。其命ニ違ザル様ニ行フ外他事ナカルベシ」。すなわち、儒への限りない接近を見せる梅岩「心学」の一面である。また梅岩は「人倫」についても次のように説いている。「汝ノイエル如ク、人倫ヲ絶ツコト大ナル罪ナリ。我云所モ悉ク人倫ノミ。（略）聖人ノ心ハ道ノ廃タル世ナレドモ、此ノ人ト交テ乱タルヲ正シ、古ヘノ道ニ反《カヘ》サントノ玉フコトナリ。禮アルヲ以テ人トス禮無《ナキ》トキハ人倫ニアラズ」と。ここに見る限り、梅岩が「心学」に求めるものは、東山がその「序」「凡例」にみせた現状への憂いから「国家ヲ治ルハ、大ナル事業ニ御坐候、故ニ天下ヲ治ルニハ、天下ノ賢才ヲ択ンデ任之、一国ヲ治ルニハ国中ノ賢才ヲ択ンデ任之候」とし、さらには「民ニ長タル人学問ナキトキハ其徳下ニ及シ難ク」とまで論じ、上に「学問の至極トイフハ」と説いた梅岩「心学」との共有性（「有徳論」）を見出すものであった。

4 「経世家」としての「有徳」性――本多利明との比較――

最後に経世家・本多利明との比較を試みておきたい。利明の経世論はとくにその対外思想において穏やかかつ平和共存的である。しかしその政策立案はスケールが大きく、またその姿勢は厳しくもある。例えば紙数の関係上先に紹介しえなかったが、利明の政策立案に『河道』（一八〇〇〔寛政一二〕年）がある。利明五七歳の時のものである。利明は江戸廻米の際銚子沖を進む舟がよく難船することから、那珂湊～北浦（霞ヶ浦）に至る細い内陸水路の開発を計画する。難所は大谷川にかかる高台の天野原《てんやはら》掘割計画であった。(4) しかし、総工費一万六〇〇〇両（日光「御神領仕法」が三〇〇〇両の基金を預けての利息で運営）という巨額な掘割資金が必要とされる天野原掘割計画は、利明の試算に留められ実現することはなかった。しかし、利明の立てた掘割計画は綿密な土木計算（天野原掘割の土砂量など）に基づき注目に値する。その点、東山による「二十二箇条の上言」は、禁固を解かれる数年前の論述としての制約から、利明のように現地を把握しての大規模な政策立案には至らなかった。自由な身分境遇にあった利明ならではの立案である。利明の「有徳性」を考えるのであれば、『経世秘策』『西域物語』（ともに寛政一〇年）において、東北飢饉惨状化にある農民への同感から海外貿易による日本全体の富の獲得を認識するに至るが鎖国下の政策思想として実現するには至らなかった。一方の東山は、仙台藩儒者であり蟄居幽閉というその境遇から日本全体の国家論を説くには至らなかったが、儒者としての立場から、藩内領民（農民）への救い（「民ニ長タル人」の育成）を政策目標とし、領内におけるあらゆる施策個所に配慮・工夫し、そのあるべき姿を理論化する試みを果たしている点において経世家本多利

明にみる「有徳」性ともまた異なる個性を見せるものであった。(5)

［註］

（1）『ヘダ号の建造—幕末における—』戸田村教育委員会、一九七九年が詳しい。

（2）拙書『近世日本の「重商主義」思想研究—貿易思想と農政』。御茶の水書房、二〇〇三年、第五章参照。

（3）農民指導に「信賞必罰」を交えたのは先の二宮尊徳である。とりわけその具体例は尊徳「桜町仕法」に詳しい（拙書第五章を参照）。

（4）同計画は慶長年間に始まり、一六五一（慶安四）年、一六六三（寛文三）年に、一七〇三（元禄一六）年と開発が続けられ、部分的な舟路が開通している。

（5）この点については、本書「「補論」宮田純「本多利明と「有徳性」—『自然治道之弁』を中心にして—」を参照されたい。

補論　本多利明と「有徳」性
――『自然治道之弁』を中心として――

宮田　純

はじめに

本多利明（一七四三―一八二一）は徳川時代後期に民間サイドからの発信として経済政策論を提起しつづけた人物である。彼の代表作としては『経世秘策』、『西域物語』、『経済放言』などが列挙され、国内物資の需給バランスの調整弁として対外交易論を強調したところが特徴的である。[1] しかしながら、これらの提言のベースに位置する一つの資料を、われわれは見落としてはならない。それは、本稿で紹介する『自然治道之弁』なる政策綱領である。

この資料は、利明の経済政策論における嚆矢に該当するものであり、利明が考えるところの国家豊饒策の源泉といってよいものである。したがって、仮に同資料に「有徳」性が強く意識されているのだとすれば、いわば、初発の段階における「有徳」性の意義を知ることにつながるといえよう。こうした見通しのもと、『自然治道之弁』[2]における「有徳」性の抽出を試みてみたい。

1　『自然治道之弁』の概要について

『自然治道之弁』は寛政七年（一七九五）に成立した経済政策論であり、利明が直面した三つの社会経済問題への処方箋として理解できる。ここでいうところの問題について触れると、一つ目は、飢饉や人災にもとづく悪循環の連鎖や生産力の偏在性に着目した全国的傾向としての国内生産力低下と物資需給問題であり、二つ目は経済的側面から主が商人側、従が為政者側という主従逆転した対人関係に着目した国内社会秩序の混乱問題である。さらに、日本国内に包括されるとみなした北海道、ウルップ島、エトロフ島、クナシリ島、カラフト島の北方五島の保全や国境画定を要望したロシア南下情勢にもとづく蝦夷地問題が三つ目である。

この認識下に提起された政策理念は「自然治道」と呼称されるものであり、「衰微」としての「時勢」を〝おのずから〟の現象＝「自然」としてとらえ、それに為政者主導の「治道」＝政策という刺激を与えることにより、「豊饒」としての「時勢」という新たな〝おのずから〟の現象＝「自然」を生成させるという概念と定義される。

この政策理念を反映させた具体策が根幹的「治道」に相当する「渡海運送交易」政策とそれを支える「四大急務」政策である。「渡海運送交易」政策は、船舶利用による国内海上輸送ルートの主要動脈化を意味する「渡海」や、国内内陸輸送ルートと国内海上輸送ルートの結合にもとづく物資輸送を意味する「運送」の円滑化、さらに、物資移動の仲介として物資売買や物々交換を意味する「交易」活動への積極的関与を、それぞれ為政者側に要望した政策を意味し、導入後には、北方五島を内包する日本国内の経済圏の物流の円滑化が想定されている。

ただし、この政策の実践には輸送ルートの整備や国内生産力の増大、および国内市場における貨幣供給量に関する準備が必要とされる。そのために、国内インフラの整備に資する政策として、①焔硝活用政策案、②鉱産資源活用政策案、③船舶活用政策案、④属島開発政策案の四案により組成される

「四大急務」政策の導入も提起されている。同政策は、改良船舶や新規航海術を活用した官船の移動経路に該当する海上輸送網と、整備開発された国内内陸輸送ルートの結合化により全国的輸送網の構築をはかり、その経路において北方の五つの島の産業開発による新規生産力と従来の国内生産力の輸送を要望したものであり、その際、進展が想定される「交易」活動への対応として貨幣需要への呼応や物価調整を目的とした貨幣準備体制の確立を求めたものである。

以上の、国内開発によるインフラ整備にもとづく国内物流の円滑や国内生産力の上昇を基軸とした「渡海運送交易」政策と「四大急務」政策の導入により、三つの社会経済問題を解決した様相が『自然治道之弁』に展開された日本国「豊饒」化構想であるが、興味深いところとして、同書の成立時に利明は対外交易論について言及していないという事実がある。したがって、のちの『経世秘策』（一七九八年成立）ならびに『西域物語』（同年成立）、あるいは『経済放言』（一八〇一年以降成立）にて強調される対外交易を推進する姿勢は未だみせていない点は、考え方の変化を知るうえで重要であるといえる。

こうした、『自然治道之弁』についての概説的な把握を大前提として、注目すべきは、「有徳性」の抽出につながるだろう、為政者主導を強く意識しながら利明の発信が行われている点である。さすれば、政策的誘導の実践主体と、その影響下にある万民の関係性にどのようなタイプの「有徳」性が所在するのか興味深いところであり、その点を意識しながら、同書における「有徳」性の意義を探求してみたいと思う。

2 『自然治道之弁』における「有徳」性の所在――①焔硝活用政策案――

利明が持論に「有徳」性をどのように反映させているのかを知るための根拠の一つとして、「一第一焔硝は乱に武備の要害となり治に其用甚多といへども河道を開を先とせり」（十四丁裏）としてはじまる「四大急務」政策の一つ①焔硝活用政策案があげられる。このアイデアは、爆薬としての焔硝活用の効能を示したものであり、武具としてではなく、国益創出に繋がる河川開削を一義とした国土開発論としての見解である。その応用として、「焔硝を用て山々に切通を補理し峠道を助け或は金銀山の堀方を助け或河々に大石ありて大瀧となつて通船なり難を助け其外種々国用に達して其功莫大なり」（十七丁裏～十八丁表）とされるように、河川・陸路といった多様な流通ルートの円滑化の促進だけでなく、貨幣としての金銀採掘事業への活用も想定されているのである。ここで興味深いのは、この提言との関連下に次のように強調している点である。

「「モスコヒヤ」の女王「エーカテリナ」なる者大功数ヶ条の内隣国に大湖あり大雨長く毎次に溢水大湖の周廻に溯り万民の難儀是より甚しきはなし時に女王その害を禦ん事を謀り彼大業を用ひ里程十七里「日本の百町を用て一里となりたり〈割注〉」の山を穿て大河もなりてより湖水の憂なきのみに非らす河道開けて通船の運送便利を得国民大に悦ひ夫より徳行盛になり今般に万国に響となり」（十六丁裏～十七丁表）

この記事は、ロシアの女帝エカテリーナが溢水対策の為に焔硝を活用して治水整備事業を行い、その結果として、河川流通経路が円滑となり、その影響下にロシア国民の物資需要が充足化されたという経緯を示したものである。その場合に、最終的に発生した局面として、国民の「徳行」が「盛」となったという観察に我々は注視しなければならない。ここに強調される「徳」とは、円滑な物資移動に基づいた衣食住の担保から派生するものであり、人々の互助的な心性として理解すべきものである。したがって、エカテリーナというリーダーにより、①焔硝活用政策案という現実的政策の導入がリーダーシップとして、フォロワーである全国民に反映され、結果として普遍的な「徳」がすべての人間に内在する状況が、いわば理想形として明示されているのである。

3　『自然治道之弁』における「有徳」性の所在――④属島開発政策案――

前出の事例の他に、いま一つの記事についても紹介しておきたい。それは「商船渡海して夷人撫育の交易せしを官船渡海して夷人撫育の交易を為すへし依て東はウルツフ嶋エトロフ嶋クナシリ嶋西はカラフト嶋の内運上屋の場所まて官船にて米麹酒煙草小間物及ひ諸器材かな暦も運送ありて撫育交易せは夷人も救を蒙て大に悦ひ此方にては大に利潤あつて重き政務の道に叶ひ目出度とも珍重とも此上なき善事也」（三十一丁裏）として記される④属島開発政策案の部分についてである。利明の考えるところの属島開発とは、主に未開とされる北方の諸島を対象とした国土開発案のことであり、それを推進するために、為政者主導の官船の活用を経路としながら、本土より物資やさまざまなアイデアを提供し、諸島の住民の生活レベルの向上を期すといった段階的な手立てが考慮されている。

こうした起案を強調した理由としては、未開のまま放置していると、「ウルップエトロフクナシリカラフトの四嶋取留おかは日本国より二三倍もあらむ大国を得へし若又手延ひにならは異国に属すへき勢ひ」（三十一丁裏～三十二丁表）と、ゆくゆくは「異国」であるロシアの支配領域となってしまうといった将来を予想していた点があげられ、したがって、その予防策としての理解のもと、北方諸島の同化政策的な手法が推奨されているのである。また、この起案には、いま一つ興味深い方策が添えられていることも重要である。それは、

「奥羽越佐加能等の国々の者は蝦夷の住居勝手次第たるへき旨命令あらは固より好み望みの者ともなれは妻子引連引移り住居する者とも多くあるへし又金銀銅山も多けれは罪人の内盗人以下は助命あり然へき者共は金堀大工たるへき制度とならは金銀銅を得て国益となり又廃子人は廃らする国の用に立つ仁政になり」（三十二丁表）

というものである。これは、東北地方からの移住や、本来的に処罰対象である罪人を移住させることにより、生産力人口の増大化を図り、彼らの営為により鉱山開発などの事業を展開させるというプランである。このアイデアを成り立たせているのは、罪人といえども、日本国の国益確保に資する人的資源としてとらえている観点であり、それを具現化するために、人々の延命化による活用こそが、為政者サイドから発揮される「仁政」の一つとして強調されているのである。

先に触れた①焔硝活用政策案において、利明は、全国民への「徳」の派生化を理想としていたことを指摘したが、それと同様の観点を④属島開発政策案にも当てはめてみると、罪人を含む移住者や、北方諸島の現地住民すべてに対して同様の心性を付与することを念頭においていたとみられ、それを可能とするリーダー、ここでは日本サイドの為政者による「仁政」、すなわち具体的政策の導入による全人口の延命化や救済に重きをおいていたと考えられるのである。

おわりに

以上のように、『自然治道之弁』は、具体的政策を綱領として整理してあるだけでなく、利明の考えるところの「有徳性」についても、なにかしらのヒントを提供してくれる。それは、エカテリーナや日本の為政者といったリーダーが万民の救済といった「仁政」を具体的手段の導入を計りながら展開し、それに基づきながら、ロシア国民や日本国民、あるいは北方諸島の現地人といった万民すべてに、互助的な心性、すなわち「徳」が汎用されるといった構図として理解することができる。ややもすれば、近世社会の秩序の理想化といった問題と向き合う場合に、リーダーの「徳」が人々を救済するといったステレオタイプな理解が多少定着しているきらいがあるが、利明の考えるところの「有徳性」とは、極言するならば、「徳」が備わるべき対象をすべての人々に置いている点において、互助的な生産活動といった共通項により結ばれた人々すべての成長の可能性を人間賛歌としてみていたといえよう。ただし、それを現実化するための要素として、利明の持論である政策案の活用を絶対条件として主張していたといった点も再度強調しておくべきであろう。[3]

〔註〕

（1）本多利明についての研究は、拙著『近世日本の開発経済論と国際化構想―本多利明の経済政策思想―』御茶の水書房（二〇一六年）を参照されたい。また、矢嶋道文氏の労作『近世日本の「重商主義」思想研究―貿易思想と農政』御茶の水書房（二〇〇三年）にも利明についての分析が展開されている。

（2）『自然治道之弁』の引用については、北海道立文書館蔵『自然治道之弁　全』〈マイクロフィルム請求記号　旧記

F2―1081）を使用した。本文中の（～丁表・裏）により該当箇所を示してある。

（3）矢嶋道文先生との初めての出会いは、大学院修士課程の頃、今は亡き逆井孝仁先生を主宰とする日本経済思想史研究会（現日本経済思想史学会）例会時（立教大学）であった。当方がその例会に参加した経緯は、逆井先生に促されてのものであったが、同先生の担当による日本思想史の講義（中央大学）の受講が契機の一つであった。この講義における第一回目の講義テーマは、〝近世日本における「仁」・「徳」とはなにか〟であり、逆井先生が黒板に記した最初の一語は、「有徳人」の三文字であった。鮮明に思い出されるこの三文字が、矢嶋先生の退職を記念した本書へと帰結していることは、キツネに包まれたような感があるのと同時に、心から嬉しく思えてならない。

コラム　上野彰義隊にみる「有徳」性

伊藤　綾

はじめに

彰義隊とは、戊辰戦争の際上野において明治新政府軍に討伐された、幕末期における佐幕派諸隊の一派である。この隊における特徴のひとつとして、実働していた幕府軍の同志らによって組織されたという点があり、発足当初は幕府陸軍に所属していた武士らを中心に隊の結成が図られた。本稿では、彰義隊が結成されるまでの過程を追い、幕末期における下級武士の「有徳」性についてみていきたい。

1　同志の招集を図った三者

彰義隊の発起人は、幕府陸軍に所属していた本多晋（敏三郎：一八四五―一九二一）・伴門五郎（一八四〇―一八六八）・須永於菟之輔（伝蔵：一八四三―一九〇四）の三名である。このことは、明治に入り彰義隊の生き残りから直に話を聞くなどして彰義隊研究を行った山崎有信による『彰義隊戦史』の中で、須永からの聞き書きとして「彰義隊の原因は君が發起にして本多敏三郎（晋）、伴門五郎等之に賛成せしものなりと云ふ（カッコ内筆者）」と明記されている。[1]

右の三人に関してだが、まず本多晋は元より一橋家の家臣であり、徳川（一橋）慶喜（一八三七―一九一三）が禁門の変にて出陣した際もこれに随従し、慶喜が徳川宗家を相続する際に随行する形で幕府に仕え、彰義隊発足当時は陸軍調役となっていた。[2]次に伴門五郎だが、伴は三人のうち唯一上野戦争に参戦の上戦死を遂げた人物であり、彼は蕨宿の名主であった岡田家の三男として生を受け、後に幕府の御徒であった伴経三郎の養子となり、幕末期には本多と同じ陸軍調役に昇進している。[3]最後に須永於菟之輔は、上州新田郡成塚村にて須永宗次郎の長男として生まれ、七歳で父を亡くし、その後は地方三役の格式を持つ名主であった祖父伝佐ェ門と母きいの手で育てられるが、一四歳の時きいの実家である豪農の渋沢家に預けられた。そこには現代において日本資本主義の父と評される渋沢栄一（一八四〇―一九三〇）がおり、栄一とその従兄である渋沢成一郎（喜作：一八三八―一九一二）が郷里を出奔したことで、これに続く形で須永も郷里を去り、二人を頼って一橋家に仕官した後幕臣となり、[4]同志招集の際には幕府陸軍勤方となっている。[5]

2　幕臣としての「有徳」性

幕臣に至る経緯は三者三様であるが、そうした彼らが幕府陸軍の同僚としてのみならず、同志として行動を共にし始めたのは大政奉還直後のこととみられる。前出の『彰義隊戦史』に所収された本多による「喘餘吟録」には、「政権返上将軍職御辞退成させらる予江戸に在りて此事を聞くや是實に君家の一大事碌々吏務に服すべき時にあらず」と立ち上がり、有志者らと議論を重ね、破格の対応が叶って立花出雲守（種恭：一八三六―一九〇五）に謁見するに至ったという。その際に訴えた諸志が聞き入れられたことで本多は同志を募り、その際集合したうちに伴・須永らが含まれていたとされる。[6]同志らは出雲守と謁見し、大久保一翁（忠寛：一八一八―一八八八）らとも時事を痛論し、士気を鼓舞すべきと活動し、また衆議所を立てて「廣く天下の輿論を採り弊政を一洗し及び諸藩の兵制を統一せん」として数度にわたり建議を行った。[7] そのうち、最初の建議は幕府陸軍の兵制度にまで触れた内容となっている。その中で「局内三等に御区別有之度事　但右局内三等御区別の儀は假令へば上等局は御目見以上中は同以下より諸藩士に至り下等は在町卑賤の者会議致し上等の会議は中等へ相廻し其より下等へ相廻し衆是を以て御総裁職にて御決評被為在候様致度候事」[8] とした項がある。ここでは、幕府政権を存続させた上での彼らなりの公議政体論を唱えており、設けられた衆議所の中において、三つに区分した組織を集合させるべきとしている。その三つとは、一つが「上等」とされる御目見以上、二つめが「中等」とされる御目見以下、三つめが「下等」とされる「在町卑賤の者」として身分の低い者、おそらく武士階級以下の者すべてを指すものが設定されている。「上等」にて話し合われた内容は「中等」へと廻され、その後「下等」へ回された後、最終的には総裁職が決定を下すようにすべきとの事である。

当時の公儀政体論として、たとえば坂本龍馬（一八三六―一八六七）の船中八策では「上下議政局を設け、議員を置きて万機を参賛せしめ、万機宜しく広議に決すべきこと」とされ、[9] 西周（一八二九―一八九七）の『議題草案』でも「上院」と「下院」の二つに区分されるものとして提案されている。[10]

そうしたなか、本多らが建議の中で上・中・下の三種に分類した理由としては、ひとえに徳川幕府の存続が念頭にあったためであり、ここに彼らの徳川幕府に対する「有徳」性が表れていると考える。本多らが示した分類は、御目見以上、御目見以下の武士、武士階級以下で卑賤の者に至るまでとする区分であり、最終的に評議の決定権を持つ「総裁職」とされる将軍の存在が求められている。このことから、この案は徳川幕府の存続を前提とした上で生まれた構想であることがわかる。また建議の中で本多らは、第四項目にてはじめて「諸藩」の代表を参加させる必要性を説いている。要するに、この建議にある六項目のうち、この項に至るまでの一から三項目に関しては、幕府内部においての評議の形式を提案しているものであり、この幕府における評議に「諸藩有志の者」を一〜二名参加させるべき、と後から補足的に述べているのである。よってこれらの提案は、彼らの幕臣ならではの道徳性や常識から生まれた「有徳」性が反映されたものであるといえよう。

この建議が提出された直後の一二月二五日、薩摩藩邸焼き討ち事件が起こり、明けて一八六八年一月三日鳥羽伏見の戦いによって戊辰戦争の火蓋が切られると、ほどなくして徳川慶喜が海路にて逃げ戻ったとの話が本多らの耳にも届き、[11]「上下驚愕為す所を知らず」とした中、再度の建議を行っている。[12]この建議には「乍恐是迄の御処置は曲て御失徳とも御表し被為遊御直筆にて衆人へ御謝し被為遊候様仕度候事」と、将軍直筆で多くの人々に対し謝罪をすべきと強い表現を用いての訴えが含まれている。また「兼て建白仕候集議所の儀は尤至急の儀に候間是非共御取開き相成度候事尤それ迄の所御目付阿部邦之輔屋敷にても有志者は罷出候様公然御布告有之度候事」とし、前回提案した衆議所の件を早めに検討してほしい旨が書かれており、決定するまでの間は阿部邦之輔（潜：一八三九—没年不明）の屋敷を使って有識者を集めるよう提案している。またこの直後の項で「諸藩士并に農工商に不限有志の者は阿部邦之輔方へ罷出討論の上格別人材に候はば速に御取立に相成候様仕度候事」[13]としており、同項目に諸藩士と武士以下の農工商および有志の者、要するに前の建議でいう「在町卑賤の者」とをひとまとめに提言し、上記に当てはまる者は、阿部の宅に出向き話し合いのうえ、適任ということであれば速やかに引き立てするとしている。この建議においても、衆議所に主として集まるのは幕臣である。この様に幕府が今後も政治の中心となって様々な決定権を持つ機関となることを前提とする考え方こそが、佐幕派武士における「有徳」論の特徴であると考えたい。

この後、立花出雲守など、頼りにしていた諸侯が朝命を受けるなどして江戸から離れた際、新政府軍が東下してくるとの噂を聞きつけ、本多らは同志を募り、隊を結成することを目的に檄文を作成する。檄文には「臣死するの時殊に御同様橋府以来随従の身にて如何ぞ傍観可相成哉」(14)の一文が含まれており、一橋家から随従してきた身としてはただ傍観している事態ではない、として彼らの徳川家に対する「有徳」性を強く訴える内容となっている。この檄文は、一八六八年二月一一日、幕府陸軍の騎兵方・砲兵方・撒兵方・歩兵方それぞれに回覧された。その後数度にわたり同志らは集会を重ね、同月二三日これに賛同した志士らの団体は彰義隊と命名された。(15)

むすび

今日、大政奉還については、明治新政府の樹立という背景や徳川慶喜を評価する際において、肯定的に捉えられることが多い感がある。しかし、出来る限り当時幕臣として徳川幕府に組み込まれていた人々の立場へと立ち返ってみれば、慶喜が行った政権を返上するといった行為は、自身が所属する組織の長が行う行為として大いに憤りを感じる出来事であったということは想像に難くない。更にいえば、幕臣にとって徳川幕府の存在は絶対的なものであり、幕府が完全に崩壊する光景など想像もつかないことであったろう。これは本多らを含む幕臣らにとって、自身の常識を覆される出来事であり、これまでの幕府体制を維持させようとする彼らの態度は、まさに幕臣としての「有徳」性の表れであったと捉えたい。

本多らは、檄文を作成する直前において、慶喜の謹慎と朝廷に恭順の姿勢を示すことの必要性を説くが、それと同時に兵制を整え武門の名義を立てることが必要だと述べている。(16) この兵は、もちろん主に幕府陸軍を指すもので、彼らにとって未だ徳川幕府の存在は絶対的なものであり、その幕府に報いるため士気を鼓舞し組織されたのが彰義隊である、といえるであろう。なお、彰義隊の討伐を目的とされた上野戦争が勃発したのは、江戸城無血開城の二ヶ月後であり、慶喜が江戸を去った後に起こっている。しかし、彰義隊の隊士は幕府のためと上野に立て籠り、新政府軍による再三の解散要求には耳を貸さず、さらには働きによっては旗本に御取立てされる可能性があると家族に報告する者などもおり、幕府の存続は彰義隊の隊士にとって将来的にも不可欠なものであった。彰義隊の結成に至るまでの本多らによる建議や行動は、幕臣となった彼らの道徳や常識に依ったものであり、つまり当時における幕臣としての有徳性が表面化したもので、そうした志士の集合体が彰義隊であったといっても過言ではないだろう。

[註]

(1) 山崎有信『彰義隊戦史』大空社、一九九七年、四二七頁（初版は一九一〇年、隆文館）。
(2) 山崎同右書、三五一頁。
(3) 金子吉衛『伴門五郎伝』蕨郷土史研究会、一九六八年、一～三頁。
(4) 稲村得寿『芦の湖分水史考　波乱に満ちた須永伝蔵の生涯』有隣堂、一九七七年、八～二九頁。

（5）山崎前掲書、三六三頁。
（6）山崎同右書、三五六～三五七頁。
（7）山崎同右書、三五七頁。
（8）山崎同右書、三五七～三五九頁。
（9）吉田常吉・佐藤誠三郎『日本思想体系56　幕末政治論集』岩田書店、一九七六年、五〇四頁。
（10）大久保利謙『西周全集』第二巻、宋高書房、一九六一年、一八〇～一八一頁。
（11）慶喜は戦闘が続く中、同月七日密かに大坂城を抜け出し、少数の家臣を連れて海路にて逃げ帰り一一日には品川沖に到着している。
（12）山崎前掲書、三六〇頁。
（13）山崎同右書、三六〇～三六三頁。
（14）金子前掲書、二八～二七頁。山崎同右書、四七頁にも檄文の記載があり、『史談会速記録（合本八）』でも本多がこの檄文を読み上げているが、それぞれに多少の差異がみられる（史談会、原書房、一九七一～一九七六年）。
（15）山崎同右書、三七〇頁。
（16）山崎同右書、三六六～三六七頁。

コラム　江戸期漢方医・北山寿安にみる「有徳」性

洪　涛

はじめに

本稿の中心を占める北山寿安（一六三八前後—一七〇一）は江戸時代初期から中期にかけて、長崎や大坂で活躍した「浪花随一」[1]の漢方医である。唐人出身の彼は優れた医術と是非、善悪の明らかな性格なので、諸大名や貧民からの信頼が厚かった。治療には名利を求めず、貧者には無料で施薬し、米銭まであたえたという逸話がよく知られている。寿安の思想には中国の古きよき「仁」の影響が深く刻まれている。医師としての役割や責任を果たした外、生命を大切にするとともに人を愛し、又人から愛される慈悲深い道徳心が現れる。「仁」の道徳はとくに儒家によって強調されており、孔子がその中心にすえた倫理規定、人間関係の基本とされている。寿安の生き様は確かに「有徳」性を徹底して体現したのである。日本では、古来からの儒教主義的道徳観にもとづく教育が確立されたといわれるが、本稿では、誰に仕えることなく自身の「医道」、「医徳」[2]を追求し続けた北山寿安に焦点を当てて彼の事跡と臨床例を通して医師としての「有徳」性を、道徳的論点から述べてみたい。

1　江戸期における漢方医と「有徳」性

江戸時代は儒教的な道徳理論が政治を支配していた時代である。武士から医師を含めて庶民にいたるまで儒教的な道徳が求められた。幕府は朱子学の教えを重んじ、武士道や儒教的な道徳倫理の高揚を第一義として国を治めた。「仁・義・礼・智・信」などの儒教的な徳を実践し、「父子・君臣・夫婦・長幼・朋友」の関係を大切にした。儒教的な道徳倫理が庶民の日常生活に必要な教養をつむべきものとされた。[3] こうした儒教的な道徳倫理指針の下に医師たちは幕府の儒教奨励策に呼応して、「医は仁術なり」を医療現場の道徳倫理の中心的標語として盛んに用いた。「仁」とは何か、『広辞苑』には「孔子が提唱した道徳観念、礼にもとづく自己抑制と他者への思いやり、いつくしみ・博愛・慈愛」等とある。「医は仁術なり」の思想的な起源は丹波康頼（九一二―九九五）『医心方』（九八二年）まで遡る。『医心方』に「大医の病いを治するや、必ずまさに神を安んじ志しを定め、欲することなく、求むることなく、先に大慈惻隠の心を發し、含霊の疾を普救せんことを誓願すべし」とある。「大慈」とは仏教教典に由来する仏陀の慈悲の意味であり、「惻隠」とは儒教倫理に由来し、「仁」すなわち思いやりや愛のことである。また、漢方医学の中興の祖とされる曲直瀬道三（一五〇七―一五九四）が著した『道三切紙』（五七条の垂訓）の中でもその第一条に「慈仁」という仏教的な思いやりと儒教的な温かい心を示し、医師は「慈仁の心」が大切であることを述べている。[4]

しかし、江戸初期、士・農・工・商の身分固定制が確立されても医者に成った者には身分に関係無く「名字帯刀」が許され、特権的な存在であった。現代のような医師免許・資格に相当する制度は無く、医師になろうと思えば誰でも成ることができる。そのせいで単に名字帯刀を目当てに医師の道徳に裏返した「ヤブ医」も少くなかった。[5]『世事見聞録』（一八一六）に指摘されるように積極的に「医は仁術なり」の精神を実行した医師は少なかった。当然、有徳性がある医師は盛んに「医は仁術なり」を展開し、医師の倫理観の向上に努めていた。

また、医師の道徳性は師匠の知識、評判と道徳にも関わる。誰でも開業できる江戸前期、医術を習得するには基本的には医師に弟子入りして漢方を学ぶ事になる。師匠に腕を認められ、代診の期間を経て、師匠に独立を許された後に開業する。腕の未熟な弟子を世間に送り出すと中途半端になり、未熟医になる可能性が高い。西洋の医学書を除けば当時の医学書の多くが漢文で記されていることから、漢文を学ぶ意味も込めて「四書五経」を修めなければならない。医学の知識と技術といえば薬草の知識と、症状に対する配合方法の割合が高い。相当の漢文知識及び薬草知識、調合法を熟知し、医術が優れている師匠の下で学べば何年もの間修行して薬草医学知識を身につけて開業できる。

江戸後期になると、幕府の医学館が開設され、医学教育も整備されて多くの良い医師が輩出した。また、多くの「医は仁術なり」を実践した道徳がある医師も出てきた。最も「医は仁術なり」を示したのは貝原益軒（一六三〇―一七一四）である。貝原益軒『大和本草』には医師のあるべき途が説かれ、[6]『養生訓』には「医は仁術なり。仁愛の心を本とし、人を救うを以て志とすべし。わが身の利養を専ら志すべからず。天地のうみそだて給える人を救いたすけ、萬の生死をつかさどる術なれば、医を民の司命という、きわめて大事の職分なり」「醫は仁術なり。人を救ふを以て志とすべし。」と記されている。他にも三浦梅園（一七二三―一七八九）、大宰春台（一六八〇―一七四七）、多紀元徳（一七三二―一八〇一）などがよく知られている。また、小川笙船（一六七二―一七六〇）なども「医は仁術なり」を実践した医師として人々に称賛された。[7]

2　北山寿安とは

北山寿安についてはその伝説的要素が多く、生年はその域を出ないが、没年は記録によれば一七〇一（元禄一四）年三月一五日とされている[8]。名は道長で、通称は寿安、号は友松子、法号は仁壽山である。江戸時代前期の一六二四年前後、長崎に来た薬種商・唐人医師馬栄宇（生没年不明）と丸山の樋口氏という遊女の間で生まれた子である。幼い頃から薬草家系出身の父親に薬草の弁別・調合などの知識を学んだ。その後、来日した唐人医師戴曼公（一五九六―一六七二）、禅僧化霖（一五九六―一六六七）及び小倉藩医原長庵（生没年不明）の下でも医術を修めた。『傷寒論』、『金匱要略』など多くの医学古典を読みこなし、さまざまな流派の医学を研究して一家の医説に拘らず、独自の治療法と処方を開発した。医術を修めると同時に、寿安は諸国を遊歴、一時的に小倉藩に招かれその侍医となった。三〇歳前には大坂に出て大坂船場の南久太郎町で逃禅堂という医所を開業した。秀逸な医術及び生薬の調合法を広く教えたため、これを習うために多くの薬種商が寿安医所の周りに住み着き、道修町が薬の町になるきっかけとの説がある[9]。大坂で過ごした数十年余りは寿安にとっての円熟期といえる。伝説によると寿安はかつて紀州侯の病を治した謝礼の受け取りを断って、代わりに持ち帰った庭石を不動明王の石像に造り、大坂の太平寺に安置した。この不動明王の石像を自分の墓標として自身がその石像の下に生きながら入定したそうである。入定した理由は万民救済を祈願して即身成仏したそうである。現在も大坂の南、天王寺区の太平寺には北山不動明王の石像が残っている。灯明台や香炉に灯火や香煙が絶えず病気の平癒祈願に訪れる人が多い。不動明王は仏教では、大日如来の化身としてすべての悪と煩悩を押さえ鎮め、疫病退散、救済する役目を担っているようである。その姿は一般に左手に救済の羂索、右手に利剣をとり、大火炎を背負って大磐石座の上に坐す。羂索は本来は猟具として使うが、不動明王の左手に持つのは衆生済度の象徴とする。北山寿安は不動明王の石像を自分の墓標として安置したのは、おそらく自分が亡くなった後、貧者の困窮を救い、萬民の病気平癒を祈願するためであろう。[10]

徳川将軍家の御典医、明治初期、漢方存続運動に尽力した漢方医浅田宗伯（一八一五―一八九四）が北山寿安の人格に感服され、大変尊崇しており、自分の墓碑の傍にも不動明王石像を設置した。それは寿安にあやかったものではないかと言われる。

3　北山寿安にみる「有徳」性

『近世畸人伝』（一七九〇）に北山寿安について「其為リレ人ト名を名とせず、利を利とせず、能善をよみし、能悪をにくむ。」と北山寿安のことを記している。または、『浪華人物誌・巻二』（一九一九）にも「心剛にして方正なれは富貴の家の薬謝に於ては黄金多からされは納れす貧窮の者には薬のみならす米銭をも施しぬか丶れは家貧く萬たらはねと煩とせす債を乞ふもの来る時は此頃の療治貧家のみなれは物とらす」と記されている。北山寿安の人柄として率直で、是非、善悪ははっきりしている性格である。治療する際、人の貴賤親疎を問わず求めれば必ず赴いていく。とくに貧者にも無料で治療を与えることから寿安の「仁心」と高尚「医徳」がみえる。「医徳」というのは医師として備えるべき道徳の意味である。中国では古くから医術に優れているだけではなく、立派な人格や道徳心を持った良き医師を「杏林」という。現在でも医術が上手で医徳の高尚な医師に「杏林高手」の雅称を受けられる。

「杏林」は中医学の別称ともいう。三国時代、北山寿安の故郷と同じところの長楽に董奉（二二〇―二八〇）という有名な医師がいた。彼は患者から治療代を受け取らず、その代わりに自分の庭に杏の実を植えさせ、いつの日か実が樹となり、杏の林が出来た。彼は収穫した杏を穀物に置き換えて貧しい人に与えた。生命を慈しむ「有徳心」がある董奉の心が人々の間に広がって、この話を聞いて人々はただただうなずき、董奉の人柄と道徳を称えた。その後、人々は杏林を見るとすぐに董奉の優れた医術と高尚な医徳を思い出し、この優秀な医師を記念するため、「杏林」を中医の別称にした。[11]『長楽県誌』によると北山寿安の父馬栄宇は現地長崎で医療活動を行ったとき、常に董奉を模範として見習っていたという。日本へ出発する際にも長楽古槐鎮にある董奉墓前に参り、董奉山麓の土を袋にいれて日本へ持っていった。

北山寿安は金持ちに高額な薬代を取り、貧しい人に無料で診療し、米銭まで与える「有徳」性が父馬栄宇の教誨及び董奉からの影響は強いと思われる。『醫方考縄愆序』に「此吾友松先生縄愆之所以作也。其志一在済物、而未始有挟勝之心。可謂用切一時、功盖百世者也。」（筆者訳：これは吾先生（北山寿安）が縄愆したわけである。その初心は人に施薬救療を行い、常に慈悲の心を抱きながら世を助け、人を救う目的である。少しでも私心雑念や、うぬぼれる気持はない。まさか一時に心を費やすつもりであっても、その功績が百世まで残されると言ってもよいだろう）常に慈悲の心を抱きながら世を助け、人を救うことからも北山寿安の「有徳」性が読み取れる。

むすび

江戸時代には幕府が儒教的な道徳倫理指針の下に国を治めていたが、医師たちは幕府の儒教奨励策に呼応して「医は仁術なり」という道徳的標語を盛んに用いた。江戸時代において、医師になる方法は必ずしも厳しく規制されていないため、誰でも漢方医になれた。そのため、医師になることを出世の手段として考え、利ざやを得ようとする未熟医も多かった。そのような中でも、有徳性のある医師は「医は仁術なり」という道徳に従い、医師の道徳向上に努めていた。北山寿安は弱者を救い、「医は仁術なり」の「有徳」性を実践した医師の一人であった。彼の優れた医術、高尚の医徳及び人柄は、多くの薬種商や患者を感服させた。従って、大坂南久太郎町に漢方治療による逃禅堂医所を開業した時には多くの人々がその名声を頼って来たのである。低下層の患者からは治療費を取らずに米銭をも渡したその有徳性は、江戸の漢方医浅田宗伯[12]をも感動させたという。

〔註〕

（1）大阪市の古名。上町台地北部一帯の地域をさした。難波・浪速・浪花・浪華とも書く。（松村明『大辞林』第三版、三省堂、二〇〇六年）より。

（2）医道は治療に備えている才能や特質、修養、医則など。医徳は医者として備えなければならない道徳。（陸忠『医院管理辞典』人民衛生出版社、一九八七年）

（3）向所賢一「日本人医師のプロフェッショナリズムは武士道か、商人道か、それとも仁か」『医学教育』四七（三）、二〇一六年、一七九～一八三頁。

(4) 山本徳子「中国における「医は仁術」の起源」『日本医史学雑誌』第二八巻第二号、一九八二年、二〇五～二〇七頁。
(5) 海原亮『江戸時代の医師修業』吉川弘文館、二〇一四年。
(6) 矢嶋道文「貝原益軒『大和本草』にみる「薬種」理論・製法・服用法（一）～（三）」（『関東学院大学文学部紀要』第一二七号、二〇一二年一二月、一三一号、二〇一四年四月、一三三号、二〇一五年一二月）を参照。
(7) 杉田暉道「医の心の歴史的考察」『日本医史学雑誌』第四七巻第三号、二〇〇一年、四九二～四九三頁。
(8) 浅田惟常（栗園）著『皇国名医伝』丁字屋平兵衛、一八七三年（国立国会図書館蔵書）。
(9) 伴蒿蹊著・森銑三校注『近世畸人伝』（岩波書店、一九四〇年）、浅田宗伯著・松山挺校『先哲医話』松山良禎出版、一八八〇年（国立国会図書館蔵書）を参照。
(10) 渡辺照宏『不動明王』（岩波書店、二〇一三年）を主に参照。
(11) 宋李炳等奉敕撰［他］『太平広記』巻一二・董奉伝、黄氏槐蔭草堂刊、一七五五年（国立国会図書館蔵書）。
(12) 浅田宗伯（一八一五―一八九四）は幕末から明治中期に活躍した漢方医。幕府の奥医師として第一四代将軍徳川家茂などの診治にあたった。一八七九年、漢方医としては最後の東宮侍医となり、明治天皇や大正天皇の診治にもあたった。一八六五年、フランス公使ロッシュの腰痛難病を治し、名声が国の内外に響いた。明治期の漢方医学排斥の風潮に抵抗し、その維持のために戦った。いまに伝わる浅田飴は浅田宗伯の名字から名付けられた名前なのである。（油井富雄『現代に蘇る漢方医学界の巨星浅田宗伯』医療タイムス社、二〇一一年）を主に参照。

［参考文献］

林敦司『道徳教育と江戸の人物学』金子書房、二〇一四年。

海原亮『江戸時代の医師修業』吉川弘文館、二〇一四年。

関根透『日本の医の倫理・歴史と現代の課題』学建書院、一九九八年。

安井広迪『近世漢方治験選集（五）・北山友松子』名著出版、一九八五年。

武陽隠士『世事見聞録』岩波書店、一九九四年。

伴蒿蹊著・森銑三校注『近世畸人伝』岩波書店、一九四〇年。

宋李炳等奉敕撰［他］『太平広記』巻一二・董奉伝、黄氏槐蔭草堂刊、一七五五年（国立国会図書館蔵書）。

岡本撫山『浪華人物誌・巻二』風俗絵巻図画刊行会、一九二〇年（国立国会図書館蔵書）。

森大狂『近古禅林叢談』蔵経書院、一九一九年、二〇二～二〇三頁（国立国会図書館蔵書）。

鎌田春雄『近畿墓跡考・大阪の部』大鐙閣、一九二二年（国立国会図書館蔵書）。

近世漢方医学書編集委員会編『日本の漢方を築いた人々』医聖社、一九九四年。

浅田宗伯著・松山挺校『先哲医話』松山良禎出版、一八八〇年（国立国会図書館蔵書）

長崎県教育会編『大礼記念長崎県人物伝』長崎県教育会、一九一九年。（国立国会図書館蔵書）

渡辺照宏『不動明王』岩波書店、二〇一三年。

油井富雄『現代に蘇る漢方医学界の巨星浅田宗伯』医療タイムス社、二〇一一年。

矢嶋道文「貝原益軒『大和本草』にみる「薬種」理論・製法・服用法（一）～（三）」（『関東学院大学文学部紀要』第一二七号、二〇一三年三月、一三一号、二〇一四年四月、一三三号、二〇一五年一二月。

向所賢一「日本人医師のプロフェッショナリズムは武士道か、商人道か、それとも仁か」『医学教育』四七（三）、二〇一六年、一七九～一八三頁。

杉田暉道「医の心の歴史的考察」『日本医史学雑誌』第四七巻第三号、二〇〇一年、四九二～四九三頁。

山本徳子「中国における「医は仁術」の起源」『日本医史学雑誌』第二八巻第二号、一九八二年、二〇五～二〇七頁。

陸忠『医院管理辞典』人民衛生出版社、一九八七年。

黄福发・黄福忠「浅談医徳修養」『中国中医薬現代遠程教育』第九期、一一七～一一九頁、二〇一一年。

コラム　勘合貿易にみる明王朝の「有徳」性

暴　図亜

はじめに

明王朝初代皇帝朱元璋（一三二八―一三九八、在位一三六八―一三九八）が即位以降、明王朝は「片板も海に入る事を許さず」という厳しい「海禁政策」を実行した。王朝は明国内において私貿易を禁止する一方、海外貿易をその一環として管理し、一切の貿易を現物品を用いた明王朝への「朝貢」貿易として行うよう命じた。

朝貢貿易は一五世紀初頭から一六世紀中葉まで日明両国間で実施されてきたが、従来の研究史では「卑屈な外交」ともされてきた。[1] しかし、本稿では、日本朝貢使節に対する明側の応対に焦点をあて、その「有徳」性について明らかにしておきたい。

1　明朝前期の日明貿易

通常において、貿易とは相手国との関係が政治的な面において友好的であり、経済的な面においても相互に利益のある互恵的関係を保つことによって相互の発展を目指すものである。しかし、明朝太祖朱元璋（一三二八―一三九八）の時代以来、明は継続して「厚往薄来」の政策をとっていた。明朝成祖朱棣（一三六〇―一四二四）も、このような対外政策のもとに、朝貢使節及び随行人員に対する新たな賞賜条例を制定した。[2] 成祖は通常の「厚往薄来」に満足せず「雖加厚不為過也」（筆者訳：賞賜を加増しても厚過ぎることはない）と考えていた。[3]

かかる成祖朱棣は、建文四（一四〇二）年六月一七日に即位した後、九月には使者を日本に遣わしている。翌年九月、成祖は再び使者を日本に遣わすが、折から日本の朝貢使節堅中圭密（生没年不明）が寧波に到着していた。朝貢使節の附搭物には刀、槍などの兵器が含まれていて、それらは明朝側の法規に反していた。しかし、このことに関しては、時の礼官李至剛より次のような奏がなされた。「番使入中國、不得私攜兵器鬻民。宜勅所司覈其船、諸犯禁者悉籍送師。帝曰：外夷修貢、履険蹈危、來遠、所費實多。有所齎以助資斧、亦人情、豈可概拘以禁令。至其兵器、亦准時直市之、毋阻向化」[4]（筆者訳：外国の使いが中国に入る際には兵器を携帯してはいけないという規定がある。もしもそれに違反した場合、その船を照合し犯人を入京させるべきであると奏された。しかし、これに対して皇帝（成祖）は、諸外国は遠方から朝貢しており、危険と多くの費用を費している。商品の品々は経費を補うためであり、また人情の面からも、禁止令によって彼らを拘禁してはいけない。その兵器を市価で買い取って、それらを阻止してはいけないと命じた）。

ここにみる明朝側の資料では、皇帝明成祖は、日本の朝貢使節が明の規定や法令に違反したことがあってもそれらを罰することなく、遠来の人々を厚遇していたことが分かる。このような応対は洪武帝による「祖訓」の一つであった。[5]『明太宗実録』によれば、日本は「十年一貢」の規定を守らず、永楽元年から同八年までの間、ほぼ毎年来貢しており、明朝側もそれを拒否していない。[6] 明国内における「十年一貢」の規定と「兵器携帯禁止」の法令（「祖訓」）があるにも関わらず、成祖が日本の朝貢使節及び随行人員に対して手厚い下賜をしていたこと。また、朝貢使節が明にもたらした兵器をも買い上げていることは、日本の外交（朝貢貿易）へのきわめて「有徳」的な行為であったと考えられる。

一方の日本側における明朝への配慮はどのようなものであったであろうか。たとえば、足利義満（一三五八―一四〇八）によって確立された五山制度では、日本の僧侶は中国の文人的な教養、すなわち世俗的な内容の漢詩文の読解（作成）と書画の鑑賞（作成）などの教養を身につけていることが期待されていたのであり、おのずからこのことは遣明船の使節僧侶に関しても同様であった。(7) 義満が初めて明に使者を遣わした際に東坊城秀長（一三三八―一四一一）が起草した書を用いたが、来朝明使に対する返書は入明経験のある絶海中津（一三三六―一四〇五）に作らせた。以来、明国への国書はすべて禅僧によった。また、明側官吏との意思疎通には漢文の教養が欠かせないため、第一回の遣明使節（副使は博多商人肥富）を除き、朝貢正副使の担い手はすべて禅僧であった。

2　明朝後期の日明貿易

応仁二（一四六八）年度の日本の遣明船について、『明実録』成化四年一一月甲戌の条には「麻答二郎、行兇傷人致死、雖免問罪、宜依例追銀十両、給死者之家埋葬、仍省諭各夷、使知朝廷寛宥懐柔之意」(8)（筆者訳：麻答二郎は人を傷つけて死に至らせた。その罪は免れ難い。しかし、殺人の罪に問わず、例の如く死者の家族に銀十両を払わせ、死者の埋葬にあてることが宜しいとした。それにより、各夷に朝廷が寛大な心を持っていることを諭した）と記されている。これは日本使節の従人である麻答二郎(9)なる者が街に買い物に出た際、酔って明の市民に乱暴をはたらくという傷害致死事件を起こしたものである。その際に明朝皇帝憲宗朱見濡（一四四七―一四八七）は、犯人を処刑せず、埋葬にかかる金銭のみを償わせている。従来、明側は遣明船団が持ってきた刀剣類を銅銭と絹で買い取っていたが、成化五（一四六九）年には銀を支給し、その総額は約三万八千余両であった。日本からの朝貢一号船と二号船が帰国した後、大内側は三号船が遭難し、下賜された方物を失ったとして賞賜を再度願い出ている。明側は、日本国王の明への恭順を理由に、絹一〇〇疋と綵段一〇表を下賜している。また、大内教弘（一四二〇―一四六五）が派遣した朝貢船の土官、桂庵玄樹（一四二七―一五〇八）が銅銭五〇〇〇貫を求めたことに対しても五〇〇〇貫を下賜している。[10]

『明実録』には「日本國王義澄遣使貢馬匹、盔鎧大刀諸方物、如例宴賞遣回従之、仍令附進方物亦給全價、毋阻遠人効順之意」[11]（筆者訳：日本国王義澄は使を遣わし馬、盔鎧、太刀などを献上した。旧例の通り使節の附進朝貢の方物に対して全価を支払し、遠人による効順の意を阻すことのないようにした）と記されている。

なお、明王朝は洪武時代（一三六八―一三九八）から銅銭を鋳造・使用していたが、多量の貨幣需要に応えることができなくなり（一三七五年）、「大明宝鈔」という不換紙幣を発行し、銅銭の使用が禁止されるようになった。[12]続く永楽・宣徳年間は銅銭使用は同様に禁止されていたが、その鋳造は続けられていた。日本では明朝への朝貢品である刀剣輸出により明から下賜された多量の銅銭によって、日本国内用の通貨（明銭）を補っていたのである。[13]

3　むすびに代えて

日明貿易において、明王朝は日本朝貢使節に対して以上のような「有徳」的姿勢をみせた。すなわち、「祖訓」に反する日本側の犯罪に対してもこれを赦し、また、異例とも思われる日本使節の要請を受け入れての再下賜をも認め、遠人の効順を阻すことのない対応を一貫して試みた点に、明王朝における「有徳」的な外交姿勢が認められるのである。明王朝では、日明勘合関係において、常に「懐柔遠人」（遠来からの敵人とも和解する）の姿勢を貫き、日本側の朝貢に対しては手厚い下賜を与えたのである。その後も、明王朝は「永楽定制」（一四〇四年）があるにも関わらず、日本からの朝貢使節を拒否することがなかった。[14]

［註］

（1）五味文彦・本郷和人・中島圭一『日本の中世』放送大学教育振興会、二〇〇七年、一一八～一二二頁によれば、足利義満も明朝に対する朝貢や、明から将軍を「日本国王」に封じた両国の関係を「卑屈な外交」と批判している。

（2）『明太宗実録』二三三巻、永楽一九年春正月、丙子の条には「禮部尚書呂震上蠻夷來朝賞例、三品四品人鈔百五十錠、錦一款、紵絲三表裏、五品鈔百二十錠、紵絲三表裏、六品七品鈔九十錠、紵絲二表裏、八品九品鈔八十錠、紵絲一表裏、未入流鈔六十錠、紵絲一表裏」（筆者訳：礼部の長官が諸外国に対する下賜品一例を呈上した。三品四品の官員は鈔一五〇錠、錦一式、紵糸三、五品の官員は鈔一二〇錠、紵糸三、六品七品の官員は鈔九〇錠、紵糸二、八品九品の官員は鈔八〇錠、紵糸一、等級がない人に対しては鈔六〇錠、紵糸一を下賜する）と規定されている。

（3）『明太宗実録』二三三巻及び晁中辰『明朝対外交流』南京出版社、二〇一五年、七四頁。

(4)『明太宗実録』二二巻および『明史』巻之三二二「日本列伝」、八三四五頁。

(5)『明太祖実録』七一巻には「其朝貢無論疎数、厚往而薄來可也」（筆者訳：その朝貢回数に関係なく、厚く下賜するべきである）と記されているように、「厚往薄来」は明太祖朱元璋によって規定された明朝の基本政策になっている。

(6)『明史』巻之三二二「日本列伝」には、

「永楽元年十月、使者至、上王源道義表及貢物。

明年十一月、來賀冊立皇太子。

明年六月、使來謝、賜冕服。

五年、六年頻入貢、且獻所獲海寇。十一月再貢」との記録があるように、日本側使節は永楽定制を無視して、永楽元年十月、同二年十一月、同三年六月、同五年、同六年十一月と来貢していたことが明らかである（八三四五頁）。

(7) 村井章介『日明関係史入門―アジアのなかの遣明船―』勉誠出版、二〇一五年、三三九頁。

(8)『明憲宗実録』六〇巻および佐久間重男『日明関係史の研究』吉川弘文館、一九九二年、一五五頁。

(9)『明憲宗実録』六〇巻。なお、小葉田淳『中世日支通交貿易史の研究』刀江書院、一九四一年、五九頁では「麻答三郎」となっている。

(10)『明憲宗実録』六三巻。

(11)『明武宗実録』八四巻。

(12) 永江信枝「明代鈔法の変遷―その崩壊の原因を中心に―」『史論』、一九六一年、六一九頁には鈔法制定の理由について、①銅不足による銅銭鋳造の困難、②それに伴う弊害、例えば私鋳の横行、③銅銭は重すぎて携行に不便であることをあげている。

（13）王裕巽・王廷洽「明銭的東流対日本銭幣文化的影响」（『上海師范大学学報』）、一九九五年第四期、九八頁。

（14）『明史』三二二巻、「日本列伝」には「永楽初、詔日本十年一貢、人止二百、船止二艘、不得攜軍器」（筆者訳：永楽初年、日本は十年一貢、朝貢人数は二〇〇人、船は二艘まで、兵器を携帯してはいけないと命じられた）という規定がある（八三四七頁）。また、註6及び晁中辰（二〇一五年）前掲書、七七～七八頁を参照。

［参考資料］

秋山謙蔵『日明関係』岩波書店、一九三三年。

小葉田淳『中世日支通交貿易史の研究』刀江書院、一九四一年。

木宮泰彦『日華文化交流史』冨山房、一九五五年。

佐久間重男『日明関係史の研究』吉川弘文館、一九九二年。

佐藤進一「室町幕府論」『岩波講座日本歴史中世三』岩波書店、一九六三年。

田中健夫『中世海外交渉史の研究』東京大学出版会、一九九三年。

田中健夫『中世対外関係史』東大人文科学研究叢書、一九七五年。

田中健夫『対外関係と文化交流』思文閣出版、一九八二年。

田中健夫『倭寇 海の歴史』講談社、二〇一二年。

晁 中辰『明代海外貿易研究』故宮出版社、二〇一二年。

晁 中辰『明朝対外交流』南京出版社、二〇一五年。

侯厚培『中国国際貿易小史』山西人民出版社、二〇一四年。

村井章介『日明関係史入門―アジアのなかの遣明船―』勉誠出版、二〇一五年。

矢嶋道文『近世日本の「重商主義」思想研究―貿易思想と農政―』御茶の水書房、二〇〇三年。

矢嶋道文編『クロス文化叢書第1巻　互恵と国際交流』クロスカルチャー出版、二〇一四年。

湯谷稔編『日明勘合貿易史料』国書刊行会、一九八三年。

『明史』、『明実録』、『善隣国宝記』、『皇明祖訓』、『四夷館考』

コラム　雨森芳洲『交隣提醒』に見る「有徳」性

小田弘史

はじめに

外国との交際が非常に制限されていた江戸時代中期に、日本文化と異文化は対等であると唱えた偉人がいる。対馬藩で朝鮮との外交・貿易の実務の先頭に立っていた雨森芳洲である。芳洲は、『交隣提醒』を著し、現代の文化相対主義にも連なる思想を表明して、対馬藩主に朝鮮と交際する際の心掛けを進言した。異文化と接触する機会がほとんどない時代に、相手方を認めて付き合うべきであることを理解していたのである。異文化交流の姿勢に、「有徳」性を感じられる。

1　雨森芳洲とは

東亜大学校石堂学術院の李豪潤氏は、「新井白石と雨森芳洲―朝鮮からの視線―」で次のように述べている。

「一般的に、雨森芳洲は、近代日本のアジア侵略とは対照的に、近世日本の『誠心外交』の尽力者として知られており、芳洲の研究も「誠心外交」に注目したものが大部分である。確かに、雨森芳洲は『誠心外交』を主張した記録が残っているが、『交隣提醒』がその代表的な書籍なのである。雨森芳洲は『交隣提醒』で〝誠心とは互いに欺かず争わず、真心から交際することであり、少しでも相手国の方法に応じなければ、真の誠心とは言えない〟と記録している。一方、新井白石は、近世日本と朝鮮の〝友好関係〟のシンボルである雨森芳洲のライバルとして、このような〝友好関係〟に支障を招いた存在として認識されて来た。ところで、近世朝鮮の記録を見れば、雨森芳洲と新井白石に対する評価は、現代のこのような評価とは反対にむしろ新井白石が高い評価を受けており、雨森芳洲は非難を受けている。雨森芳洲の〝誠心〟を評価する時、近代以降の〝権謀術数〟的な外交とは異なる〝親善、友好〟的主張である〝誠心〟を近世期において唯一主張した人物が雨森芳洲であり、また当時大部分の日本、朝鮮の知識人たちが抱いていた相手を〝野蛮人〟と見る傾向とは距離を置いている人物として雨森芳洲を描いて来た。(1)」

韓国人研究者の立場を反映した解釈や論調を感じる部分もあるが、仲尾宏氏も「〝誠心〟の心とは、〝互いに欺かず、偽らず、真実を以って〟がその象徴である」と述べており、(2)「誠心外交」の意義は日韓いずれの立場でも善であると考えられる。それに対して白石は、日本の体面を重んじ、国益重視の朝鮮観を持っていた。芳洲の対馬での立場は、青年期から壮年期に掛けては「朝鮮方佐役」であり、対馬の外交・貿易事務の次長級であった。老年期は「真文役」であり、対馬の外交・貿易文書を司っていた。従って、芳洲は外交官ではなく、事務職であったと把握すべきであろう。

対馬に赴任する前の芳洲は、江戸で朱子学者の木下順庵に学んでいた。順庵の同門に、室鳩巣、祇園南海、それに新井白石がいる。芳洲と白石の朝鮮観が両極であったとするならば、その経歴も両極であった。芳洲が対馬に下って生涯を地方の役人で過ごしたのに対し、白石は江戸で外交を司る地位に上り詰めた。芳洲は、対馬の古い因習に悩みながらも、老後は教育・執筆活動を継続したが、白石は将軍が徳川家継から徳川吉宗に代替わりした後は、罷免され、屋敷を退去させられている。(3)

2　芳洲の再評価

一九九〇年五月に国賓として訪日した韓国の盧泰愚大統領は、宮中晩餐会の挨拶で、芳洲の名を挙げて、江戸時代の日韓友好の歴史について触れ、芳洲の誠心外交の精神、つまり国際交流の基本は互いに欺かず争わず、真実を以って交わることが必要であると言及した。『交隣提醒』の中の言葉である。一九八〇年代以前は、研究者の間でも芳洲が取り上げられることは少なかった。国立国会図書館の論文検索で、「雨森芳洲」で検索を掛けると、一九四〇年代一、五〇年代〇、六〇年代〇、七〇年代二、八〇年代九、九〇年代二九、二〇〇〇年代三〇と結果が表示される。恐らく七〇年代後半から次第に関心を持たれ始めていた芳洲が、盧泰愚大統領の挨拶で再発見されたと言ってもよいと思われる。

芳洲の再発見は、日韓関係史の研究対象の拡大とも重なり合う。八〇年代以前の日韓関係史研究は、国家次元の交流で、中央にいる者に関する研究が主流であった。九〇年代以降の日韓関係史研究の特徴と言えば、地方と地方の交流や、漂流・漂着に関する研究にまでその対象が広まったことである。経緯については、李薫「韓国における韓日交流史研究の現状と課題」（韓国語）に詳しい。国家次元かつ中央と中央での交流では、八〇年代以前のこの時期の日韓関係史の研究では、新井白石の研究が主流にならざるを得なかったが、朝鮮と対馬の交流にも照明が当たるようになり、芳洲が再発見される余地が生まれたとも言えるのであろう。

なお、盧泰愚大統領の挨拶に、芳洲の紹介を提案したのは、韓国の外交官・徐賢燮（一九四四〜）であった。徐は、日本の明治大学大学院に留学した経験があり、その時神田の古書街で収集した書籍で芳洲の名前を知ったという。(4) 徐は、その後駐日福岡総領事や横浜総領事を勤め、二〇〇六年から二〇一四年まで長崎県立大学教授を勤めた。

3　国際交流の難しさ―近世日朝関係の事例から―

雨森芳洲は、主要著書『交隣提醒』（一七二八年・享保一三年）において次のように述べている。
「朝鮮交接の儀は、第一に人情・事勢を知り候事、肝要にて候互いに欺かず争わず、真実を以て交わり候を、誠信とは申し候。[5]」

これを現代語訳しておくのであれば、次のようになる。
「朝鮮人と交際する時には、まず朝鮮人の気持ちや、朝鮮国内の事情を知ることが重要である。互いに騙さず争わず、誠意を以て交際することを、誠信という。」

言い換えれば、日本の基準で朝鮮を判断してはならないということである。

朝鮮通信使に対し、ある日本人が「朝鮮国王は、宮中に何を植えているのか」と質問した。これに対して通信使は「麦を植えている」と答えた。質問した日本人は、この回答を嘲笑した。てっきり観賞用の花の名前でも出て来ると思っていたのに、朝鮮人は風流を理解しないのかと。

ここで質問した日本人は誤解している。朝鮮国王は、風流のために麦を植えていたわけではないのである。朝鮮人は農耕民族であり、凶作で民が飢えることがないよう、五穀豊穣を祈って宮中に麦を植えていたのである。これは説明しなければ分からないことであったが、この回答を嘲笑した日本人の姿勢には共感し得ない。例えば日本人から見て、欧米人のように、顔を見ただけで外国人であると分かるのであれば、人種が違うのだから、「違っていて当たり前」と考えるのが普通であろう。むしろ、共通点を見付けた時にこそ新鮮であったりする。しかし、朝鮮の人々は顔を見ただけでは外国人であると分からないことが多く、風儀や嗜好の違いを、ともすれば常識のなさや趣味の悪さと誤解することがあったのではないか。このような誤解があった場合、不愉快な思いをするのは、多くは日本人の側ではなく、朝鮮人の側である。当時の朝鮮人は、充分に中華化されていなかった日本人に対して文化的優越感を抱いていた。ここで問題になり得るのは、充分に中華化されていない現状について、文化的劣等感を抱く日本人は、ごく一部の知識人である儒学者などに限られていたことであろう。日本が朝鮮を侵略したことはあっても、朝鮮が日本を侵略したことはない、という事実だけを見ても、武力を行使して勝つのはどちらの側であるのか、日本と朝鮮の力関係は明らかなのである。前近代の東アジアでは、多くの場合、力の強い国が力の弱い国の文化を支配してきた観がある。しかし、真の国際交流を考えるのであれば、相手国の歴史的環境・地理的環境に十分な配慮をした上で、相互理解に基づく交流を果たすのでなければ、〝国際交流〟を求めるのは難しいと思われる。

その点、雨森芳洲は一八世紀前半「鎖国」下の日本において、対馬藩の事務官・儒者の立場から「朝鮮の人々と交際する時には、まず彼らの気持ちや、朝鮮国内の事情を知ることが重要である。互いに騙さず争わず、誠意を以て交際することを誠信という」と述べて、朝鮮の人々と交流した経験を通し、「文化相対主義」とでも呼べる知的領域に到達していたのである。

［註］

（1）李豪潤、「新井白石と雨森芳洲―朝鮮からの視線―」『石堂論叢』四五、東亜大学校石堂学術院、二〇〇九年、一三九～一七三頁。

（2）仲尾宏、『朝鮮通信使をよみなおす―「鎖国」史観を越えて―』明石書店、二〇〇六年、一〇七頁。

（3）しかしこれは白石が不遇のうちに生涯を閉じたことを意味するのではなく、その後も執筆活動を続けていた。宮崎道生、『新井白石』吉川弘文館、一九八九年、二六四～二九五頁。

（4）http://www.aladin.co.kr/author/wauthor_overview.aspx?AuthorSearch=@21058　二〇一八年八月一三日閲覧。

（5）雨森芳洲著、田代和生校注、『交隣提醒』、平凡社、二〇一四年、二〇頁。

コラム　福田敬子十段位の教えと「有徳」性

石川和枝

1　福田八之助（祖父）から嘉納治五郎へ

嘉納治五郎の師でもある福田八之助は、一八二六（文政一一）年、武蔵野国秩父郡本野上（現在の埼玉県長瀞町本野上）の町人の家に生まれた。幼名「持田千代吉」は、「奥山念流、気楽流」柔術を身に着け、柔術家になるべく江戸に向かった。一八五二（嘉永五）年、二四歳の時、神田お玉ヶ池の天神真楊流柔術道場に入門し、「磯正智」に師事した。千代吉は身の丈六尺の偉丈夫、十人力の怪力でその名を轟かせたといわれる。一八五八（安政五）年三〇歳の時、師匠の計らいで「旗本以上の身分」という制約を乗り越え、町人から幕府講武所師範になった。これに合わせて栃木県都賀郡の福田八郎右衛門の名籍を継ぎ、名を福田八之助（源正儀）と改めた。

講武所師範となった翌年、福田は江戸北豊島郡中新井村のキク女と結婚する。講武所で幕府直参の旗本や家人に柔術を教える一方、日本橋元大工町に道場を開いた。一時は繁盛したが、明治一〇年、ふらりと道場の門を叩いたのが東京大学の学生（国文科参考書を持参）、当時一八歳の嘉納治五郎だった。柔術に対するあくなき探求心を持つ八之助は、治五郎の強くなりたいと願う姿に自分を重ねたのか、弟子として迎えいれた。厳しい指導に加え、既に開花していた「術＝学問」の持論に基づいて技の究明を続けた治五郎の上達は目覚ましかった。

嘉納は当初、体力向上から柔術を学んだのだが、その各流派の修行に対する姿勢は、熱心で研究心に燃え、奥義を極めるほどの気勢であったという。嘉納は、「柔術関係の書として天神真楊流・起倒流のものは勿論、楊心流・関口流・堤宝山流・三浦流・扱心流・直信流・制剛流・夢想流・定善流・気楽流・不遷流・灌心流等の数多くの伝書があり、外に剣術・弓術・馬術・相撲等の伝書」[1]に学んだ。これらにより、早くから各流派や各種目を比較し研究していたことが推測される。研究の結果として、「柔術と云ふものは、中々面白いもので、今日のように廃刀の世の中では、勝負の修行として有益である」ことが解った。ここでは、嘉納と柔術との出会いが、柔道誕生の第一歩となったことを特記しておきたい。その旺盛な探究心と先見の明により、柔道は発展していくのである。また、講道館の抱負とその命名と実現方法について嘉納はいう。「明治十五年に講道館柔道を創始したる時、その目的はすでに単純なる武を講ずるにあらずして、文武を包含したる道を講ずるにあった。それがその道を教える道場を尚武館または講武館と命名せず、講道館としたことからでも分かる。爾来研究に研究をつみ、経験に経験を重ね、今日説くところの大道を闡明することを得るに至った[2]（傍点筆者）」。

かくして、福田八之助に学んだ嘉納治五郎は武だけではなく「文武を両輪」とする講道館「有徳」の教えを今日に伝え、遺したのである。

2　福田敬子とSOKO JOSHI JUDO CLUB（桑港女子柔道クラブ）の教え

右に見たように、福田の祖父は、柔術「天神真楊流」柔術師範「福田八之助（源正儀）」であり、武士道の精神を受け継ぐ家系に生まれた。嘉納が柔道を確立のため、初めて入門したのが福田八之助の道場であった。ここに「術から道」への歴史的「師弟関係」が誕生する。柔術で福田八之助と嘉納、柔道で嘉納と福田敬子へと繋がっていくのである。講道館女子柔道九段、アメリカ柔道連盟十段である「福田敬子」は、「日本伝講道館柔道」の創始者「嘉納治五郎」の教訓を直弟子として、一生涯遵守した日本女性である。福田は、その使命を自覚し柔道を世界に向けて発展させた有徳者であった。嘉納曰く「女子もよその国へ行くようになって、日本の柔道を広めて欲しい」という助言に対して福田は、「外国人に柔道を教えたい」という闘志で応え、一九七三（昭和四八年）サンフランシスコの地に「SOKO JOSHI JUDO CLUB」を設立した。

道場の外観はピンク色、2階建一軒家の1階部分に約三四畳の畳敷きであり、日本の道場と同じような造りとなっている。「Noe Valley」という地域にあり、週二時間道場で稽古をする門下生は、女子を中心に二〇名ほどで、福田の指導法を遵守し現在も引き続き稽古を行っている。さらに、福田の教授を受けた修行者は、世界各国に拡大しており、その功績は計り知れない。道場の前身は、後にライフパートナーとなる「Dr. Shelly Fernandez」の自宅地下室一〇畳を道場としたのが初めであり、その後、入門者増加により「桑港寺」へと道場を移転し、現在の地に至った。

福田敬子の座右の銘は、「つよく　やさしく　うつくしく」の精神（Be Strong Be Gentle Be Beautiful）である。この言葉は、福田の十段に到達するまでの柔道修行から生み出されたものである。福田はいう。「つよくとは、柔道に必要な強い精神と強い身体のことで、武道の修行に通じる。やさしくとは、柔らかいという意味から誕生した考えであり、柔能く剛を制すという柔道の基本を表している。やさしくの意味は、ただ優しいだけではなく優しいけれど芯が強いことを言っている。うつくしくというのは、外見だけの美しさではなくて、心の美しさをさしている。人に対する思いやりだとか親切だとか、困っている人を率先して助ける気持ちとか。そうゆう内面的な美しさこそ大切ですし、ウェル・ビーイングには必要です。女性は外見の美しさにとらわれわれがちですけれど、心の美しい人間になるよう常に努力したいとの願いがある。」[(3)]この福田が指導する嘉納師範の教えは「精力善用・自他共栄」であり、「自他共栄」とは、人様や社会との融和と協調の心である。福田は、師の教えのもと、女子の柔道精神を一層深く理解したいと考えた向学心から日本女子高等学院の国文科（昭和女子大学の前身）において毛筆および日本の歴史を学び、「世界女子柔道の母」とも称される人物へと大きく羽ばたいた。

かくして、米国での半世紀を女子柔道指導に過ごした福田敬子（十段位）は、「精力善用自他共栄」なる嘉納治五郎柔道精神における「有徳の教え」を異国の地に受け継ぎ、伝えたのである。

［註］

（1）嘉納先生伝記編纂会編『嘉納治五郎』、講道館、一九六四年、二八七〜二八八頁。
（2）嘉納治五郎『嘉納治五郎著作集』、第二巻、五月書房、一九九二年、九九頁、二八三〜二八四頁。
（3）福田敬子『つよくやさしくうつくしく』、小学館、二〇一二年、一四一頁。

［参考文献］

嘉納治五郎『嘉納治五郎著作集』、全三巻、五月書房、一九九二年。

嘉納先生伝記編纂会『嘉納治五郎』、講道館、一九六四年。

講道館監修『嘉納治五郎大系』、全一四巻（別巻1）、講道館、一九八八年。

講道館書誌編纂会『國士』、全五巻、本の友社、一九八四年。

講道館書誌編纂会『柔道』、全五巻、本の友社、一九八四年。

講道館書誌編纂会『大勢』、第一巻、本の友社、一九八四年。

講道館書誌編纂会『有効の活動』、全三巻、本の友社、一九八四年。

柔道大事典編集委員会編『柔道大事典』、アテネ書房、一九九九年。

全日本柔道連盟『「柔道」授業づくり教本　中学校武道必修化のために』、二〇一〇年。

西尾幹二『江戸のダイナミズム』、文藝春秋、二〇〇七年。

新渡戸稲造『武士道』、岩波書店、一九三八年。

乗富政子『女子柔道教本』、潤泉社、一九七二年。

福田敬子先生里帰り記念『つよくやさしく美しく』、冊子、里帰り実行委員会二〇〇九年。

丸山三造『大日本柔道史』、講道館、一九三九年。

三笠乙彦訳スペンサー『知育・徳育・体育論』、明治図書出版、一九六九年。

村田直樹『嘉納治五郎師範に学ぶ』、日本武道館、二〇〇一年。

矢嶋道文『近世日本の「重商主義」思想研究―貿易思想と農政―』、御茶の水書房、二〇〇三年。

矢嶋道文『江戸時代の女子教育思想―「武家」の教育書を中心に―』、関東学院女子短期大学『生活文化研究所紀要』、二〇〇一年。

横山健堂『嘉納先生傳』、講道館、一九四一年。

Keiko Fukudaka『Born for the mat』, 1973

Keiko Fukudaka『Ju-No－Kata』, North Atlantic BookS, 2004

Inazo Nitobe『BUSHIDO, The Soul of Japan』, The Leeds and Biddle Company, 1899

II

イギリスにおける「有徳」の歴史

伊藤　哲

序

本章では、イギリスにおける「有徳」の歴史をたどる前に、西洋的「徳性」についての概観をしておかなければならない。その後、近代イギリスにおける徳性の歴史をたどる作業を行うことになる。

洋の東西を問わず、今日のグローバル世界について、佐伯啓思（一九四九—）は自らの『貨幣・欲望・資本主義』の中で、次のように現代のグローバル資本主義の中で生きる「自由な個人」が抱えている危うさを指摘する。「『自由な個人』という暗示にかけられた役者たちが市場という舞台の上で消費というヴァーチャルな劇を演じている間にも、資本の生み出すあらゆるものの『過剰性』という現実の方は着々と進行していく。こうしたことがいかなる帰結をもたらすかを予想することは不可能に近い。確かなことは、グローバルな市場という蜃気楼のような舞台のヴァーチャリティを可視化するためにも、経済の根底にある『大地的なもの』『確かなもの』を再発見することと以外に、当面、可能な破局を回避することは難しいだろうということだけである。[1]」

佐伯の提示する「大地的なもの」、「確かなもの」とはいかなるものであろうか。彼は同書で、宗教性的観点から、また、精神分析的観点からと様々な考察視角を駆使して現代資本主義を論じている。彼の嫌悪する「自由な個人」は、実は、それ以前に書かれた『「市民」とは誰か―戦後民主主義を問いなおす―』では、日本人の「市民」には歴史的重層性はなく、単なる「私民」であると指摘した。[2]

さて、私たちは「市民」についての歴史的背景をもった思想を考察することによって、伝統的「市民的徳性（civic virtue)」というヨーロッパ世界における精神性をまずは概観しよう。

1
「市民的徳性」（シヴィック・ヴァーチュウ）の伝統

プラトン（Plato, BC427—BC347）の著した『国家』には、国家に必要な階級として「守護者階級」の指摘がある。彼にとっては、同書の副題である「正義について」を論じるための予備的な考察であったが、ポリス社会における「自由市民」の役割を理解する上で、また「市民的徳性」を考察する上では有益と考えるので、次にプラトンの「守護者階級」がどのような過程で登場してくるかを簡単に眺めよう。

では、プラトンの言う国家の起源を言論の上で確認していく。

国家の起源は、お互い自給自足できず、お互いの必要に基づいて近隣に居住することから始まるという。さらに、その必要という基本線に則り、食料の必要性、居住の必要性、衣服類のそれというように最低限の人員を提示する。そうすると、「農夫が一人、大工が一人、織物工が一人、何なら靴づくりの人も……」というふうに、四から五人の成員が国家には必要であり、これで国家が成立したわけである旨、告げる。ここで、ユニークなのは、プラトンは明確に分業の効率性と職業特化の必要性を指摘しているので、以下に示す。

「さてそれで、どういうことになるだろうか？それらの成員のひとりひとりは、それぞれ自分の仕事をみんなの共有のために提供しなければならないのだろうか。たとえば農夫は、一人で四人分の食料を供給し、四倍の時間と労力をその食料供給のために費やして、それを他の人々と分け合わなければならないのか。それとも、他の人々のことはかまわずに、それだけの食料の四分の一を四分の一の時間で、自分ひとりだけのために作り、残りの四分の三の時間は、家を作ったり、衣服をこしらえたり、履物を用意したりすることによって使って、他の人々と交わる面倒を省き、自分は自分のために自分のことだけをなすべきだろうか？」

するると、対話相手は、「おそらくは前のやり方のほうが、後のよりも容易でしょう」と同意するのである。このように分業体制の必要性をプラトンが指摘することが、ポリスにおける、国家設立にかかわる必要な階級を提示することとつながってくる。この国家設立の議論はこの後、多くの職種・職業の誕生を示すことになる。そして、様々な業種がそろったところで、対話相手が国家設立のゴーサインを出すのであるが、プラトンはそこで国家の豊かさが隣国から妬まれ、疎まれる状況を示し、これまでに国家内部に相互の必要から生まれ列挙した職業の人々が生涯的に立派に自らの仕事を成し遂げた結果としての国家的富の蓄積が外敵を作る原因である旨、提示する。誰がこの国家を守る仕事をすべきか。現段階では、この国家に存在しないこととなる。「国の守護者の果たすべき仕事は何よりも重要であるだけに、それだけまた、他のさまざまの仕事から最も完全に解放されていなければならないだろうし、また最大限の技術と配慮を必要とするだろう。(4)」

まさに、ここに守護者階級の誕生の意義が示され、同書ではこの後に守護者階級を育成すべき教育論が続いていく。ポリス国家においては、純粋なギリシア人であるからこそ、彼らは自由市民となり、自らのポリス政治への参加と共同防衛の義務を果たす存在となる。

佐伯啓思は、先に挙げた『「市民」とは誰か』で、一九九〇年に電通総研と余暇開発センターの共同調査で行われた「三七か国世界価値観調査」の数々の質問の中から「進んで国ために戦うか」という設問に対する主要国のイエスのパーセンテージを紹介している。最も低いのが日本で一〇%、次にイタリアで二五%、西ドイツとベルギーで三一%。フランスは五四%、イギリス六七%、アメリカ七〇%となる。この結果における最初の参加国は第二次世界大戦の敗戦国であり、戦争に対して「嫌戦感」が高いと佐伯は指摘するが、とくに日本の「嫌戦感」は突出していることを指摘し、日本の憲法中に「共同防衛」の精神にかかわる文言が存在していないことを、他国の憲法を取り上げて日本国憲法の特殊性を指摘する。(5)

アテネ市民を前にペリクレス（Perikles, BC495？―BC429）は演説する。「私の考えでは、ポリスというものは、全体として良い状態にあれば、個々の市民が幸福でありながら全体としては悪い状態にある場合よりも、個人に対してはるかに多くの利益を与えるものである。人間は自分自身では栄えていても、祖国が滅亡すれば一緒に滅びるのに対して、幸福な祖国の中で不運な立場にある場合には、はるかに容易に危険を免れることができるのである。かくしてポリスは私人の災難を背負うことはできるが、個人は一人だけではポリスの災難を背負えない以上、ポリスを防衛するのは全員の義務ではないか。(6)」

佐伯が指摘するまでもなく、ここに私たちは古代ギリシアの市民的徳性である「政治への直接参加」と「共同防衛」への彼らの確固たる精神とプライドを見ることができる。

このような古典共和主義的思想はポーコック（J. G. A.Pocock, 1924―）の研究によって、マキアヴェリ時代の「市民的人文主義（civic humanism）」として復権し、さらに一七、一八世紀のイングランドとアメリカ思想の中で息づき、ヨーロッパ精神の核としての意義を明確に私たちに示される。本稿では、彼の大著である『マキャベリアン・モーメント』に深く言及したり、考察する機会を持たないが、次のことを学んでおきたい。

ポーコックが「問題とその様式（B）摂理、運命、徳」で、次のように「徳」について解説している。「〈アレテー〉と〈ウィルトゥス〉はともに、第一に、個人もしくは集団が市民的な文脈で効果的に活動する力を意味し、次いで、何らかの人格や要素をそれ本来の姿にさせる本質的な特性を意味するようになった。第三に、都市国家にしても宇宙にしても、そのなかで、人をあるべき姿にさせる道徳的な善良さを意味するようになった。このような意味の多様さは「徳」virtueという語に担われ、様々な言語でそれと同等な言葉が、旧西洋思想の末期まで続いたのである。したがって、その語はマキアヴェッリという人物をめぐって書かれたどの本でも明らかに重要なのである。(7)」

マキアヴェッリ（Niccolò Machiavelli, 1469—1527）の『君主論』では、能力としてのヴィルトゥが運命としてのフォートゥナに打ち勝っていく力強さが描かれている。「我々に自由意志が消滅しないかぎり、私はこう考える。つまり、運命は人事の半分の裁定者であるが、残りの半分は、あるいはそれより少ないかもしれないが、それは我々の裁量に任してあると。(8)」立法者が導く国家は、市民的徳性の制度化によって、共和国やポリスは時間の中で自らの安定性を維持し、自らを構成する素材である人間を、人間の目的である政治的生活へと発展させるわけである。「市民的徳性」はポーコックが論じているように、軍事的な徳が市民的な徳と結び付けられる局面を時代的に持っていたことがわかる。(9)そのことが国家とその下で生活を共にする市民の徳性としての「共同防衛」的、共和的精神が欧米における伝統として息づいていることを鮮明に私たちに見せるところである。

2 近代市民社会の徳性

1 「高慢心」は悪徳である

本章では、とくに一七～一八世紀における近代社会形成の歴史を辿ることによって、各思想家のそれぞれの徳性の考え方に注目したい。しかしながら、近代市民社会を構築する用語としての「高慢（pride）」が悪徳の位置づけから、人間本性、さらには経済社会を形作る原因となる過程を捉えることによって、徳性の内実を映し出すことも可能であると考えられる。

一六世紀におけるイギリスルネサンス当時、そのことはルネサンスの恐ろしいほどの潮流、すなわちイタリアルネサンスから解き放たれた人間の「自由意志」が膨張し、暴走した結果として、多くの国々で権力を握る者＝君主や領主、安定的地位と財産を豊富に抱えている者＝貴族、教会権力を振るう者＝聖職者たちが、自らの「自由意志」のもとに、自らの権力・財産・地位をより自分自身に集中させていった社会がすでに現れていた。トマス・モア（Thomas More, 1478―1535）の親しい友人であるエラスムス（Desiderius Erasmus Roterodamus, 1466―1536）は『痴愚神礼賛』において、公開裁判にかけられた愚神に次のように語らせる。「第一、私が自分で自分を褒めましても、どこかの某といわれる学問のあるお方や、某といわれるえらいお方よりも、はるかに謙虚だと思います。こういう方々は、羞恥心が腐っていまして、お世辞のうまい頌詞作者やほら吹き詩人をお抱え料で買収なさり、ご自身に対する誉め言葉を、つまり、真っ赤な大嘘をお聞きになろうというのですから。[10]」

エラスムスは、当時の社会で権力・財産・地位を持った人々だけが自らの「自由意志」を存分に発揮でき、実現していく高慢ちきな欲望暴走社会に対して批判を行っていった。さらに、トマス・モアも『ユートピア』の中で、イギリス社会体制批判を行っていく。それは有名で端的な次の言葉として私たちには周知のところである。「羊が人間を食らう」という表現の真意はいかなるものであったのか、確認しよう。

モアの次の指摘が上記の内容を述べている。「羊は非常におとなしく、また非常に少食だということになっておりますが、今や大食で乱暴になり始め、人間さえも食らい、畑、住居、町を荒廃、破壊するほどです。この王国でとくに良質の、したがってより高価な羊毛ができる地方ではどこでも、貴族、ジェントルマン、そしてこれ（怠惰と贅沢）以外の点では聖人であらせられる何人かの修道院長さえもが、彼らの先代の土地収益や年収だけでは満足せず、また無為、優雅に暮らして公共のために役立つことは皆無、否、有害になるのでなければ飽き足りません。つまり残る耕作地は皆無にし、すべてを牧草地として囲い込み、住家を壊し、町を破壊し、羊小屋にする教会だけしか残りません。(11)」

また、悪徳としての「高慢心」についてのモアの手厳しい批判が同書の終わりに登場する。

「こういう事態（ユートピアの社会）は、もしも、あらゆる災禍の首領であり親であるただ一匹の野獣、すなわち高慢心が反抗してさえいなかったら実際に起こりえたでしょう。この高慢心は、自分の利益でなく、他人の不利をもって繁栄の尺度としています。高慢心は、自分が支配し嘲笑できる相手としての惨めな人たちの悲惨さと対照されて、初めて高慢心の幸福はことさらに輝きだすのであり、高慢心は自分の富を見せつけて惨めな人たちを苦しめ、その貧苦を煽り立ててやろうとしているからです。この冥府の蛇は人間の心に巻き付いて、人がより良い人生行路に就かないようにと、まるで小判鮫のように引き戻し、引き留めます。(12)」

このようにモアの記述からもわかる通り、イタリアルネサンスの「自由意志」はヨーロッパ全土へ波及し、権力・財力・地位を持った者のみが自らの欲望を解放、拡大、暴走させるところに社会が置かれたことを意味し、エラスムスとモアは、真の宗教性を取り戻すための戦いを準備したのである。しかしながら、すでに彼らの手によっては制御不能となった欲望は、多くの宗教的徳性を飲み込み、さらに勢力を増してきたといえる。その絶大で強大な暴風雨を止めることができるのは、当時からすれば異端であったプロテスタントに頼らざる負えなかった。ルター（Martin Luther, 1483―1546）の「義人は信仰によって生きる」という聖書主義・万人司祭主義的思想が人間の「不自由意志」を示すことで、大きなブレーキを踏むのである。そのことが、次のルターの言葉で表される。「神は偶然的にあることを予知し給うのではなく、彼の不変で永遠で誤ることのない意志によって一切を予見し、約束し、なし給うのであることを知ることもまた、キリスト者にとっては、とりわけ必要にして有益なことである。この電撃によって、自由意志は徹底的に打ちのめされ、打ち砕かれるであろう。[13]」ルターのこの「不自由意志」は、その後のカルヴァン派の予定説を準備したといえる。

2　「高慢」は商業社会を構築したか――ホッブズからロックへ――

私たちは一七世紀のイギリス社会に移り、近代イギリス社会が形成される場面を見るときに来た。近代イギリス社会における「近代的個人」を示したのはホッブズ（Thomas Hobbes, 1588―

1679）であると言われている。彼の生きた時代は、彼自身が自伝で、「母は大きな恐怖を孕んで私と恐怖との双生児を生んだ」と述べるように、スペインの無敵艦隊襲来、イングランドは内乱の真っ只中にあった。ホッブズの『リヴァイアサン』は国家主権論として有名であるが、これまでの時代社会が人間を階級社会に留まらせていたアングルとは、彼の考察は異なっていた。「自然は人々を、心身の諸能力において平等に作ったのであり、その程度は、ある人が他の人よりも肉体において明らかに強いとか、精神の動きが早いということが、時々見られるにしても、すべてを一緒にして考えれば、人と人との違いは、ある人がその違いに基づいて、他人が彼と同様には主張してはならないような便益を、主張できるほど顕著なものではない、というほどなのである。[14]」

ホッブズは縦型社会構造を横型社会構造へと転換してみせた。そこでは、平等・対等な個人がいかにして社会を形成するかが提示されることとなる。ホッブズは人間本性を「高慢」と捉えている。そのことは彼が自著を「リヴァイアサン」と定めたことを吐露する部分に明確に表している。「私はこれまで、人間（彼の高慢およびその他の諸感情が、彼を強制して、自らコモン・ウエルスに服従させた）の本性を、彼の統治者の大きな力とともに述べてきた。後者を私は、リヴァイアサンに比し、その比較をヨブ記第四一章の最後の二節からとってきた。そこにおいて神は、リヴァイアサンの大きな力を述べて、彼を高慢の王と呼んでいる。『地上には彼と比較されるべき何物もない。彼は恐れを持たないように造られている。彼はすべての高いものを見下し、あらゆる高慢の子たちの王である』と神は言う。[15]」このように、われわれ人間は「高慢」ちきな生き物で、自己保存のためであれば闘争する自然権を有している存在である。だからこそ、人間は「戦争状態」に陥るのである。革命期においては、主権の不在により、通常の人々は混乱の中での生活を強いられた。その状況は生存への財の希少性を露わにし、ホッブズにとってはその国家的役割を構築する道具としても使用された。

ホッブズが展望できなかった生産力の拡大した商業社会、つまり、名誉革命後の社会状況の中で人間の本来性を考察したのがロック（John Locke, 1632—1704）である。彼は、「この法たる理性は、それに聞こうとしさえするならば、すべての人類に、一切は平等かつ独立であるから、何人も他人の生命、健康、自由または財産を傷つけるべきではない、ということを教えるのである[16]」として、自然状態における自然法の認識と理解により、人類は平和的な状態を維持することができることを説いた。それは、ホッブズの時代とは異なり、国家的人格が自己保存を保障した状態の上に、財の一定量、すなわちある共同体に属する人間が生きていけるだけの食料や必需品の数が確保された環境であると解することができる。したがって、その状況において、我々が自らの感情と理性、さらには経験を重ねることにより、自然法理解への行程の中では、平和裏に相互的敵対的関係抜きに過ごせる空間がそこに現れると解釈してもいいだろう。しかしながら、この一見、平和に見える状態は、「自然法を犯す」ものの出現により一転する。「全人類および、自然法によって設けられたその平和と安全に対する、侵害である。[17]」とくに、私的所有についての問題が顕在化する。もし、自然法の範囲内であれば、いまだ相互的に「共通の上長者」を保持していないので、諍いが始まる。「損害をうけたものは、自己保存の権利によって、加害者の財貨または労力を取得するこの権利を持つ。それはおのおのが犯罪処罰の権力を有するのと同様である。[18]」

ロックは同書第五章「所有権について」で、神の考えを私たちに伝える。「神と人間の理性とは、地を征服することを人間に命ずる。すなわちそれを生活の役に立つように改良し、そこに彼自身のものであった何ものかを、すなわち労働を、つぎ込むことを命ずるのである。[19]」「神は世界を人間共有のものとして与えた。けれども、神はそれを彼らのために、そうして、彼らがそこから生活の最大便益を引き出し得るように、与えたのであるから、それがいつまでも共有、未開墾のままであっていいと神が考えていたとは、想像されない。神は、それを勤勉怜悧なものの利用に任せた―そうして労働がそれに対する彼の権原となるべきであった―のであって、争い好きな人々の気まぐれや貪欲に任せたのではない。[20]」

ロックの労働価値説の源泉が上述のように見事に示されるのを確認することができる。この彼の言説が、これ以降の資本主義社会の市場経済の発展と、同時に、自然への畏敬の念が失われ、あらゆるものが人間の手によって自然から市場に引き出されるものは何でも価値対象として考えられるようになった。そのため、この市場至上主義的経済概念が現在の環境破壊の元凶とする主張さえある。[21] 一方、このロックの私的所有権論が一九世紀の豊かな資本主義社会を形成してきたことを、当時のゴドウィン（William Godwin, 1756―1836）を批判する『人口論』で有名なマルサス（Thomas Robert Malthus, 1766―1834）が高く評価していることも見逃せない。私たちは労働における「勤勉さ」を神から与えられたからこそ労働へ従事する尊さ＝有徳さを獲得したともいえる。

次にロックの『人間知性論』の中にも、商業社会の私たちの幸福追求への有徳性の片鱗を見ることができる。同書第二巻第二一章「能力について（Of Power）」で、ロックは私たちの心が二つの能力をもっていることを指摘する。一つが「何かを変化させることができるもの」＝「能動的能力」、もう一つが「変化を受けることができるもの」＝「受動的能力」である。彼は、このうちの前者に該当するものとして知性＝「思考する能力」、意志＝「運動を始めようとする能力」を詳細に検証していくのである。ロックの説明によれば、我々の「自由（liberty）」は熟慮のみにあり、この間、我々は選択肢を持っている状態になる。「自由の観念は、ある行動者のうちにある能力、すなわちある特定の行動を行うのと抑止するのとどちらかを他方より選択する心の決定ないし思惟に従って、この行動を行ったり抑止したりする能力の観念なのである。[22]」ロックは私たちが行動を決定した、つまり意志した時から人間の行動は必然化されると述べる。したがって、意志した瞬間から私たちは行動の必然性の下におかれることになる。ではこの意志を決定するものは何かと言えば、ロックは「落ち着かなさ（uneasiness）」に人間はいつも引っ張られるという。確かに私たちは「落ち着かなさ」、実際にはそれは「欲望」である、と彼は言い換える。なぜなら、「幸福へのなくてはならない第一歩として、いつも苦を取り去る」ことを私たちは行うのである。とはいえ、人間はいつもその「落ち着かなさ」に支配されるのではなく、自らの自由を獲得するために、私たちが持っている能動的能力＝「欲望を停止する能力」を用いて、より高い自らの幸福＝善とするところへ導く手助けをするのであると、ロックは指摘する。「もっとも大きくてもっとも差し迫った落ち着かなさが意志を次の行動へ決定するのが自然である。そしてだいたいはそのとおりである。が、いつもそうとは限らない。なぜなら、心は、大部分の場合、経験上明白なように、欲望のあるものの実行・満足を停止する能力をもっており、ひいては、すべての欲望について順々に停止する能力をもっている。[23]」

私たちの「自由」こそ、ロックは幸福への道であることを述べ、その「自由」を獲得するために、能動的能力としての「欲望を停止する能力」が「落ち着かなさ」を停止することによって、本当に自らが望む幸福＝善きものへ導いてくれるとする。この能力は、自己規制（の徳性）的な能力であることは否定できないであろう。さらに、ロックは、幸福＝善が多様であることも指摘する。「この世で人々の行う多様な相反する選びは、……ただ、同じ事物がすべての人にとって同じように善ではないことを証明するのである。こうした追求の多様性は、すべての人が自分の幸福を同じ事物に置かないこと、いいかえれば幸福への道を同じように選ばないことを、明示する。[24]」

ロックは、人々の幸福追求の多様性を述べることによって、市場社会の発展を視野に入れていたことが窺われないだろうか。なぜなら、これまでのロックの『市民政府論』から『人間知性論』への流れを確認するとすれば、まず、前著における自然状態から社会状態への移行過程においての契約こそが、個々人の私的所有権の保障が国家の重要性を提示する。さらに、この私的所有＝私的財産の権原としての労働の重要性が明示され、『人間知性論』の能動的能力が、私たちの自由と幸福を獲得する能力として強調されている。まさに、自らの財を蓄え、さらにそれを増殖させていく――とくに、この時代では、中産階級としての商工業者――諸行為を肯定的に論じ、推し進めるロックの経済社会観がここに顕著に表現されている。自らの労働を投下すること、すなわち仕事に専心する行為が、「勤勉」の精神と慎慮の徳性を提示しているといえるし、また、人間の能動的能力としての「欲望を停止する能力」を主張することによって、自らが望む幸福への一歩としての禁欲的態度＝自己規制の必要性を指摘することで[25]、今後の市場社会のさらなる成長過程をロックは思い描いていたと言えるのではないだろうか。

3　マンデヴィル批判はストア哲学批判と同根である

マンデヴィル（Bernard de Mandeville, 1670―1733）は、二〇世紀の巨匠であるケインズ（John Maynard Keynes, 1883―1946）に多大な影響を与えた人物として経済思想的に重要な位置にある。ケインズは彼の「ぶんぶんうなる蜂の巣―悪者が正直者になる話―」という風刺詩から有効需要の原理のヒントを得たことを、自らの著書『雇用、利子および貨幣の一般理論』で述べている。[26]「あの呪わしく意地悪く有害な悪徳で／悪の根源をなす強欲が、／奴隷としてつかえた相手は放蕩であり／あの気高い罪であった。／他方で奢侈は貧乏人を百万も雇い／いとわしい自負はもう百万雇った。[27]」（／は改行を表す）この個所で、人々の「奢侈」と「自負」が雇用を創出する有様がよく分かる箇所である。さらに、この風刺詩では、サブタイトルにある通り、もし、多くの人々が当時の宗教家や頭の固い哲学者（＝道徳厳格主義者として総称される）が主張する道徳的生活の模範たる節約・節制に徹底的に走ったとしたら、バブル崩壊後の日本のデフレーションの有様を眼前に鮮明に浮かび上がらせる情景を詩の中に描いている。

マンデヴィルは次のように人間本性を指摘する。「人間は欲望に動かされる以外には、決して努力するものではない。欲望が眠っていて、欲望を刺激するものが何もない場合、人間の優れた性質と諸能力は永遠に発見されないままであろう。そしてその不器用な機械は、情念に動かされるのでなければ、まさに微動だにもしない大気の中の巨大な風車にも例えることができる。[28]」さらに、徳性への批判として、次の言葉が続く。「つまり、人間に生まれつき備わっている優しい性質や温情も、彼が理性や自己規制によって獲得できる真の美徳も、社会の基礎ではなく、道徳的にせよ自然的にせよ、いわゆるこの世で悪と呼ばれるものこそ、我々を社会的な動物にしてくれる大原則であり、例外なくすべての商売や職業の堅固な土台、生命、支柱であること、そこに我々はあらゆる学芸の真の起源を求めなければならないこと、悪が消滅するとすぐに、社会はたとえ完全には崩壊しないにせよ、台無しになるに違いないことである。[29]」

また、彼の社会を見る目は、人間の社会性が歴史的経緯の中で老練な政治家によって方向性を持たされたものとして示される。とくに、人間はホッブズと同様な「高慢」な存在として描かれるわけだが、彼の場合、高慢の原因としての「自己愛（self-liking）」を強調することで、人間の行動指針としての「名誉の原理」と「恥の原理」の二つの原理の働きを示す。前者は、人々の同意・是認が心地よく―名誉―「自己愛」に働きかける。後者は、人々の批判・否認が不快に―恥―「自己愛」に働きかける。この操作により、心地よさを伴う行為は継続され、不快さを伴う行為は停止・中断される結果となる。[30]

マンデヴィルは『蜂の寓話―私悪は公益なり―』の中で、道徳厳格主義者への批判を行う。彼の時代、つまり一八世紀初めのイギリスが繁栄している時期には、未だ多くの道徳厳格主義者や宗教家が、この繁栄を批判し、節約・節制という禁欲的生活を声高に主張していた。さらに、一国繁栄主義的な従来の重商主義者も外国製品の輸入に反対する立場から、彼らに賛同していたのであった。したがって、マンデヴィルにとっては、徳性を強調する風潮への批判から、商業社会の原動力としての欲望が、すなわち、「自己愛」が強調されたことは事実であるが、彼の次の叙述は経済社会の分業体制の有効性―各分野への特化と専心―を指摘するものとして注目すべきであろう。「商売や製造業の種類が多ければ多いだけ、それらが骨の折れるものであればあるだけ、多数の領域に分かれていればいるだけ、ますます大勢の人間がお互いに邪魔をすることなく社会のなかに包含され、一層たやすく富裕で強力で繁栄する国民になるであろう。[31]」

そのようなマンデヴィルを批判したのが、スミス（Adam Smith, 1723―1790）である。スミスは、『道徳感情論』初版から第五版まで、同書第六部（第六版では、第七部）の第四章「放縦な諸体系について」で、痛烈にマンデヴィルを批判する。マンデヴィルの徳性への考察検証―「人間の徳性は、おだてが誇りと野合したことからできた子孫に過ぎない。[32]」―を適切なものではないと指摘する。「私の理解では、自愛心がしばしば行為の有徳な動機でありうるから、この問題の解決は、徳性の実体を確証することにとって何も重要性をもたない。私はただ、名誉あり高貴であることをしようとし、我々自身を尊重と明確な是認の適切な対象たらしめようとする欲求が、いくらかでも適宜性をもって虚栄と呼ばれることはありえないということを、示そうと努めよう。[33]」

スミスは三つの情念、すなわち、自ら名誉と尊重の適切な対象となろうとする情念、名誉と尊重を獲得したいという情念、さらに、とにかく他者から称賛を得たいというつまらぬ情念を指摘し、その間にいかなる類似関係があり、どのように依拠関係をもっているかを考察する。その議論の中で「徳性への愛（the love of virtue）」への道程に、「もっとも崇高で神のような動機から行為する」ものから、「人間的な弱さが、いっそう多く混合されている」ものまでの実践的徳性の許容性を認めるのである。[34] スミスは、一七九〇年に同書の第六版で大幅な増補改訂を行ったが、そのときにストア哲学理解への大きな変更を提示している。とくに、ストア学派（The Stoics, BC335—AD80）の「完全な自己規制」の語句を削除した。[35] その点と符合する叙述がマンデヴィル批判の箇所にも見受けられるので、看過すべきではない。「彼（マンデヴィル博士）は、人間の徳性の不完全さを、他の多くの点で指摘しようと努力する。あらゆる場合にそれは、それがそうだと称するあの完全な自己否定に到達せず、そして、我々の諸情念の征服であるかわりに、普通はそれらのひそかな放任以上のものではないと、彼は主張する。快楽についての我々の慎みが、もっとも苦行僧的な禁欲に及ばない場合には常に、彼はそれを下品な奢侈と肉欲として取り扱う。[36]」

スミスが指摘する上記の「完全な自己否定」や「苦行僧的な禁欲」は、まさにストア学派でスミスが指摘した「完全な自己規制」、「ストア的無感動」と同根である。スミスはストア批判を次のように行う。「我々の欲求と嫌悪、我々の希望と恐怖、我々の歓喜と悲哀を自然にかき立てる諸原因は、疑いなく、ストア主義のあらゆる論証にもかかわらず、各個人に対して、彼の実際の感受性の程度に応じて、それらに固有で必然的な諸結果をもたらすであろう。[37]」スミスが「適宜性感覚」を同感原理の核として私たちに社会形成論を提示したことを鑑みると、マンデヴィルとストア学派の両極端な徳性概念把握は、「適宜性感覚」からの自然的諸感情の醸成を人間本性として大切にするスミスにとって、同種の忌むべきこれまでの道徳体系として映ったのは当然のことであった、と窺うことができる。

4　スミスの「徳性の性格」とは

さて、スミスの実践的徳性―「徳性の性格について」―についてを概観しよう。

スミスは、これまでにも指摘した通り、一七九〇年に『道徳感情論』第六版を刊行し、大幅な増補改訂作業を行ったわけであるが、それに先立ち、彼は『国富論』で人間行動の経済学的分析を完成させている。このことは何を意味するかと言えば、スミスの考察対象としての人間と社会がより現実的・実践的フィルターを備えたということを示している。『道徳感情論』初版から第五版までは、ストア学派は単独で議論され、彼らの行為の完全な適宜性として、「人間本性の到達をまったく超えた完成」に完全な徳性の姿を見て、スミスは好意的な評価を下していた。しかしながら、第六版ではエピクテートゥス（Epiktētos, 50 ― 135）の引用箇所での分析視角が大きく異なった。[38] それは、自らの肉親を亡くした時、自らは他者―近隣の人々―がなくなったと同様に振る舞うべきとし、そこに「徳性ある人」の完全な適宜性を見ていたが、第六版での解釈は次のようである。「適宜性の感覚は、我々がもっとも近い親戚の悲運について自然に感じる、あの異常な感受性を、まったく根絶することを我々に要求するどころではないのであって、その感受性の過度によってどんなに機嫌を損じるよりも、はるかに多く、それの欠如によって機嫌を損じるのが常である。ストア的無感動は、決して快適なものではなく、それを支えているすべての形而上学的詭弁は、気取り屋の頑固な無感覚を、その生来の不適格性の十倍に拡大することの他には何の目的にも、めったに役立ちえない。[39]」

ここで扱われている「形而上学的詭弁」の産物としてのストア的徳性の在り方へのスミスの指摘を考えると、スミス自身が非常に社会的・関係性的な人間存在を意識し、想像上の立場の交換である同感行為をより実践的・生活的レベルとして取り扱う必要性を実感したと言えるのではないだろうか。それを端的に示すのが、彼の同書第六版で新しく追加された第六部の「徳性の性格について」である。これによって、先のマンデヴィル批判の箇所は第七部へと移った。ここでは簡単に第六版第六部を紹介しよう。

この「徳性の性格について」は三篇からなり、個人の幸福に作用する「慎慮（prudence）について」と他の人々の幸福に作用する「慈愛（benevolence）について」、さらに、「自己規制（self-command）について」から構成されている。

「慎慮」について、スミスは、まず、次のように述べる。「その個人の健康、財産、身分と評判、すなわち、彼のこの世での快適と幸福が主として依存すると想定される諸対象についての配慮は、ふつうに慎慮と呼ばれる徳性の本来の業務とみなされている。[40]」

スミスは、「自然自身の声でなされる教訓」として、我々の自己保存と肉体的健康の維持、さらには自然的欲求と快適さを満たすための努力を提示する。また、我々の「ある配慮と洞察」が「外面的財産の諸利点」を獲得するように刺激する旨、彼は指摘する。スミスは、このように慎慮の徳性は、第一に自己利害関係に基づいた徳性であって、観察者視点評価を即時的に得られる高貴な徳性ではないとする。スミスの「慎慮ある人」は、利己的で用心深い人物であり、すぐさま対社会的な精神を備えているとはいいがたい。さらに、彼の才能はいつも輝かしいものではないかもしれないが、彼は熱心に働き自らの目的を達成するために尽力する。また、彼は控えめな人間であり、自分を不面目にさらすと想像しただけで恐怖を感じる。彼は真面目であるが、常に開放的・社交的であるとは言えない。彼は自らを同等者たちの上に置くよりも下に置く方を好み、すべての作法と礼儀を尊重し、それに沿って行動する。スミスは、次のように再び述べる。「慎慮は、たんに、その個人の健康について、財産について、身分と評価についての、配慮に向けられる場合には、非常に尊敬すべき資質とみなされ、ある程度は愛すべく快適な資質とさえみなされるにせよ、それでも決して、諸徳性の中で、もっとも心をひきつけるものであるとも、もっとも高貴にするものであるとも、みなされないのである。それは、一定の冷静な尊重を獲得するが、何か非常に熱烈な愛情または感嘆を受ける権利を持つとは思われない。[41]」一方、スミスは「上級の慎慮」に言及する。「上級の慎慮」は自己規制の正確な程度に支持され、輝かしい多くの徳性と結びつくことになる、と。スミスは、当該所では社会的生活圏における人間の本来的徳性の性格を解明している。そのことは次の「慈愛心」の徳性についての議論でも提示されていることを確認できる。

スミスは、自ら慈愛的感情を次のように捉えていることを指摘する。「この篇では、私はただ、第一に諸個人に対して、第二に諸社会に対して、我々の善行を配分するために、すなわち、我々の非常に限られた慈悲の能力を方向付け使用するために、自然が計画しておいたように思われる順序の、基礎の説明に努力するだけにしたい。[42]」

スミスによれば、我々は、まず自己自身への配慮を持ち、次に我々の家族構成員に注意を払い、さらに血縁を取り囲む地域・階級社会、その拡張線上の国家へ最後に関心を向けることを指摘する。これらは明確に個人が愛情を注ぐ対象＝「境遇の必然性」の順序と言ってもいいものであろう。「我々自身の諸感情、諸原理、諸気分を、我々が大いに生活をともにし交際ぜざる負えない人々の中に、できる限り多く、順応させ同化させようという、この自然の性向は、善悪双方の仲間の接触感染的諸効果の原因なのである。[43]」

また、この篇で、スミスは、親子間の愛情、感謝の気持ち、憐れみと憐憫、賢明で善良なものへの尊敬、友情、さらには公共精神についても論じていく。スミスは、我々の幸福と悲惨さに大きく影響する社会全体への繁栄と安全を望む気持ちから、「近隣の国民の繁栄と拡大をもっとも悪意ある嫉妬と羨望をもって眺めたい気持ちになる[44]」ことや我々の国への愛が「国民的偏見というくだらない原理」となってしまう欠点を有していることも指摘する。[45]さらに、スミスは、次の二つの愛国的精神を提示する。一つは、確立された統治の基本構造・形態に対しての一定の尊敬と崇敬を与える精神であり、もう一つは、自国市民の状態をなしうる限り安全で幸福なものにしたいという真剣な意欲、すなわち革新の精神である。スミスによれば、上述の二つの精神は平和な時代には一致し、我々を同一の行動に導くが、公共的不満と無秩序の時代においては、この二つの精神は別々の道を歩むことになる旨を示す。スミスは、特に危険な場合として、「体系の人」を挙げる。この「体系の人」は、自らの判断を国家の正邪の最高基準であるとする「最高度の傲慢」を振るうのである。彼のような人物が最高位に立った時、スミスは次のように明確に彼の危険性を示す。「彼は、チェス盤の上の駒が、手でそれらに押し付けるものの他には何の運動原理ももたないこと、そして人間社会という大きなチェス盤の中では、すべての単一の駒が立法府がそれに押し付けたいと思うかもしれないものとまったく違った、それ自身の運動原理を持つということをまったく考慮しないのである。[46]」

スミスの普遍的慈愛についての見解は、それ自身がいかに高貴であり寛大であろうとも幸福の源泉とはなりえず、普遍的慈愛は神の業務に関わるものであり、人間のそれではないと結論付ける。「人間に割り当てられているのはずっとつまらない部門であるが、しかし、彼の諸能力の弱さと彼の理解の狭さには、はるかに適切なもの、すなわち、彼自身の幸福について、彼の家族、彼の友人たち、彼の国の、幸福についての配慮である。[47]」

スミスは、次篇「自己規制について」の冒頭て次のように論じる。「完全な慎慮、厳格な正義、適切な慈愛の諸規則に従って行為する人は、完全に有徳であると言われていい。しかし、それらの規則についてのもっとも完全な知識でさえも、それだけでは彼をこのようなやり方で行為できるようにはしないであろう。彼自身の諸情念は、非常に彼を誤り導きやすいし、彼自身が自分のまじめで冷静な時間のすべてにおいて是認しているすべての規則を侵犯するように、ときには彼を追いやり、ときには彼を誘惑しがちである。もっとも完全な知識でさえも、もしそれがもっとも完全な自己規制によって支えられていないならば、彼は必ずしもつねに彼を自分の義務の果たしうるようにはしないであろう。(48)」

このように、スミスは、諸々の諸規則―「規則についてのもっとも完全な知識」―に従って行為する有徳な人間を評価しているが、彼の諸感情が、欲望が非常に誤り導かれる現実を提示する。スミスにおいて、自己規制とは、諸感情とどのような関係性を持ち、いかなる内容を持つかがこの篇のテーマである。

スミスは二種類の情念の抑制によって生み出される諸徳性について論じる。(49)古代の道徳学者によって説かれた、恐れと怒りに対する規則は剛毅、男らしさ、精神の強さという徳性を生み出す。一方、利己的満足の愛に対する規則は節制、品位、謙虚さという徳性を生み出す。前者はその規則の努力の強さと大きさがある程度の尊重と感嘆をかき立てる。後者はその規則の努力の斉一性と一定性がある程度の尊重と感嘆をやはりかき立てる。前者に属する徳性として「度量」をスミスは高く評価するが、この徳性を持った人々の中に、最大の犯罪を犯した者の死を前にした彼の振る舞いの中に品位と不動性が見受けられたとき、我々はその態度についてある程度の好意的配慮を払うことを指摘する。さらに、歴史上で行われた偉大な戦功や業績が、正義のあらゆる原理に反して企てられたものであっても、それらの結果にある程度の肯定的評価を我々は下すことがあることも添える。「慎慮の、正義のおよび適正な慈恵の諸指示に従って行為することは、そうでないようにすることへの誘惑がない場合には大きな値打ちを持たないように思われる」[50]とスミスは述べ、徳性に従った―それを装うような態度も含め―行為がいつも是認の対象や喝采に値するとは限らないことを明らかにしている。翻って、諸危険や諸困難にあって、それらの徳性を遂行できる高度な知恵と徳性の性格をスミスは称賛している。「恐怖に対する規制、怒りに対する規制は常に偉大で高貴である。それらが正義と慈愛によって指導されるときは、それらは偉大な諸徳性であるのみならず、そういう他の諸徳性のすばらしさを増大させる。[51]」とはいえ、自己を防衛しなくてはいけない状態の中の自己規制の危険な側面にもスミスは目を向ける。例えば、無法状態の社会のなかでの党派的均衡への洞察力である。スミスは、「この虚偽の性格もまた、しばしば、もっとも冷静でもっとも断固な勇気を伴う[52]」と提示することによって、「虚偽」―見せかけ―の徳性の存在に注意を払っている。

スミスの「同感の原理」の核心である「適宜点（the point of propriety）」に関して、我々は次のことを振り返っておかねばならない。公平な観察者が是認する情念の程度はその情念によってさまざまに位置付けられるということである。スミスは、社会において人々を結合する傾向を持つ「性向」、すなわち、高い「適宜点」を持つ性向として、人間愛、親切、自然的愛着、友情、尊重への性向を上げる。他方、人々を相互に離反させる、または人間社会の結合を破壊する傾向性のある性向、すなわち、低い「適宜点」を持つ性向として、怒り、憎悪、羨望、復讐への性向を上げる。[53] 上述の前者としての性向の過剰性について、スミスは、決して嫌悪されるものではないとし、この逆の不足は、この性向を欠く人々を社会的結合から除外するように働く旨を指摘する。一方、後者としての性向の過剰性は不足よりも不快な感情を生み出す傾向が大きいとしているが、義憤と羨望の適切な程度は社会生活を快適にするのに必要で、自らの生命や財産を保護することが必要であると同様に、自らの尊厳と身分を守るために不可欠であると、スミスは述べる。この「適宜点」の指摘こそ、感受性と自己規制の関係性の重要性をスミスが強調するところである。

スミスは、感受性の問題と関連して、真の有徳な人を次のように説明する。[54] 真の有徳な人は鋭敏な感受性を持ち、自らの状況が自然に鼓舞する無規律な情念に自己を委ねるのではなく、「胸中の偉大な同居者」＝「適宜性の感覚」が規定し、是認する抑制された正しい感情に従って、すなわち自己規制することによって、すべての態度と行為を管理する人である。さらに、自然によって鋭敏な感受性を賦与された賢明な人はいつも果敢に困難に挑むのではなく、「義務と適宜性が許す限りにおいて、彼が完全に適合しない諸境遇を回避[55]」しようとするのである。また、スミスは、個人の内において、この二つの原理―自己規制と感受性―が対立することを指摘し、自己規制の行使には適切な訓練を要することも付け加えている。

自己評価について、スミスは次のことを提示する。[56] 自らを高く評価することは心地よい感情を自らのうちに生み、一方、自らを低く評価することは不快な感情を生む。その延長線上で自己の値打ちを評価する二つの異なった基準を提示する。一つが「厳密な適宜性と完全性の観念」であり、もう一つが我々が通常の生活をするうえで、「実際に達成することができる完全性の観念」である。前者は、賢明で有徳な人が彼自身を向かわせる基準である。これは彼のすべての最高の努力にもかかわらず、自己の欠陥と不完全性を感じ、謙虚になることが常となる。一方、通常の生活の中においての「実際に達成することができる完全性」を自分で感じる人は、自らの弱点と不完全性についての感覚をほとんど持たない。この後者が、「大衆がどんなに容易に、もっとも途方もない、また根拠がない自負によって騙されるかを十分に証明している」とスミスは指摘する。とは言うものの、これまでに名声と評価を獲得してきた人々は、多かれ少なかれ「自惚れ」と「自己感嘆」を持っており、また、この「自惚れ」の効用についてもスミスは肯定的に捉えている。そして、スミスの議論は過度の自己評価としての「高慢」と「虚栄」の考察へと進む。

スミスは、「高慢」と「虚栄」を悪徳として認めているけれども、それらの性格を有する人間が、日常生活の中で、そのまま悪徳の人として扱われているか否かを問う。[57] スミスは次のように「高慢な人」と「虚栄的な人」の一般的態度について約説する。「高慢な人」は自らの優越性を確信しており、自ら想定した地位と尊厳を維持しようと努め、決して他者を真から尊重したり、媚び諂ったりしない人である。また、彼は生活面においては「虚栄的な人」が行うような誇示的な出費はせず、自らの独立性と尊厳を保ち、注意深い態度で生活する。一方、「虚栄的な人」は、心の中に優越性を確信していることはなく、彼は相手から自分が持っているより以上の評価を得ようと相手を丁重にもてなしたり、諂うのである。さらに彼は、上長者との同席を好む。また、彼の生活態度は、身分と財産に対して払われる尊敬を得たいと願い、誇示的な出費を厭わない。スミスは、「高慢」を重厚で陰鬱で厳しい情念であるとみなし、他方、「虚栄」を元気がよく快活な善良な性質の情念であるとみなす。

スミスは、確かにこの両者は悪徳であり、その悪徳の性格を有している人を普通の水準より低く位置付ける風潮があることを認めているのだが、その一般的見解に異論を唱える。スミスは、この両者を一般的水準よりもかなり高く位置付ける。彼らを本当の競争者の中において眺める。そのとき、彼らが真の優越性を保持しようとするとき、「高慢」はしばしば尊敬すべき徳性を、「虚栄」は愛すべき徳性を伴うとスミスは指摘するのである。さらに、両者の本来の性格に応じた行為の特徴として、「高慢な人」は自らに満足し、自らの性格を修正する必要を感じず、彼の自己満足と優越性を一生保持しようとする。他方、「虚栄的な人」は、他者の尊重と感嘆を得たいという欲望を持ち、その尊重と感嘆の適切な対象への欲望は、栄光に対する真実の愛であり、人間本性の最良のものとしてみなされていい旨、スミスは提示する。スミスは次に「高慢の本能」が通常の人々の幸福と満足に非常に貢献していることを解明し、この本能が社会的存在としての個人の地位の保持と誇示に役立っていることを指摘し、自己評価の基準とは、感情の「適宜点」が低く置かれるよりも高く置かれる方が、当事者はもちろんのこと、公平な観察者にとっても快適なものとなること。その反対に、過度な自己規制、つまり「卑下」や「謙遜」は、公平な観察者に必ずしも好感を抱かせるものではないこと、を明確にする。「ほとんどすべての場合に、どんな点においても、卑下し過ぎるよりも、少し高慢でありすぎる方がいいし、自己評価の感情においては、ある程度の過大は、その人物にとっても、公平な観察者にとっても、どんな程度の過少よりも、不快さが少ないように思われる。[58]」スミスの上述の議論は、我々の生活という実践的な場面での、相互的感情と行為の交換が、その時々の状況の中で適宜点の変動を生じることを見ようとした結果であると思われる。さらに、これまで一般的見解では、高く評価されていた性格や行為、低く評価されていた性格や行為を再検証することによって、各々の別の側面を再評価することを行っている。これらの考察は、諸徳性の真の評価基準の複雑性と難解性を同時に照らし出すとともに、諸徳性の尊厳と輝きを導き出す徳性としての「自己規制」の存在を強調し、近代市民社会の諸徳性の在り方と適切な社会の進展を『道徳感情論』第六版第六部が示した、と言っていいであろう。

第六版第六部の結論は、次のように締めくくられる。「自己規制の、その徳性および他のすべての徳性において、素晴らしく輝かしい資質は、つねに、その行使における偉大さと着実さであり、その行使と持続のために必要な、強い適宜性感覚である。諸効果は、あまりにしばしば、あまりに僅かしか、顧慮されないのだ。[59]」

3 労働者階級（一般の人々）の徳性について——まとめに代えて——

労働者に対する思想家の見方が変わるのは、一八世紀中盤以降となる。とくに、マンデヴィルにおいては、労働者は怠惰な存在であるから低賃金で働かせ、教育も彼らの職業の範囲内に限られるべきとして、国際的競争力の維持と財政面における教育費への負担軽減を表明していた。[60] そのことは、マンデヴィルが労働者を消費を担う存在と見做していなかった証拠でもある。しかしながら、ヒューム（David Hume, 1711―1766）、スミス両者は、明確に経済社会の担い手としての労働者を提示する。

ヒュームは『政治経済論集』で、「人々はたえず職業に従事し、その報酬として、彼らの労働の果実としての快楽だけでなく、その職業それ自身を楽しむようになる。精神は、……正直な労働への精励によって、その自然的欲求を満足させると同時に、安楽と怠惰によって育てられた場合には通常わき上がってくる［浪費への］不自然な欲求の成長を抑止するのである」[61]と述べる。これは、労働者が自らの労働に見合った報酬を受け取ることが可能であれば、彼らの職業に対するモーティヴェーション＝意欲はかき立てられ、勤勉に仕事を遂行していく姿が描かれている。適正な賃金こそ、つまり、適正な労働における報酬こそ、彼らの生活改善への努力と未来の幸福が展望できるものとなる。ここでは、すでに労働者は生活改善の努力に適合する報酬を得て、需要の担い手＝消費者としての位置づけが行われていると言える。まさに、ヒュームの言う「勤勉の精神（the spirit of industry）」が労働者の一つの徳性としての役割を果たしている。しかしながら、次にスミスが警告する通り、労働者が置かれた環境はそれだけでは済まなくなっている。産業革命を控えた助走路にいる時代の弊害をスミスは指摘する。

スミスは『国富論』の第一篇で、分業がいかに生産効率を増大させるかを提示する。ただし、その商業社会のメリットだけをスミスは強調するだけではない。同書第五篇では、分業の進展における環境の変化が、労働者にどのように影響してきたかをスミスは次のように指摘する。「大方の人間の理解力というものは、彼らが従っている日常の仕事によって必然的に形成される。その全生涯を、少数の単純な作業、しかも作業の結果もまた、おそらくいつも同じか、ほとんど同じといった作業をやることに費やす人は、様々な困難を取り除く手立てを見つけようと、努めて理解力を働かせたり、工夫を凝らしたりする機会がない。……こういうわけで、彼は自然にこうした努力をする習慣を失い、……愚かになり、無知になる。その精神が麻痺してしまうため、理性的な会話を味わったり、その仲間に加わたりすることができなくなるばかりか、寛大で高尚な、あるいは優しい感情を何一つ抱くこともできなくなり、結局、私生活の上での日常の義務についてさえ、多くの場合、まともな判断が下せなくなってしまう。自分の国の重大で広範な利害について、彼はまったく判断をすることができず、彼をそうでなくするためにきわめて特別な骨折りがなされないかぎり、彼は同様に、戦争に際して自分の国を防衛することもできない。[62]」

スミスは、同書当該箇所で、「一般の人々（common people）」への教育を論ずるところで、「一般の人々の教育はおそらく、文明化した商業社会では、ある程度の身分や財産のある人々の教育よりも、公共の配慮を必要とするだろう[63]」と述べる。さらに、「下層階級の人々」の理解力への教化も国家の配慮すべきこととして指摘する。「人間の知的能力を適切に使えない人は、できれば、臆病者以上にさえ軽蔑されるべきであり、人間本性の一層基本的な部分が、不完全で歪んでいるように思われる。[64]」スミスは、古代のギリシア・ローマの制度に言及し、「武勇の精神（martial spirit）」の必要性を主張する。「国民の武勇の精神が社会の防衛にとって何の役にも立たないにしても、臆病さの中に必ず含まれている種類の精神的な不完全さ、歪み、惨めさが、国民大衆に広がるのを防止することは、やはり政府のもっとも真剣な配慮に値するだろう。[65]」

このように、商業社会の展開は、確かに生産上の大革命を及ぼしたが、同時に、単純労働に従事する人々、下層階級の人々が「知的能力」を行使することをやめたり、失っていく環境に対して、国家が教育を施すことの重要性をスミスは強調している。

ここでは、ヒュームの「勤勉の精神」、スミスの「武勇の精神」が提示されることで、近代市民社会の実践的徳性の在り方と重要性・必要性が明確に強調されている時代的情景が見て取れよう。

［註］

（1）佐伯啓思『貨幣・欲望・資本主義』新書館、二〇〇〇年、三四七頁。

（2）佐伯啓思『「市民」とは誰か―戦後民主主義を問いなおす―』ＰＨＰ新書、一九九七年、一七五～六頁。さらに、第六章「日本人であることのディレンマ」を全体として参照されたい。

（3）プラトン『国家』（上）藤沢令夫訳、岩波文庫、一三三頁。

（4）同書、一四六頁。

（5）佐伯啓思、『「市民」とは誰か―戦後民主主義を問いなおす―』ＰＨＰ新書、一九九七年、一三二～一四三頁。さらに、第五章「「祖国のために死ぬ」ということ」を全体として参照されたい。

（6）Thucydidis, *Histoiae*. トゥキュディデス『歴史』西洋古典叢書、京都大学学術出版会、二〇〇〇年、二〇二頁。佐伯氏は、同書にてペリクレスのアテネ市民を前にした演説を取り上げ、古代ポリス市民の徳性の一端を提示する。

（7）J. G. A. Pocock, *The Machiavellian Moment : Florentine Political Thought and the Atlantic Republican Tradition*, Princeton University Press, p.37. J. G. A. ポーコック『マキャベリアン・モーメント―フィレンツェの政治思想と大西洋圏の共和主義の伝統―』田中秀夫・奥田敬・森岡邦泰訳、三五頁。

（8）Niccolo Machiavelli, *The Prince*：translated with an introduction by George Bull, Penguin Classics, p.130. マキアヴェッリ『君主論』黒田正利訳、岩波文庫、一五三頁。

（9）Cf. J. G. A. Pocock, *ibid*, pp.40-41. 田中・奥田・森岡訳、三八頁。「戦争と政治的手腕を通して自らの世界に働きかけることで、市民的徳性（civic virtue）の実践者は、自分自身に働きかけていた。つまり、彼は市民としての自分の固有の仕事を果たし、行動を通して人間が本性的にそうであり、またそうであるべきだとアリストテレスが言ったもの、すなわち政治的動物に自らを変えていたのである。」また、邦訳には、第四部として「『マキアヴェッリアン・モーメント』をめぐる論争を回顧して」が加えられており、第一六章「『マキアヴェッリアン・モーメント』再訪―歴史とイデオロギーの研究」と第一七章「『マキアヴェッリアン・モーメント』をめぐる三十年間の論争―二〇〇三年版（新版）への後書き」が収めてある。その中の第一七章からも、ポーコックの言葉を拾っておく。同邦訳書五〇九頁、「能動的な市民生活の理念はフィレンツェ人によって定式化されたこと、それらの理念はアリストテレスによって表明された〈政治的動物〉の理念に依存したと言いうること、またそれらの理念は市民による武器保有と同一視されるようになったということである。」さらに、同邦訳書五一一～一二頁、「ローマ人は市民の特徴としての〈ウィルトゥス〉を知っており、それを公共的訓練のなかで発揮されるものとしてだけではなく、それ自体善なるものとしてその訓練陶冶を宗教的に尊敬する点に本質があるものとしても考えていた。これはマキアヴェッリがそう呼んだとおりの〈ヴィルトゥ〉であり、それをローマ人はもっていて失った。それはとても公共的であるとともに強烈に個人的でもあった。したがって、それを「市民的人文主義」のカテゴリーに含めるべきだという主張は、市民の個人的な自律を彼の直接的な公共的行為能力と同一視するという主張である。」を参考として提示しておく。

（10）Erasme, *Eloge de la Folie*.『エラスムス　トマス・モア―世界の名著22―』渡辺一夫責任編集、中央公論社、一九八〇年、五九頁。

（11）St. Thomas More, *Utopia*. トマス・モア『ユートピア』澤田昭夫訳、中公文庫、一九九三年、七四～五頁。

（12）*Ibid.* 澤田訳、二四三～四頁。

（13）Martin Luther, *De servo arbitrio.* ルター『ルター――世界の名著23――』松田智雄責任編集、中央公論社、一九七九年、一九一頁。

（14）Thomas Hobbes, *Leviathan,* introduction by A.D.Lindsay, Everymans Library No.691, 1965, p.63.『リヴァイアサン』水田洋訳（一）、一九九三年、二〇七頁。

（15）*Ibid.,* p.170. 水田洋訳（二）、二三七頁。

（16）John Locke, *Two Treaties of Government,* introduction by W.S.Carpenter, Everymans Library 1984, p.119.『市民政府論』鵜飼信成訳、岩波文庫、一九八三年、一二頁。

（17）*Ibid.,* pp.120-1. 鵜飼信成訳、一四頁。

（18）*Ibid.,* p.122. 鵜飼信成訳、一六～七頁。

（19）*Ibid.,* p.132. 鵜飼信成訳、三七頁。

（20）*Ibid.,* p.134-5. 鵜飼信成訳、三八～九頁。

（21）Cf. Hans Immler, *Natur in der ökonomischen Theorie,* Westdeutscher Verlag, 1985.『経済学は自然をどうとらえてきたか』栗山純訳、農文協、一九九三年、第一部「古典経済学以前―古典経済学―マルクス」第三章「ジョン・ロック」において、ロックの神概念への言及、さらに彼の労働価値学説の源泉がこれまでの環境破壊の元凶である旨を論じている。

（22）John Locke, *An Essay concerning Human Understanding,* edited with an Introduction by Peter H. Nidditch, Clarendon Press, Oxford, 1975, p.241.『人間知性論』大槻春彦訳（二）、岩波文庫、一四〇頁。

（23）*Ibid.,* p.263. 大槻春雄訳（二）、一七九頁。

（24）*Ibid.,* p.268. 大槻春雄訳（二）、一九二頁。

（25）Cf. *Ibid.,* p.267-8. 大槻春雄訳（二）、一八八～九頁。ロックは次のように自らの「激情の統御」の必要性を述べている。「私たちの欲望への早急過ぎる盲従を抑止し、激情をやわらげ拘束して、知性が自由に検討でき、理知が偏らずに判断できるようにすることは、真の幸福への私たちの行為の正しい指図がもとづくところのものであるから、この点にこそ、私たちは主として気を付け、努力すべきである。」

（26）John Maynard Keynes, *The Collected Writings of John Maynard Keynes*, London : Macmillan and Cambridge University Press, 1971-89, Vol.VII, pp.359-64『雇用、利子および貨幣の一般理論』間宮陽介訳（下）、岩波文庫、一五四～六三頁。

（27）Bernard Mandeville, *The Fable of the Bees or Private Vices, Publick Benefits*, with a commentary critical, historical, and explanatory by F.B.Kaye, Vol.I, Library Classics, 1988, p.25.『蜂の寓話』泉谷治訳、法政大出版局、一九八五年、二一頁。

（28）*Ibid.*, p.184. 泉谷治訳、一六八頁。

（29）*Ibid.*, p.369. 泉谷治訳、三四〇頁。

（30）*Ibid.*, p.337. 泉谷治訳、三〇九頁。

（31）*Ibid.*, p.367. 泉谷治訳、三三八頁。

（32）Adam Smith, *The Theory of Moral Sentiments*, The Glasgow edition ed. By D.D.Raphael and A.L.Macfie, 1976, p.309.『道徳感情論』水田洋訳、筑摩書房、一九七三年、三八七頁。

（33）*Ibid.*

（34）Cf. *ibid.*, pp.309-11. 水田洋訳、三八七～九〇頁。

（35）スミスの第六版増補改訂におけるストア学派の評価の変更については、次の拙書、伊藤哲『アダム・スミスの自由経済倫理観—セルフ・コマンドと自然的自由—』八千代出版、二〇〇〇年、第一部「古代への応答—『道徳感情論』のなかのストア学派—」を参照されたい。

（36）Adam Smith, *The Theory of Moral Sentiments*, p.312. 水田洋訳、三九一頁。

(37) *Ibid.*, p.293. 水田洋訳、三六四頁。
(38) Cf. *ibid.*, pp.141-2. 水田洋訳、二五三〜四頁。
(39) *Ibid.*, p.143. 水田洋訳、二五四頁。
(40) *Ibid.*, p.213. 水田洋訳、四四五頁。
(41) *Ibid.*, p.216. 水田洋訳、四四八頁。
(42) *Ibid.*, p.218. 水田洋訳、四五一〜二頁。
(43) *Ibid.*, p.224. 水田洋訳、四五八頁。
(44) *Ibid.*, p.228. 水田洋訳、四六三頁。
(45) *Ibid.*
(46) *Ibid.*, p.234. 水田洋訳、四六八頁。
(47) *Ibid.*, p.237. 水田洋訳、四七二頁。
(48) *Ibid.*, p.237. 水田洋訳、四七三頁。
(49) Cf.*ibid.*, pp.237-46. 水田洋訳、四七三〜八二頁。
(50) *Ibid.*, p.241. 水田洋訳、四七六頁。
(51) *Ibid.*, p.241. 水田洋訳、四七七頁。
(52) *Ibid.*, p.242. 水田洋訳、四七七頁。
(53) Cf.*Ibid.*, pp.242-44. 水田洋訳、四七八〜九頁。
(54) Cf.*Ibid.*, pp.244-5. 水田洋訳、四八〇〜一頁。
(55) *Ibid.*, p.245. 水田洋訳、四八一頁。
(56) Cf.*Ibid.*, pp.244-5. 水田洋訳、四八六〜八頁。

（57）Cf.*Ibid.*, pp.255-7. 水田洋訳、四九一～四頁。
（58）*Ibid.*, p.262. 水田洋訳、五〇〇頁。
（59）*Ibid.*, p.264. 水田洋訳、五〇五頁。
（60）Mandeville, op.cit., I, pp.192-4. 泉谷治訳、一七六～八頁。
（61）David Hume, *Essays, Moral, Political and Literary*, edited and with a Foreword, Notes, and Glossary by Eugene F. Miller, revised Edition, Indianapolis, Library Fund, 1987. p.270. ヒューム『道徳・政治・文学論集』田中敏弘訳、名古屋大学出版会、二〇一一年、二二二頁。
（62）Adam Smith, An Inquiry into the Nature and Causes of the Wealth of Nations, The Glasgow edition ed. By R.H.Campbell and A.S.Skinner., textual editor W.B.Todd, pp.781-2.『国富論』大河内一男監訳（Ⅲ）、中公文庫、一四三頁。
（63）*Ibid.*, p.784. 大河内監訳、一四五頁。
（64）*Ibid.*, p.788. 大河内監訳、一五三頁。
（65）*Ibid.*, p.787. 大河内監訳、一五二頁。

補論　アダム・スミス「見えざる手」と「有徳」性

永井四郎

アダム・スミスの二大著作『道徳感情論』（一七五九）と『国富論』（一七七六）における利己心と利他心にかかわる議論に大きな段差があるとし、一七五九年から一七七六年の間にスミスに何が起こったのかという問いかけが研究者の間に生まれた。それはいわゆる「アダム・スミス問題」として現在まで受け継がれているが、未だ論者の間で議論の一致が見られていないように思われる。問題の核心は、『道徳感情論』を『国富論』の思想的基盤としてどのように位置付けるかという点である。

本稿では、従来の論者が着眼してこなかった事項に注目し、彼が論ずる利己心の問題、および「見えざる手」とそこから生ずる有徳性とは何かを探ってみたい。

1　スミスの聖書信仰

スミスの「見えざる手」と彼の有徳性を論ずる場合、彼の聖書信仰に注目することは不可欠の要件である。なぜならば「見えざる手」と彼の意図する有徳性とは、聖書に対する信仰を軸として貫かれているからである。

スミスは、「神のものである正義の純粋性が人間のさまざまな犯行（神への反逆・神なしとして生きること）に対してとりなされうるには、何か他のとりなし、何か他の犠牲、何か他の贖罪が人間自身のなしうるところを超えて、人間のためになされなければならない。」（水田　洋訳『道徳感情論』上・

岩波文庫二三九頁）と述べている。これは聖書信仰者の神への感謝をささげる最大の根拠になる部分であり、スミス自身「宗教は徳の実行に対して、たいへん強い諸動機を提供し、悪徳の誘惑からわれわれをたいへん強い諸抑制によって守る。」（同上訳書三五九頁）としている。このとき「個別的な諸対象に対するすべての愛着はその人の胸から消し去らなければならず、それらの愛着に一つの大きな愛着が取って代わらなければならない。その愛着とは最高存在への愛である。この段階に至ると人は、感謝の念から感謝してはならず、人間愛から慈善的であってはならず、国への愛から公共精神を持ってはならず、人類への愛から寛容と正義を持ってはならないことに気付くのである。こうした行為の唯一の原理と動機は、神が人にそれらを遂行せよと命令したという感覚でなければならない。」（同上訳書三五九～三六〇頁）のであり、このときその人の行動のあらゆる部分について、完全な適宜性が保証されるのである。

2 「見えざる手」の真意

スミスは『道徳感情論』の中で、「富裕なひとびとの生まれつきの利己性と貪欲にもかかわらず、かれらは、自分たちのすべての改良の成果を、貧乏な人びととともに分割するのであって、たとえかれらは、自分たちだけの便宜を目ざそうとも、また、かれらが使用する数千人のすべての労働によってねらう唯一の目的が、かれら自身の空虚であくことを知らない諸欲求の充足であるとしても、そうなのである。かれらは、「見えない手」に導かれて、大地がそのすべての住民のあいだで平等な部分に分割されていたばあいに、なされただろうのとほぼ同一の、生活必需品の分配をおこなうのであり、こうして、それを意図することなく、それを知ることなしに、社会の利益をおしすすめ、種の増殖にたいする手段を提供するのである。神慮が大地を、少数の領主的な持主に分割したときに、それは、この分割において除外されていたように思われる人びとを、忘れたのでも見捨てたのでもない。これらの最後の人びともまた、大地が生産するすべてにたいする、かれらの分け前を享受するのである。」（水田　洋訳『道徳感情論』下・岩波文庫二四頁）と述べている。さらに、「この世におけるすべての出来事は、賢明で強力で善良な神の神慮によって導かれているのであるから、われわれは何事が起ころうともすべては全体の繁栄と完成に向かっているのだということを確信してよい。われわれはときとして貧困、病気、災害に見舞われる状況に直面する。その場合われわれは何よりもまず、自分自身をこの不快な事態から救い出すために最大の努力をすべきである。そしてわれわれのなし得るすべてをした後に、これが不可能であることが分かったならば、宇宙の秩序と完全性がしばらくの間引き続きこの境遇にあることを求めているということに満足して安んじるべきなのである。……宇宙の秩序は、われわれが引き続きこの境遇にあることを求めていないことは明白である。」（同上訳書二四二～二四三頁）とも断言しており、彼の意図した「見えざる手」は、市場にかかわるものだけではなく、人間の出来事についても働くのだとし、「神の見えざる手」であると断定できる。

『国富論』においては、「一般にどの個人も公共の利益を推進しようと意図していないし、どれほど推進しているかを知っているわけでもない。国外の勤労よりは国内の勤労を支えることを選ぶことによって、彼はただ彼自身の安全だけを意図しているのであり、またその勤労を、その生産物が最大の価値をもつようなしかたで方向づけることによって、彼はただ彼自身の儲けだけを意図しているのである。そして彼はこのばあいにも、他の多くのばあいと同様に、見えない手に導かれて、彼の意図のなかにまったくなかった目的を推進するようになるのである。（傍線筆者）」（水田　洋監訳『国富論2・岩波文庫三〇三頁）と記されている。ここで注目すべきは、「他の多くのばあいと同様に」という語であり、これは彼が『道徳感情論』において意図した「見えざる手」の広さと深さを示すものであり、その思想は『国富論』にも貫かれているのである。

すなわち『国富論』の土台となる思想は『道徳感情論』において確立しており、決して互いに相反するものではない。『道徳感情論』におけるスミス思想は、彼の聖書信仰に立脚しており、経済体系を論ずる目的を有する『国富論』では、信仰的側面をヴェールで覆ったにすぎないのである。

3　徳の本性

スミスによると、徳の本性は次の三つに分類される。

① われわれ自身の幸福への関心としての慎慮
② 他者の幸福への関心としての正義（われわれを抑制して他者に害を与えないようにする）
③ 慈恵（われわれを促して他者の幸福を促進させる）

すなわち完全な慎慮、厳格な正義、適切な仁愛の諸規則にしたがって行為する人が完全に有徳な人であるが、この状態はどのようにして実現できるか。これはスミス道徳論の核心であり、『道徳感情論』の中での次の言葉が暗示している。「自分のふるまいと行動の全体を胸中の偉大な同居者、偉大な半神（the great inmate, the great demigod within the breast）が規定し、是認する、抑制され訂正された諸情動にしたがって統御する人、そういう人だけが本当に徳のある人であり、愛と尊敬と感嘆の唯一の本当で適切な対象なのである。無感覚と尊厳および適宜性の感覚に基づく高貴な不動性、崇高な自己規制とはまったく同じとはとうていいえないのであって、前者が生じるに比例して後者の値打ちは多くの場合まったく除去されるほどなのである。」（水田　洋訳『道徳感情論』下・岩波文庫一七〇頁）

ここで『道徳感情論』において、スミスが論じようとしていたテーマを明確化するため、以下のような三つの領域を想定しよう。

A：神聖な存在　　B：行為者としての私　　C：AとBの共通領域

領域Cは、次の二つの作用（i）および（ii）が同時に起こることによって生ずる。
（i）神聖な存在が行為者に働きかける。
（ii）行為者は神から与えられた「良心」の働きのゆえに、自分自身の行動を検査しようとする。

行為者としての私は、いわば自分をふたりの人物
（B－1）検査官であり裁判官である私（観察者）
（B－2）行為者としての私（私自身であり、前者に対して被告）
に分割する。（B－1）は、自分の行動が検査され裁判される人物である（B－2）の私とは違った性質を現わす。私は自分を（B－1）の立場に置くことによって、またその特殊な観点から見られた場合に、自分の行動が私にどう見えるだろうかを考えることによって、私自身の行動についての彼すなわち（B－1）の諸感情に入り込もうと努力する。また（B－2）は、私が私自身と呼ぶのが正当な人

物であって、その人物の行動について、私は（B‐1）の性格である意見を形成しようとするのである。

あとがき

『国富論』の根底に脈打つスミス思想を一言で述べるとすれば、それは『道徳感情論』において表明された彼の天地万物を創造した神への信仰である。これは現代経済学に携わる者にとって、きわめて奇異に聞こえるであろうが否めない事実である。スミスの言う利己心に基づく個人の経済行動とは、前項の二つの作用（i）、（ii）を胸中に持ち、それを制約条件として自分の経済的利益を最大化することである。ただし、現実にはさまざまな行為者が存在している。この事実について、スミスは『国富論』で次のように語っている。「もしある国民が完全な自由と完全な正義を享受しなければ繁栄できないというのであれば、かつて繁栄しえた国民は世界に一つもないことになる。…人間の愚行と不正の多くの悪い結果を訂正するために、自然の英知が幸いにも十分な用意をしてくれたのである。」（水田　洋監訳『国富論』3・岩波文庫三一七〜三一八頁）ここで「自然（Nature）」という語は、『道徳感情論』にも度々登場するが、それは最高存在を意味し、創造の秩序を連想させる。さらにここで見落としてならないのは、「自然の英知が幸いにも十分な用意をしてくれた」という彼の言葉である。明らかにこれは「見えざる手」の存在を暗示するものである。すなわち市場の動きに「自然の英知」＝「神の摂理」が働くというのである。このように『国富論』の根底には『道徳感情論』において見られたスミス思想（聖書信仰）が脈打っているのである。

スミス道徳論の核心は、胸中の偉大な同居者（神聖な存在）によって導かれた行為のうちにこそ真の徳が見出されるという点にある。一方で正義に反する行為があったとしても、そこから生ずる悪い結果は「神の見えざる手」の働きによって社会的に望ましい状態に導かれるというのである。したがって「スミスの有徳」性は、彼の聖書信仰と切り離して理解することはできないのである。

補論　古代キリスト教会の「有徳」性
――イエス・キリストの平和主義をめぐって――

安井　聖

1　平和主義の徳目に生き得なかった教会の歴史

イエス・キリストは、いっさいの戦争・暴力を否定する平和主義者であられた。イエスは山上の説教において、「平和を実現する人々は、幸いである、その人たちは神の子と呼ばれる」（マタイによる福音書第五章九節）と言われ、「敵を愛し、自分を迫害する者のために祈りなさい」（同第五章四四節）とお教えになった。またご自分が逮捕される際にゲッセマネの園で、「剣を取る者は皆、剣で滅びる」（同第二六章五二節）と言われた。

イエスが教えまた生きられた平和主義の徳目は、後のキリスト者たちに一定の影響を与えた。例えばメノナイト派をはじめとするアナバプテストの伝統に生きる教会は、平和主義の徳目を何よりも重んじられるべきイエスの教えと理解し、いかなる戦争も否定されるべきであると主張し続けてきた。また日本人にもよく知られているキング牧師（一九二九―一九六八）は、アメリカにおける黒人の基本的人権を勝ち取るために公民権運動を指導した際、「悪人に手向かってはならない。だれかがあなたの右の頬を打つなら、左の頬をも向けなさい」（マタイによる福音書第五章三九節）というイエスの言葉を掲げて、非暴力主義によって運動を展開することを志した。

しかしこのような事例はごくわずかであり、概してキリスト者たちの行動はイエスの平和主義の徳目によって規定されてきたとは言えない。メノナイト派の神学者である矢口洋生は、次のように述べている。「第二次世界大戦後に平和憲法が成立してから、日本では平和を求めるのが国民の当たり前の心情と理解されてきた。加えて、新約聖書に目を転じると、イエス・キリストは愛を説く『平和の君』と呼ばれる。イエス・キリストの生涯は平和を体現したものである。そのためか、信仰の有無を問わず、日本ではキリスト教＝平和主義と自動的に理解されてきたように思える。しかしキリスト教＝平和主義というイメージは、日本の特殊状況から生まれた幻にすぎない。実際、キリスト教あるいは『キリスト教国』の歴史を眺めると、戦争と無縁の時代はほとんどない。キリスト教徒と他宗教の者との戦争のみならず、キリスト教徒同士の戦争も数多く行われてきた。思想的にも、神学的にも、キリスト教の主流的教えは平和主義とは言えない」[1]。確かに教会の歴史において起こった十字軍、宗教戦争、キリスト教国と呼ばれた国々による戦争の数々を考えると、イエスの教えに反する歩みを重ねてきたと言わざるを得ない。

キリスト教会の信仰は四世紀にローマ帝国の国教となり、国家体制の中に組み込まれ、政教一体のキリスト教社会が誕生する。国家は戦争という政治的選択を決して排除できないのであり、教会はその国家と歩みを共にするようになったことでイエスの平和主義に生き得なくなった、と一般的に理解されている。矢口もまた国教化に伴い、イエスの平和主義とは違う生き方として、アンブロシウス（三三九―三九七）やアウグスティヌス（三五四―四三〇）といった教父（古代キリスト教思想家）たちが「正義の戦争」という思想を展開したことを指摘している[2]。

2　国教化以前のキリスト教会は平和主義の徳目に生き得たか?

国教化に原因があるのであれば、それ以前の教会は厳格な平和主義に生きてきたのではないか。このテーマについての研究論文を発表した木寺廉太は、次のように述べている。「研究を進めるうちに明らかになり、筆者が少なからず当惑したことは、キリスト教史の最初の三世紀間においても、厳格な平和主義の立場が明確に貫かれていたのではないことであった」[3]。その考察の範囲を「ミラノの勅令」(三一三)までに限定している本書が明らかにするのは、国教化以前においてすでに教会が厳格な平和主義に生きることができなかった、ということである。

本書において大きな論点となっているのは、教父たちがローマ帝国をどのように受け止めていたかという問題である。教会は一時的、局地的にローマ帝国から迫害を受けることはあったが、全体的にみると「ローマの平和(パクス・ローマーナ)」を享受しており、教父たちは国家が悪魔化しないかぎりその存在意義を認め、支配者への服従を信徒に説いていた。それだけではなく帝国の繁栄や皇帝の安寧を祈願する伝統が、教父たちの言葉によって跡付けられている。またユスティノス(一〇〇頃—一六五頃)はローマの支配体制を擁護しながら教会と国家との間の積極的な関係を確立しようとしているし[4]、テルトゥリアヌス(一五五頃—二二〇頃)は皇帝を神に次ぐ存在と見なし、さらにこの世の終わりの速やかな到来よりも帝国の永続を願っている[5]。しかし「ローマの平和」はローマ帝国の強大な軍事力に支えられた平和に他ならないのであり、こうした帝国との協調的な姿勢は結果的に戦争を肯定してしまうことになる。

この他にも本書は様々な角度から教父たちの戦争・軍隊・平和観を考察していくが、そこで最大の関心を払って取り上げている論点は、「キリスト教徒が兵役に就くことは許されるのか」という信徒の兵役の問題である。[6] 必ずしも平和主義に立っていたとは言えない教父たちが、しかし一方で真の平和を求め、愛敵の教えを守り、殺人を忌避したことも事実であり、一七〇年代にはすでに兵役の忌避が教会の中で受け入れられていた。[7] それにもかかわらず信徒の兵士が増え続けている現状を前にして、教父たちは実際的な対応に迫られた。ヒッポリュトス（一七〇頃―二三五）は志願兵になろうとしている信徒には入隊を厳しく禁じているが、兵役に就いている間に改宗した兵士は殺人を犯さなければ軍隊に留まってもよいとしている。[8] アレクサンドレイアのクレメンス（一五〇頃―二一五頃）は信徒の兵役の問題に切実に直面することはなく、むしろ兵士を単なる職業の一つと理解しながら、ヒッポリュトスと同様に兵士が改宗しても軍隊に留まってもよいとしている。[9] それに対してオリゲネス（一八五―二五四）は殺人の忌避という平和主義的な理由で信徒の兵役に反対している。しかしその際、社会の中での分業的な意味で、多数の戦う人（非キリスト者）と少数の祈る人（キリスト者）を区別する言わば「二重の倫理」を導入しており、あらゆる戦争を否定する立場に立っていたとは言えない。[10] テルトゥリアヌスは信徒が兵役に就くことを禁止しており、他の教父たちよりもこのことを厳格に受け止めていた。しかし当時除隊は脱走を意味し、死罪にあたるものであったので、改宗した兵士のすべてに殉教を覚悟して除隊を命じることはせず、信仰にもとることをしなければ兵士として留まることができると譲歩し、ヒッポリュトスの考えに近づいている。[11]

確かに木寺が明らかにする教父たちの姿は、イエスのお教えになった平和主義の徳目に完全に従っていたとは言えないであろう。しかしそのような中で、信仰に導かれた兵士たちは必ず死を覚悟して兵役を離れなければならないか、という問題に苦慮しているヒッポリュトスとテルトゥリアヌスの姿は印象深い。この二人の教父たちは、イエスの教えに従おうとする信徒の兵士たちと一緒になって困難の前に共に立ち、どうすれば平和主義の徳目に生きることができるだろうかと彼らと共に苦悩しながら、懸命に道を求めているように思われる。そこには苦悩しつつも、共に支えあい、励ましあいながらこの徳目に生きようとする共同体の姿が浮かび上がる。思えばメノナイト派の人々も、キング牧師も、決して孤高の戦いをしたのではなく、困難を覚え、苦悩しながらも、この徳目にかけがえのない意義を見出した仲間たちと一緒になってその道を歩んだのである。

3　有徳性を担う共同体の形成

メノナイト派の歩みを高く評価し、現代のアメリカ社会においてイエスの平和主義の徳目を意義あるものにしようと果敢に挑戦する二人の神学者、S・ハワーワスとW・H・ウィリモンは次のように述べている。「山上の説教は、本来、コロニーの民に向けて語られた言葉であって、個人に向けて語られたものではない。なぜなら、キリスト者のもっとも陥りやすい失敗は個人主義だからである。非暴力の共同体に加わることによってのみ、暴力的個人はまともになることができる。山上の説教は、英雄的個人主義をサポートするためでなく、むしろ神が完全であるようにわたしたちも完全な者になるように要求し、神がわたしたちにされたようにわたしたちも他者にするように要求して、その個人主義を打ち破ろうとするのである」[12]。これは、古代キリスト教会の姿によく当てはまる。彼らは、イエス・キリストの平和主義の徳目に生きようとする共同体を形成していた。そのように共同体としてイエスのお教えになった徳目に生きようとしていた姿にこそ、古代キリスト教会の有徳性の特質がある。

［註］

（1）東京ミッション研究所ヨーダー研究会編『ジョン・H・ヨーダーの神学――平和をつくり出す小羊の戦い』新教出版社、二〇一〇年、一一〇頁。
（2）同書、一一〇頁。
（3）木寺著『古代キリスト教と平和主義――教父たちの戦争・軍隊・平和観』立教大学出版会、二〇〇四年、二四六頁。
（4）同書、二七頁。
（5）同書、七五～七七頁。
（6）同書、iページ。
（7）同書、一～三、六六～六七頁。
（8）同書、三九～四一頁。
（9）同書、四八頁。
（10）同書、七〇～七一頁。
（11）同書、九三～九五頁。
（12）ハワーワス・ウィリモン著『旅する神の民――「キリスト教国アメリカ」への挑戦状』（東方敬信・伊藤悟訳）教文館、一九九九年、一〇〇～一〇一頁。

III

イギリス現代社会の「有徳」性

――アンソニー・ギデンズの所論を手懸りとして――

高橋一得

序

本章は、グローバル化が深化するイギリス現代社会において、「有徳」性がどのような意味をもち、またどのような有効性を見出すことができるのかといった問いをイギリスの社会学者アンソニー・ギデンズの議論を手懸りとして考察しようとするものである。

知られるように、ギデンズはイギリスばかりでなく世界的に高名な社会学者である。ギデンズが提起した構造化理論や政治哲学としての「第三の道」は、世界規模で議論を喚起した。ただし、本論で着目するアダム・スミスの「有徳」性に関して、ギデンズが直接論じることはない。また、ギデンズによるスミスへの言及もほとんどない。(1)

しかし、ギデンズの社会理論の中には、スミスと共通する視点を見いだすことは可能である。それは単にギデンズが、スミス同様、ヨーロッパ大陸と離れたブリテン島の理論家であるという地理的な共通性から導き出される理論的指向性だけを指すのではない。両者とも「善い社会」とは何かを模索した社会思想家の理論的系譜に置かれるということである。[2] 例えば、スミスは資本主義社会の中で人々がいかに適切に生きていくことが可能かということを分業論によって示した。[3] 一方、ギデンズは社会主義の刷新を模索して、いかに「善い社会」(Good Society) が形成しうるかといった点を考察していった。

本論において、「善い社会」を希求する態度に、スミスとギデンズの共通性を認めることにしたい。イギリス現代社会の「有徳」性を析出するための思想的基盤をギデンズの議論から析出するには、彼らの「善い社会」への傾向を穿鑿することが肝要であると考える。

本章では、最初にギデンズの社会理論の特質について述べる。そして第二に、イギリス現代社会の基層にあるグローバル化の特質について触れる。第三に、グローバル化が引き起こす多様性や複数性を前提としながら「善い社会」を構想する際に拠るべき考え方となる連帯性の復権と、その際にギデンズによって提起される能動的信頼の概念に言及する。第四に、「善い社会」をギデンズが構想する際に依拠した、介入的な性格をもつ自由主義であるイギリスの倫理自由主義に触れる。こうした議論を経て、最後にイギリスの現代社会における「有徳」性の考え方を見出す視点を提起する。

1　ギデンズ社会理論の射程

1　ギデンズの経歴と理論

ギデンズは、一九三八年生まれのイギリスの社会学者である。ハル大学卒業後、ロンドン・スクール・オブ・エコノミックス（LSE）で修士課程を学ぶことになる。その後、イギリスやアメリカの大学を経て、一九七一年からケンブリッジ大学で教鞭をとった。一九九四年には、LSEの学長に就任した。また、イギリスの首相であったトニー・ブレアの重要なブレーンでもあり、自身も後に貴族院議員になっている。こうした経歴とともに、ギデンズは多くの著書を刊行している。その著作があまりにも多いため、「ギデン」という執筆集団のグループが「ギデンズ」と名乗っているのではないかという冗句まであるくらいである。

多くの著作がある中で、構造化理論と「第三の道」の二つの議論を、ギデンズの代表的議論として挙げることが出来よう。

構造化理論は、ギデンズの代表的な社会理論である。構造化理論は、行為と社会構造といった二元論的な課題の乗り越えを理論的目的とした。そこには日常生活における諸個人の生活の営みを重視し、理論的には「主体の回復」を目指したものである。(4) このことは構造主義や機能主義が、諸個人を社会の結節点としてしか見なさず、諸個人の日常における自らの営みを充分理論化できないという批判的視点から構築された。言い換えれば、社会秩序や行為を導きだす資源としての構造に拘束されながら、行為主体者自身の意志において行為を創出する行為主体を理論化したものである。構造化理論は、諸個人の日常的実践に重要性を見いだし、諸個人の主体的な行為が社会を形成していく視点を提起するのである。

一方、「第三の道」は、「社会民主主義の刷新」を目指す政治哲学である。(5) すなわち、イギリスにおける社会民主主義の伝統を、グローバリゼーションが深化していく時代に再考しようとした試みであった。(6) ギデンズが主張するのは、グローバリゼーションに対応した社会民主主義の在り方である。自己の自律性を高めると同時に、そうした自己の自律性を損なうことのないようにセーフティーネットとしての機能を社会に付与する議論である。これらの議論によってギデンズはイギリスばかりでなく、世界的に有名な社会理論家の一人と数えられることになる。

2　イギリス的思想系譜としてのギデンズ

ギデンズの社会理論の特質として「非イギリス的」と指摘される場合がある。[7] その意味するところ、彼の社会理論がヨーロッパ大陸の現代思想や、アメリカの社会学に拠っていると考えられるからである。また、経験的調査を中心として、そこから社会政策を論じるといった特質があるイギリス社会学の知的伝統とは異なる理論形成をギデンズは行っているといえる。これらの点から、彼はイギリス的ではない社会学者、あるいは社会理論家と見なされる。

しかし、こうした見方はギデンズのある一側面しか捉えていない。ギデンズの社会理論は以下に示す理由からイギリス的知的伝統の系譜の中にあると考えるのは不自然なことではない。それが直接に理解できるのは、まず「第三の道」に関する議論である。ここでギデンズは「社会民主主義の刷新」を説き、倫理的自由主義の視点に触れるのである。[8] 社会民主主義はイギリス的伝統の政治様式であり、またその際に依拠した倫理的自由主義も一九世紀末のイギリス的思想上の自由主義思想のひとつの潮流に着目するのである。無論、ギデンズは、そうした考え方を無前提に受け入れるのではなく、現代社会との適合性を再考する。ここで留意するのは、ギデンズが「第三の道」の議論において、イギリスの思想的伝統に敏感であったという点である。

次にギデンズの社会理論の中にイギリス的なものを見いだすとすれば、それは行為主体の考え方である。先にも示したように、構造化理論は「主体の回復」を理論的な目標とした。諸個人の行為における自発的な行為の創発過程と、その意識の問題を理論化しようとしたのである。こうした考え方を社会構造といったマクロな視点との関連性において論じようとした。ギデンズのこのような理論的指向性は、例えば、イギリスの歴史学者のエマーソン・P・トムソンの考察と重なる。トムソンの有名な『イングランドにおける労働者階級の形成』で書かれている諸個人とは社会構造の結節点として論じられるのではなく、主体的な行為を創発する主体として理論化されている。それは諸個人の意識の問題に焦点が当てられているのである。トムソンが論じたのは、諸個人に先行して社会的な階級意識があるのではなく、社会的状況を受け止めながら労働者は労働者階級の意識を形成していくという過程である。こうした議論は、行為主体の日常での営みが自身の意識を形成していくと同時に、社会的な意識をも形成していくといった理論図式をもっている。ここでは、諸個人の主体的意識が、再帰的に社会的意識を形成することを指摘しているのである。トムソンの階級意識の形成の議論における行為主体の考え方は、ギデンズのそれと近いといえる。(9) こうした点からもギデンズは非イギリス的な社会理論家と言うことは出来ず、むしろイギリス的知的伝統の上に、社会理論を構築していることが理解できる。

改めて、このような指摘を行うのは、本論がスミスによって提起された「有徳性」に焦点をあてることと関連する。一見すると、イギリスの知的伝統に直接負っているとは言い切れないギデンズも、しかし、その根底にイギリス的な社会理論的な視点が共有できる。このことを理解しておくことは「有徳」性を考える際にも重要だと考える。

2　イギリス現代社会とグローバリゼーション

現代のイギリスはＥＵからの離脱（Brexit）をめぐる状況が世界から着目されている。[10] 無論、筆者には、そうした話題を正面から論じる余裕はない。とはいえ、イギリス現代社会と銘打っている以上、そのような状況に対して一定の方向性を示すことは必要だと考える。

本論では、イギリスのＥＵ離脱をグローバリゼーションの帰結として考えたい。グローバリゼーションとは、まず「人・もの・金が国境を越えて移動する」ことによって、「ある場所で生ずる事象が、はるか遠く離れたところで生じた事件によって方向づけられたり、逆に、ある場所で生じた事件がはるか遠く離れたところで生ずる事象を方向づけていくというかたちで、遠く隔たった地域を相互に結びつけていく、そうした世界規模の社会関係が強まっていくこと」であると考えられる。[11] すなわち、グローバリゼーションは、人、もの、金の転移によって、絶対的な距離に捉われることなく、相互に内的な影響を与える事象だといえる。具体的には、あるローカルな地域が、その地域が属する国境を超えて他の地域と関連性を持つことを意味する。それはローカルな地域が閉鎖的でありえず、何らかの意味においてグローバルな世界へと開かれていくのである。

このようなグローバリゼーションは社会状況を変化させていく。その特質として第一に、国民国家を再審させる。現行において実体化されている国民国家が、「想像の共同体」（アンダーソン）としての存在であると認識することによって、国家の凝集性に疑問を投げかける。すなわち、いくつかの民族を束ねて形成された国民国家が「想像」の上に構築されたと認識されるならば、国民国家におけるエスニックなアイデンティティが顕在する契機となる。例えば、グローバリゼーションは、一方で国民国家内に存在するローカルなエスニック・アイデンティティを呼び起こすことがある。イギリスにおけるスコットランドの独立問題は、その顕著に例として考えることができる。第二に、グローバリゼーションは逆説的な二つの事象が同時進行的に展開する。例えば、グローバルな統一化とそれとローカルにおける反作用としての差異化が進行する。あるいは労働力の流動化と社会的な階級の固定化といった事象を生み出す。例えば、「シャンパングラス構造」と揶揄されるように、一部の富裕層に富が集中し、多くの貧困層を生み出す。そればかりでなく、生み出された貧困層を固定化する。あるいは、インターネットを介在するコンピューターにも、容易にアクセスできる社会層と、まったくアクセスできない社会層とを分断させる。こうした統一化と差異化、流動化と固定化をより進めるグローバル化は、絶え間なく、そして複雑に社会を再編していく。そして、その過程で、諸個人も分断されていく。第三に、グローバリゼーションは政治経済的側面と文化的側面とを混同させ、新たな論争点として提起する。例えば、労働力の問題とエスニシティに関わる問題が関連しあって、新たな問題として、社会を分断させる契機をつくるのである。

現代のイギリス社会においても、グローバリゼーションの影響は不可避である。そして、グローバリゼーションの影響が人々の生活や意識に浸透したことは想像に難くない。グローバリゼーションは、単に物的な影響だけでなく脱物資化の領域まで影響を与えるのである。現代イギリス社会が直面している諸問題の基層には、グローバリゼーションによる社会変容と、それに伴う新たな社会的分断が横たわっている。そして、こうした社会的な問題のあらわれとしてイギリスのＥＵ離脱のきっかけをつくったと考えられる。

3
損なわれた連帯性の修復と能動的信頼

1　善い社会と連帯性への問い

ギデンズがアダム・スミスを正面から議論の俎上にのせたことも、「有徳」性に言及したこともない。しかし改めて「有徳」性の問題に接近するために、ここでギデンズの社会構想の議論に焦点を当てることにしたい。ギデンズは社会学が社会政策に接近していくことを示唆し、自身も一九九〇年代以降、「善い社会」の考え方を提起してきた。それは、彼が当時、イギリス労働党の政策に深く関与していくことになったという要因が挙げられる。一方で、ギデンズは構造化理論の構築に専心していた一九八〇年代ころより「善い社会」を希求することを理論的課題のひとつとしていた。[12] こうした議論を展開するなかで、ギデンズは社会主義の現代的刷新に関する問題や、民主制に関する議論を行った。そうした彼の議論の帰結が「ユートピア的現実主義」という考え方に至るのである。[13]

社会思想の側面から「善い社会」を考察した田中拓道は、善い社会とは、諸個人が「よく生きる」ために働くことのできる社会だと指摘する。それは等しく、相互扶助を前提として「市場」を相対的に把握する考え方を深めることだと指摘する。[14] 田中の指摘は、市場に飲み込まれず、諸個人が満足出来る生き方をするためには、相互扶助の考え方が重要だということを明らかにする。

奇しくもギデンズは「善い社会」の構想の帰結として提起した「ユートピア的現実主義」の考え方は、田中が示した「善い社会」の考え方と重なる視点を持つのである。ギデンズはグローバル化し、諸個人が分断される現代社会において、よく生きるために相互扶助の考え方と連なる連帯性の議論を提起したのである。ギデンズはそれを「損なわれた連帯性の復権」と銘打った。次にこの点に関して議論を深めたい。

2 損なわれた連帯性

ギデンズは自身の「善い社会」の構想を、ユートピア的現実主義と称した。その中で、「損なわれた連帯性の復権」を宣言していた。ここでギデンズが言う「損なわれた連帯性の復権」は何を意味したのかを確認しておきたい。

ギデンズの問題意識において、グローバル化していく現代社会では、対話の可能性を模索するにも、相互の応答すら困難なほど社会が解体しているという認識を持っている。[15] 先にも示したように、グローバル化は、社会を分断するとともに、再統合化する。たとえばグローバル化によって展開する国際分業は、世界規模で、資本家と労働者との格差を固定化していくといった様相を呈した。安価な労働力を求め資本は国境を越えて移動することをいとわなかった。資本の移動が地域の空洞化やスプロール化を誘発することにもなった。一方で、そうした資本の移動はマネーゲームを引き起こし、一部の富裕層を形成し、固定化していった。

こうしたグローバル化を基調とする世界規模での社会的分断は、エミール・デュルケムが示した連帯の議論では十分対応できないとギデンズは言う。「デュルケムは、共同体の職業の領域である程度まで再建することが可能であり、労働組合や専門的職業集団が他の領域で欠けている社会的連帯性の源泉になり得る、と確信していた」にもかかわらず、現代社会においてデュルケムの主張が「実現不可能な夢である」とギデンズは断じる。[16]

ギデンズのこの指摘は、グローバル化した現代社会の現状を鑑みて、労働組合や専門的職業集団が社会的連帯を担保するだけの機能を持ち得ていないということを認識させるばかりでなく、現代社会における連帯性の担保の困難さを示すのである。

知られるようにデュルケムによる社会的分業は機械的連帯と有機的連帯に区分される。そして機械的連帯は法の抑止によって担保される。一方、有機的連帯は道徳を担保することによって成り立つ。デュルケムの問題意識は、個人主義がますます進行する社会において、どのように社会の凝集性は保たれるかといった問いであった。そして、その問いの帰結が有機的連帯のあり方となる。ここで着目したいのは有機的連帯が法の抑止だけなく、道徳性といった意識の問題にあるという点である。

先に示したように、ギデンズはデュルケムによる連帯の議論を批判したのであるが、実際はデュルケムがサン゠シモンから継承した産業社会論に対して批判を行ったのであり、ギデンズはデュルケムが着目した諸個人の意識に関する視点を保持したのである。ギデンズはデュルケムの有機的連帯の中に潜む道徳の考え方が、グローバル化する現代社会において、十分な有効性を持つと考えたのである。

3　連帯性復権のために

ギデンズは「損なわれた連帯性の修復」を指摘するとき、第一に懐古主義的な連帯性を否定する。ギデンズはデュルケムにおける職業集団を基盤とした連帯性を否定するのと同様に、共同体の理念型として捉えられていたかつての市民社会に対しても懐疑的である。ギデンズは伝統が創りかえられる現代社会において旧来的な市民社会に立ち戻ることは不可能だという。ここでは、かつての市民社会は異質性が少なく、社会的凝集性の高い閉じされた世界として認識される。しかし、市民社会をこのように認識することは、「もはや存在しない社会的取り決めの所産である」とギデンズは指摘する。(17)

第二に、「損なわれた連帯性の修復」に関して、その前提の「文化的分節主義」の克服を置く。ギデンズによれば「文化的分節主義」は「こちら側の人間と、あちら側の人間の二分法を通して機能」する制度的特徴を意味する。(18)ここでギデンズが言及する「文化分節主義」とは、「自文化中心主義（エスノセントリズム）」と言い換えることは可能であろう。ここで、ギデンズは、階級や、エスニシティ、ジェンダーといった要因に固執し、自身の属性の優位性のみを主張する考え方を批判するのである。すなわち、連帯性の修復を論じる際に諸個人の属性にかかわる多様性の問題をギデンズは留意する。諸個人は自己アイデンティティを担保するために「自分自身の生活履歴を組み立てて」いかねばならないのである。(19)このことは、自己が多様な社会との影響を受けながら自己を構造化していくことに他ならず、社会的集団意識を獲得していく一方で、独自の自己アイデンティティが形成されていくことを含意する。このような議論は、「文化分節主義」

を維持する主体像へと連なる。しかし、連帯性の修復において、ギデンズはこの「文化的分節主義」を克服しなければならないと説く。すなわち、ギデンズは閉じられた共同主義といった視点に対し厳しい態度をとる。[20]

以上のことから、ギデンズの連帯性の修復は、前提として、まず旧来的な連帯性とは異なる原理において考えるということが言える。それはひとしく、差異を認めた諸個人の存在を前提とすることである。グローバル化が深化する現代社会においては、多様性、複数性を前提とする諸個人による社会的な連帯性を模索するが重要な問題となる。であるから、社会的連帯は「自立性や民主化を認める場合にのみ、効果的に再生できる」とギデンズは述べるのである。[21]

このように損なわれた連帯を復権することとは、様々な差異化を前提とする諸個人がその担い手となる。そうした諸個人を結びつける原理として用いるギデンズが提起するのが「能動的信頼」といった概念である。

4　能動的信頼

ギデンズが「損なわれた連帯の復権」を説く際に、中心的概念として能動的信頼概念という考え方を提起する。ギデンズは能動的信頼を以下のように言う。「能動的信頼は、もはやあらかじめ定められた提携に依拠しないため、既存のほとんどのかたちの信頼関係に比べ、偶発的で状況に依拠する。能動的信頼は必ずしも対等性を暗に意味するわけではないが、伝統的な身分形態から生ずる敬意や服従と両立てきない。能動的信頼は、社会関係の「可視性」の増大を必要とするが、同時にまた可視性を増大させる働きもする」[22]。能動的信頼の概念は、理解しやすい概念とはいいがたい。しかし、ギデンズが連帯の復権を説く際に示した考えを基盤にして考えた場合、その本質を把握することが出来る。

能動的信頼によってギデンズが示そうとしたのは、第一に、社会が細分的に分断化されたたという状況での原子化した個人である。すなわち、かつてのような慣習的な共同体が喪失していくなかで、自身が意識的にも現実的にもどこかに帰属することが難しい個人が前提となる。第二に、豊富な知識が再帰的に日常生活に浸透してくる社会において、旧来的な共同性の担保は困難になる。すなわち、豊富な知識が多様に日常生活に浸透していくことにより、個人各々が多様な感情を持ち始め、かつての共同体に共有されていた知識は消滅しているという認識がある。ギデンズは諸個人がもつ自己アイデンティティは、社会的にも文化的にも多様であると認識する。[23]

こうした多様化した自己アイデンティティを持つ個人がどのように連帯を担保していくのかといったときに能動的信頼という考え方が持ち出される。この能動的信頼の考え方は二つの視点を持つ。第一に、個人の心性の問題が重要となる。異なる社会的、文化的土壌が異なるものが、対話という同じ舞台に立つために、相互の信頼を獲得しなくてはならない。それは具体的に「心を開くこと」をその根底におく。そして第二に、お互い対話可能な状態を得て、差異がある複数の主体同志が結ばれるために、共約可能な価値を見出すことである。ギデンズはその価値を「未来志向」の信頼としている。こうした「未来志向」の価値を共有することが連帯を修復することにとって重要だと考える。言い換えれば、ギデンズは連帯性を担保するためには、党派性や現存するイデオロギーに固執することを排除し、その代わりに、未来への責任を担保として、ひとつの価値を相互に認める協約可能性を探ることが能動的信頼として考えている。(24) ギデンズはここで示す能動的信頼の議論は、先に示した有機的連帯を担保する道徳の議論をより発展したものだとわかる。なぜなら、諸個人は道徳によって社会に拘束される存在である。ギデンズはその道徳の形成を能動的信頼という概念を置いて刷新させようとしたといえる。では、改めて、こうした議論の根底にある道徳的な個人主義とは何であるのかみておきたい。

4 道徳的個人主義と倫理的自由主義

1 道徳主義的個人主義

ギデンズによる「損なわれた連帯の復権」は、多様性や複数性が顕在化する社会において、未来志向を基調とする能動的信頼を機軸として形成されるものであると考えられた。こうした議論から理解できることは、ギデンズは諸個人の内面的な意識の在り方に着目している点である。このようなギデンズの議論は方法的個人主義と指摘される。[25] この点をして、ギデンズの議論は最終的に個人の在り方に着目するだけであり、「今日の産業社会や資本主義の変革」といった視点には向かわないと批判される。

たしかにギデンズの議論は直接、社会変革について論じているとは言い難い。ギデンズは現行の資本主義社会に関しては肯定的な評価を与えており、殊更、資本主義を克服するための諸個人の行動規範を論じることはない。だからといって、ギデンズの議論が資本主義の制度に追随的な議論を展開した訳ではない。

このことは、ギデンズが批判したネオ・リベラリズムと比較するとより鮮明になる。このネオ・リベラリズムを信奉したのは、イギリスの元首相であるマーガレット・サッチャーである。サッチャーは「社会というものはない」と述べたことでも知られるように、相互扶助的な性格を有する社会の実在性を否定する。こうした考え方のもと、市場万能主義を貫き、福祉国家を理論的に攻撃するのである。そして、サッチャーは、個人の自助に価値をおき、聡明で力強い主体である個人を社会の担い手として考えた。サッチャーの主張は、イギリスの伝統的な功利主義的な個人主義の系譜として捉えることが出来る。

しかし、ギデンズの社会理論において功利主義的な個人主義は批判の対象であった。個人主義に関してギデンズは社会学的な伝統により道徳的個人主義を前提とする。すなわち、諸個人同士相互に尊厳を保つような意味での道徳を前提とした個人主義の考え方である。[26]

こうした考え方によるとき、ギデンズの考えをサッチャリズムの継承と捉えることはできない。ギデンズの主張は資本主義社会を否定しないまでも、資本主義における市場の優位性を過度に評価し、社会から乖離している個人には批判的である。その意味で、サッチャリズムとは異なる視点を有することが理解できる。

ギデンズの問題意識は、資本主義を克服するのではなく、資本主義という現実をどのように受け止め「善い社会」を構想されるのかといった点に注がれる。すなわち、資本主義社会をどのように改良していくのかという問いである。この点において、ギデンズは方法論的個人主義におさまることなく、社会構想の視点から議論を展開するのである。そして、その導き糸として倫理的自由主義という視点が提起される。

2　倫理的自由主義の系譜

グローバル化する現代社会において、市場万能主義に抗するためにギデンズは倫理的自由主義に思想的基盤を置く。[27] ここでギデンズが指す倫理的自由主義とはイギリスにおける社会主義思想以前の相互扶助の考え方を提起した思想と言える。その代表的論者は一九世紀末活躍したT・H・グリーンやレオナルド・ホブハウスらが挙げられる。

ギデンズが依拠した倫理的自由主義は、個人の自立性を損なわないことが第一の要件である。その意味で、自由主義の思想的系譜の中にある。しかし、第二に、こうした個人の自立性を担保するだけでなく、諸個人の潜在的可能性を見出す機能を国家に付与している。

例えば、倫理的自由主義の代表的論者であるホブハウスは以下にように述べる。「国家の機能は、その市民たちが、十全な市民としての能力に必要なものすべてについて、自分たち自身の努力で手に入れることができるような諸条件を確保することである」。[28] その意味で、倫理的自由主義は介入的である。すなわち、「個人の自由、市場の機能、私有財産制」を積極的に肯定しながら、国家による「介入を積極的かつ普遍的に導入」することを促す考え方である。[29]

ギデンズが依拠しようとした倫理的自由主義は以上のような議論である。そして、この視点で論じられたのが社会的包摂／排除に関する議論である。ギデンズは社会的排除を不平等と捉える。それは等しく、個人の潜在能力が阻害されていることに他ならない。ギデンズは諸個人のこうした状態を批判し、政府が積極的に社会的包摂のための政策を展開することを主張するのである。この議論は、ギデンズの「第三の道」における代表的な議論でもある。

こうしたギデンズの議論から、ギデンズは諸個人の自律性に着目するが、すべてが方法論的個人主義に集約されるわけではない。ここで示したように、諸個人が「善く生きる」ため視点は、「善い社会」を構想するための議論であった。そして、このことは社会改良的な方向へとすすむことになる。

5 「有徳」性への視点

1 連帯性の系譜――スミス、デュルケム、ギデンズ――

以上、ここまでのギデンズの「損なわれた連帯性の復権」をもとに彼の議論を概観してきた。改めて、こうした連帯の問いが、どのような視点から有徳性と関連付けられるのかを明らかにしたい。そこで第一に、思想史的な側面に着目する。先に示したように、ギデンズは、直接スミスに言及することはない。その意味でギデンズとスミスとの直接的な思想的関連性は見いだせない。しかし、連帯をめぐって考察すると、ギデンズとスミスとの共通性が見いだすことが出来よう。その際に、フランスの社会学者エミール・デュルケムの存在が、ギデンズとスミスとの関連性をより鮮明に際立たすのである。

ギデンズの「損なわれた連帯性の復権」に関する議論の根底には、デュルケムが『分業論』で示した問題意識が基盤にある。既述したように、デュルケムの連帯の議論をギデンズは批判しているものの、その根底にある問題意識は継承している。それは、自律化していく諸個人が存在しはじめる一方で、社会的紐帯はなぜ強まっていくのか、といった問いである。デュルケムが『分業論』でたてた問いをギデンズは継承するのである。[30]

デュルケムによれば、社会の進展とともに社会分化がすすみ、社会的な分業が成立する。ただし、そうした社会的分業は社会を解体し、個人を社会と乖離した状態にするのではなく、むしろ、ますます社会と結びつけることへの疑問を問題の根底においた。そこで、デュルケムは社会的連帯のあり方に着目したのである。言い換えれば、デュルケムの問題意識はスミスが着目した分業の問題を一九世紀のフランス社会に即して再検討したものである。デュルケムは、スミスが着目したのと同じ「分業」という社会的事実を取り上げながら、それを「連帯の社会学」として構想していくことになる。重田園江によれば、「連帯の社会学」が示すことは、進化論的な問題関心の上に、個と社会全体との紐帯という組織論的、道徳的関心を付け加えたものであると指摘する。それは「軋轢と不和、産業化がもたらす多種多様な問題」に応えようとする態度でもあると、重田は考える。[31] そして、この点においてデュルケムは、スミスが一世紀半前に論じた問題を再度取り上げたのである。

こうしたスミスとデュルケムとの思想的関連性を指摘したうえで、今一度、ギデンズとデュルケムの関係性を確認しておきたい。ギデンズに関する研究で指摘されるように、ギデンズはデュルケムに強い関心を持っている。ギデンズのデュルケムへの関心は社会が変動していく中で、自立した諸個人を前提にして、どのように社会秩序が変容しながらも保たれていくのかといった点に集中していた。言い換えれば、個人の生の充実を疎外することなく、諸個人同士が相互扶助しあうという点でデュルケムの思想を継承した。そして、このデュルケムを結節地点として、スミスとギデンズは連帯の社会学という意味において結びつくのである。このことは外在的要因ながら、ギデンズの社会理論の中にも、スミスがもっていた問題意識の継承があったといっても過言ではないであろう。

2 「有徳」性とギデンズの社会理論

連帯という問いをめぐって、スミス、デュルケム、ギデンズといった思想的な共通性を見出すことは出来た。改めて、連帯を問うことが、「有徳」性とどのように結びつくのか、その第二の点を指摘しておきたい。

アダム・スミスは有徳性への問いを、諸個人の内面のあり方を問うこととしている。[32]そして、スミスは諸個人の徳のあり方が複合的であることを明らかにする。そこでスミスが強調することは、自分自身が自律し満足のいく生を謳歌することを前提とするものの、共同体の秩序を破壊せしめてはならないという点であった。[33]

ギデンズの社会理論にもこうした点は求められた。本来、ギデンズの社会理論は字義の通り自由主義的である。それは彼の主体に関する議論においても理解できる。既に述べたように構造化理論は「主体の回復」を企図し、そこで提起される主体は自己決定が可能な主体像である。個人の自発的な選択を重視するという考え方はまさしく自由主義的な系譜であった。

しかし、本論で明らかにしてきたように、彼はデュルケムの影響を受けて道徳的個人主義の系譜で個人主義を捉えている。それは社会に拘束されているといった意味での個人主義である。別様に言えば、社会から乖離した諸個人ではないという点を強調したものであった。それはまたギデンズが倫理的自由主義の思想で、国家による介入を積極的に認めることを明確にしていることからも明らかである。

そして、ギデンズが社会構想として「損なわれた連帯の復権」を提起したとき、その中心的な考え方におかれた「能動的信頼」という概念は個人を超えて、未来志向の共通した価値観を共有することであった。これは自己と他者との共約可能な価値を希求するものであり、デュルケムの示した道徳概念であるともいえる。こうした考え方が、単に個人ひとりのよき生の充実を超えて、「善い社会」としての共同体が成立することへの基層として置かれる。以上、ギデンズの議論の中に、スミスが提起した「有徳」性の議論と共通する理論的な視点を見出すことが出来るのである。

小括

本論文では、スミスが提起した「有徳」性を、ギデンズの社会理論に照らし合わせて論じてきた。両者とも、ブリテン島という地理的条件と、社会変動期という意味での歴史的条件とが重なり合う中で、「善い社会」をいかに構想するかといった点において共通性を見出すことは可能であった。それは、個人の自律性と他者との共同性とを希求する心性に着目し、議論を展開することであった。

こうした個人の自律性と共同性との両立を考えるときに、連帯の議論が有効な視座を提供する。社会的連帯の議論は、「自由主義と社会主義のいずれか一方に荷担する」のではなく、「国家介入を容認しながら同時に個人の自由をも否定しない」という考え方が内在する。(33) こうした連帯の議論が有する特質は、ギデンズが依拠した倫理的自由主義の思想とも重なるものであった。だからこそ、ギデンズは「損なわれた連帯性の復権」を希求し、諸個人がよく追いきるための「善い社会」を構想するのである。以上のような現代イギリスの社会理論家であるギデンズの議論の中に、「有徳」性に通ずる視点を見出すことが出来るのである。

グローバル化が深化し、国際的分業と経済市場主義に社会が分断されることによって、諸個人の幸福な生活すら揺らぎかねない。それは時として、生の保証すら脆くなりかねない。こうした点は現代社会において、イギリスも、また我が国も例外ではない。このような現代社会であるからこそ、有徳性の意味や普遍性を問うことは意義をもつのである。

［註］

（1）ギデンズがA・スミスに言及するのは、管見する限り『社会学の擁護』（Giddens 1996）におさめられている「〈英国的なもの〉と社会科学」の中の一節のみである。

（2）田中拓道は「働くこと、相互に助け合うことの意味を原理的に探りなおし、より多くの人々が共有できる「よい社会」のビジョンを探っていかなければならない」という問題設定のもと、スミスとギデンズに言及している。しかし、それは両者の関係性を深く考察したというよりも、「よい社会」のビジョンを描くことの系譜に両者が置かれるという視点であった（田中拓道『よい社会の探求――労働・自己・相互性』風行社、二〇一四年）。

（3）高哲男『アダム・スミス　競争と共感、そして自由な社会へ』講談社、二〇一七年。

（4）Giddens, A., *Central Problems in Social Theory* London：Macmillian 1979＝友枝敏雄・今田高俊・森重雄訳『社会理論の最前線』ハーベスト社、一九八九年。

（5）Giddens. A., *The Third Way* Cambridge : Polity 1999 = 佐和隆光訳『第三の道』日本経済新聞社　一九九九年。

（6）イギリス社会民主主義の展開は、松村高夫「イギリスの社会民主主義」に詳しい（松村　一九九五年）

（7）Mullan. B. "Anthony Giddens" in Bryant, C.G.A. and Jary, D. (eds). *Anthony Giddens——Critical Assessments——* Routledge. 1997

（8）Giddens. A., *The Third Way and its Critics* Cambridge : Polity = 今枝法之・干川剛史訳『第三の道とその批判』晃洋書房　二〇〇三年。

（9）ギデンズもトムソンの議論を評価しておるこの点は「オーラリからの脱却—E・P・トムソンの意義と歴史」（Giddens, A. *Social Theory and Modern Sociology* Cambridge : Polity = 藤田弘夫監訳『社会理論と現代社会学』青木書店　一九九八年所収）で詳細に論じられている。同時に、トムソンへの評価からも理解できるように、ギデンズの行為主体の考え方にトムソンの理論的影響を見出すことは難しいことではない。

（10）EUに対するギデンズの分析に関して、Giddens, A. *Turbulent and mighty Continent* Cambridge : Polity = 脇坂紀行訳『揺れる大欧州』岩波書店 二〇一五年がある。ここでのギデンズは、「EUが生き残り繁栄することを望む」立場から記述されている。無論、それはイギリスのEU離脱否定派としてのギデンズの主張がある。ただし、本論文では、この点に関しては、ギデンズの主張を検討はしていない。

（11）Giddens, A. *The Consequences of Modernity*, Cambridge : Polity = 松尾精文・小幡正敏訳『近代とはいかなる時代か』而立書房　一九九三年、八五ページ。

（12）Giddens, A. *A Contemporary Critique of Historical Materialism* Cambridge : Polity, 1981 : Giddens, A. 1985a *The Nation State and Violence*, Cambridge : Polity = 松尾精文・小幡正敏訳、『国民国家と暴力』而立書房、一九九九年、などでギデンズは「善い社会」に関して言及していた。

（13）Giddens. A. *Beyond Left and Right* Cambridge : Polity = 松尾精文・立松隆介訳『左派右派を超えて』而立書房、二〇〇

二年。

(14) 田中、前掲書、

(15) Giddens. A.ibid 1994＝前掲書、二〇〇二年　一六〇頁。

(16) Giddens, A .ibid 1994＝前掲書、二〇〇二年　一六〇頁。

(17) Giddens, A .ibid 1994＝前掲書、二〇〇二年　一六二頁。

(18) Giddens. A .ibid 1994＝前掲書、二〇〇二年　一六三頁。

(19) Giddens A .ibid 1994＝前掲書、二〇〇二年　一六三頁。

(20) ギデンズは、コミュニティが原理主義に走ることを危惧する発言をしている。その意味で、ギデンズはコミュニティに対しては懐疑的な考え方をもっている。

(21) Giddens. A .ibid 1994＝前掲書、二〇〇二年　一六三頁。

(22) Giddens, A .ibid 1994＝前掲書、二〇〇二年　一二四頁。

(23) Giddens. A. 1991 *Modernity and Self Identity* Cambridge：Polity ＝秋吉美都・安藤太郎・筒井純也訳、『モダニティと自己アイデンティティ　後期近代における自己と社会』ハーベスト社。二〇〇五年、六〇頁。

(24) ギデンズのこうした主張は、ギデンズの社会主義の考え方が基盤にある。ギデンズは社会主義を、「党派的な利害関心にたいするアンチテーゼ」と捉える（Giddens. A. *The Consequences of Modernity* Cambridge：Polity＝松尾精文・小幡正敏訳、『近代とはいかなる時代か』而立書房、一九九三年）。

(25) ギデンズはあくまでもこの点に関しては反論をする。本論で示したように、構造化理論の理論的主眼は、社会構造と行為主体の各々の理論に関する二元論的視点を克服することにある。その意味で、二元論に陥いる可能性にある方法論的個人主義とは、一線を画していると言える。（Giddens. A. *Constitution of Society* Cambridge：Polity＝門田直樹訳『社会の構成』勁草書房、二〇一五年。

(26) ギデンズの道徳主義的個人主義の考え方は、デュルケムの社会理論の検討を通して形成されたものである。
(27) ここでは、ギデンズの用語に倣って「倫理的自由主義」と表記する。一般には、「社会的自由主義」と表現される場合が多い（吉崎祥二『リベラリズム〈個の自由〉の岐路』青木書房、一九九八年）。また近年では「介入的自由主義」という用語も提起されている（小野塚知二編著『自由と公共性――介入主義的自由とその思想的起点』日本経済評論社、二〇〇九年）。
(28) Hobhouse, L. T. 1911 *Liberalism*, Oxford University Press ＝吉崎祥二監訳・社会的自由主義研究会訳、『自由主義　福祉国家への思想的転換』大月書店、二〇一〇年、一二一頁。
(29) 小野塚　前掲書、一一頁
(30) デュルケムは『分業論』を提起するきっかけを以下のように述べている。「個人がますます自立的になりつつあるのに、いよいよ密接に社会に依存するようになるのは、いったいどうしてであるか。個人は、なぜいよいよ個人的になると同時にますます連帯的になりうるのか」（Durkheim, E., 1893 *De la division du Travail social――tude sur l, organisation des es societes superieures* Paris：P.U.F ＝田原音和訳『社会分業論』筑摩書房（ちくま学芸文庫）、二〇一七年、七九頁）。ギデンズの連帯性の復権には、デュルケムのこのような考え方が反映されている。つまり、ギデンズの連帯の復権の中にも、自立化する個人と、一方でそうした個人が結びつく可能性を捨てていないのである。
(31) 重田園江、『連帯の哲学Ⅰ　フランス社会連帯主義』勁草書房、二〇一〇年、二一頁。
(32) スミスは、諸個人が有徳性の精神が「どんな力または能力によって、われわれにすすめられているか」といった点を問う必要性を指摘する。（Smiths, A. The Theory of Moral Sentiments ＝水田洋訳、二〇〇三年、『道徳感情論』（下）、岩波文庫、二一〇頁。
(32) スミスは徳の完成を「自分たち自身を、多数のうちのひとりにすぎず、その繁栄は全体の繁栄と両立するかそれに降雨ケンするかの限度を超えて追及されてはならないものとみなすなか」にあると言う（Smiths.A. ibid ＝前掲書、三〇四頁）。
(33) 廣田明、「社会的連帯と自由――フランスにおける福祉国家原理の成立」小野塚知二編著、前掲書、二〇〇九年、四三頁。

補論　デュルケム（フランス）における開かれた分業社会と道徳的連帯の可能性

大澤善信

1　分業と道徳的連帯

近代社会はアダム・スミスの「商業社会」の理論以来、外延的拡張を原理とする、すぐれて経済的な社会形成として描かれてきた。今、それがグローバル社会という一つの絶頂を迎えている。アダム・スミスは分業と交換を〈開かれた社会〉の形成の原理とした。分業は文明を開拓する原理であり、社会的分業の世界的拡大を予言する。もちろん野放図な市場の拡大が見過ごされていいはずもなく、二一世紀の今日、グローバル社会と呼ばれるべき人類文明の最新段階が切り開かれる段に到って、アマルティア・センは新自由主義の席巻を批判しつつ『国富論』の〝見えざる手〟の論理の理解には、『道徳感情論』で掘り起こされた〈同感〉原理の理解が伴われていなければならないと「序文」を寄せて論じている。

では、エミール・デュルケムの社会理論は〈開かれた社会〉にどのように関与するだろうか。デュルケム社会理論もまた分業の理論である。とはいえ、単なる市場関係の拡大を称揚するものではない。デュルケムの錯雑な分業理論にあっては、分業の進展は社会組織を形成する社会的連帯の一源泉なのである。彼の言う有機的分業社会論は二〇世紀への転換期において、分業の拡がりが進み諸国家の連合によって、いわば今日のＥＵほどの社会単位が創られうるものという構想を含んでいた。「環節類型」

の社会においては、「諸環節とほとんど同数の経済市場が存在する」のに対して、「組織的類型が発展するに従って、種々の環節相互の融合はほとんど社会全体を包容しつくすほど諸市場を単一市場へと融合させるようになる。この単一市場はこれ以上にさえ拡大し、普遍的となる傾向がある。」（『社会分業論』下・二二〇頁）このように、普遍的な単一市場へと分業連関が拡延されるという経済的事実的秩序が形成されることに伴って、道徳的連帯の理想価値が「人類愛」にまで抽象化、昇華される。デュルケムは、そうした道徳的コスモポリタニズムの可能性をほのめかしながらその限界を指摘する。〈開かれた社会〉ということでは、「唯一の人類社会」の可能性についてのH・ベルグソンの見解と比較されるが、ベルグソンほどヴィジョナリーではなかったと言うべきだろう。世界全体が一つに統合されるにはまだ大きなステップを踏まなければならず、むしろ諸国家それぞれに人類的に普遍的な理想を追求することが現実的であるというのであった。

ヨーロッパ諸社会のような「同種の諸社会が全体的に結合する…（という一種の）自生的運動によって一個のヨーロッパ社会は形成される傾向にある。」また同時に、「唯一の人類社会の形成」についても「少なくとも絶えずより高台となってゆく諸社会の形成は漠然とではあるがこの目的にわれわれを接近させている。」「分業の発展がなければ、より広大な諸社会は形成されえないことをわれわれは知っている。」「分業が、連帯を引き起こすのは、分業が各個人を交換者にするからばかりでない。」「分業が人間たちの間に、…彼ら相互を恒久的に結合する権利と義務との完結的一体系を創るからでもある。」（『社会分業論』下・二七三〜四頁）

「この集合的理想が人類全体の理想であるとわれわれが信じているのは……各民族はこの自称人間類型をその特有な気質に基づく特殊な概念から作り上げている。各民族は、この人間類型を自己の心の中の像にかたどって表象している。思惟の力によって周囲の諸観念の影響を免れることができると信じているモラリストでさえ、集合的理想としての全人類の理想に達することはできないであろう。」（『同』下・二五八頁）「そのようなわけで、各国民はそれぞれその国民性に結びつく特有な道徳哲学の流儀をもっている。」（『同』下・二九八頁）。

このように、ルソーやカントの啓蒙主義的人権思想をはじめ、近代国家を突き抜ける基本的人権といった普遍的理念が醸成されつつあることを確信しつつも、コスモポリタニズム自体は空虚であり、自己本位主義的で帰属感を持たないことの裏返しでもあるゆえに、権威として、義務を課すものとなり得ないとデュルケムは言う。この見解の底には、道徳的結合そのものについてのデュルケムの錯雑な論理が隠されている。国家をもって「道徳的規律のための機関」と捉えるように、道徳的結合には諸個人を超越するものとしての社会が課す義務的側面がなければならないのである。

2　交換と道徳的連帯

とはいえ、諸個人を超越するものとしての社会や道徳の義務的側面が強調されるのは環節的・機械的連帯社会類型においてである。デュルケム理論では、事実としての協働の規則性をいう連帯（＝現実の習俗）と規範的な価値としての道徳的教義（に依拠する連帯）とがしばしば交差し、混淆しているのであるが、近代的社会形成である有機的分業社会においては、この両側面が明瞭な差異をもって浮かび上がるようになる。有機的分業社会においては単に強力かつ抑圧的な集合意識から免れるようになるというだけではない。有機的分業自体に教育的作用があるのだと見ることができよう。すなわち、有機的分業は契約の一事において明白なように近代法とともにあり、規制を抽象化し抑止的・刑罰的な制裁を緩和し、それによって人々の経済活動や投機・合意の自由を外部から規制する道徳が活気づけられよう（巻口、一六頁）。

デュルケムにおいては宗教、道徳、法の三つが社会的規制力として、常に相関的なバランスを保って社会的紐帯を構築している。近代的類型においては法も抑止的なものから復元法的なものへとその性格を変え、道徳的人格崇拝と発達を促すものとなる。この人格崇拝も、もはや宗教的戒律や抑止法によって課されるのではないのである。宗教、法も普遍化し、局地的な信念は稀釈されあるいは払拭される。抽象化した近代法は個人の自発性や自由検討を認め、異質性を抑圧することをやめ、諸個人の差異化が促される。そして万人は機能的に連帯する。このように、個人はなぜいよいよ個人的になると同時にますます連帯的になりうるのか」という疑問は、「分業の道徳的機能」として探求される。

ニクラス・ルーマンによれば、社会学確立期は、「個人主義（自由主義）と集合主義（社会主義）をめぐるイデオロギー的、政治的な論争の時代であり、この論争が個人と社会というテーマを提示した。」（『ゼマンティク』3・一二三頁）。そして、デュルケムは、「個人と社会の関係は相互強化の関係」「集合的目的の要求度の増大や国家の力の増大と、個人の自由の増大は完全に両立可能」であると答えた。（同前・一二四頁）。

アダム・スミスはその一世紀前に、この問題にいわゆる「見えざる手」の論理を持って答えた。功利的な個人の利益の追求から発して経済社会の成り立ちを解明した。分業が進展することの結果、労働配分、資本配分、生産力の改善が付き従う。そして、「見えざる手」に導かれて、意図していなかった社会の利益をも増進させるのだと論じた。個と社会ということでは、分業と交換を通じて個人の繋がりが社会を紡ぎ出すのである。

スミスは各個人が「交換者」となることにおいて連帯の事実的秩序を見出す。スミスの分業論は商品交換論であり、貨幣論を基礎理論とする市場社会の理論である。デュルケムに即すならばこの交換は一時的なものであってはならず、各個人相互を「継続的に結びつける権利と義務の一体系」を創造するものでなくてはならない。ここには、同じ分業から発する理論でありながら、根本的な相違が横たわっている。アダム・スミスにおいて分業社会は交換が紡ぎ出す市場の論理によってもたらされるものであり、デュルケムにあっては有機体としての社会の形態変化としてもたらされるものなのである。

3　「同感」原理と「交換」原理

アダム・スミスは『道徳感情論』において、交換ないし市場関係を前提にした道徳理論を打ち立てた。それは「市民的世界像」（ボルケナウ）の確立というべきことである。近代社会をすぐれて市場経済的社会として成立・発展した社会だと見る立場からすれば、デュルケムの〝道徳＝社会〟論は、むしろ近代社会観への反動を含み持っているというべきである。

「スミス思想の最も重要な特質は、利己的人間同士の相互関係を基盤にした社会的ルールの形成であり、それが感情の相互交換による心の一致としての『同感 sympathy』と『想像力 imagination』の結果であることを明確にしたところにある。」（ラフィル、「訳者あとがき」、一六一頁）

すなわち、スミスの「同感」理論は、利己的人間同士の間でも、自己の行為が他者からの是認を得るように心がけられていることを意味している。そして、道徳的是認は、観察者の共感の感情に依拠するという心理学的および社会学的説明に基づいている。すなわち、「想像上の立場の交換」を原理とした感情コミュニケーションの理論なのである。スミスの道徳理論は、G・H・ミードの相互行為から「一般化された他者」の概念に至る理論構成と近似的な構成を持つ。相互理解を目指した、コミュニケーション的行為を通じた、相互了解というメカニズムがそこに観取される。他方デュルケムでは、道徳は生物有機体になぞらえられた社会の自意識として位置付けられている。個人を凌駕した権威ある存在としての社会が、集合的存在として、集合的な一有機体として有するのが道徳である。

総括的に言えば、「『道徳感情論』初版は、第一部で行為者と観察者の二者間の同感を例示し、第二部で三者間の同感を例示することによって『公平な観察者』概念を導出し、第三部では行為者自らの行為についての判断に見られる『公平な観察者』の内面化の問題を論じている。」（ラフィル、「訳者あとがき」、一六二頁）。この整序にしたがえば、第一部及び第二部において問われているのは、他者としての他者のうちに感情移入すること、その相互評価の視点からの公正な交換ルールの合理的理解とそれへの自発的服従の根拠である。第三部においては、自らが「称賛に値するものであるか否か」を自らに問いかける、内発的動機に従って自ら律する内発的道徳的主体が問われている。第一部・第二部における道徳コミュニケーションの中で人格の観念が主体に帰属するものとして現れてくる。道徳論において問われる有徳性（virtue）とは、その人格性において現れるこの内発的主体性ということであろう。

さて以上、瞥見したように、スミスの道徳論の構成は、相互行為から社会を構成する社会学的な道徳の相互主観性の理論である。それは一見するところ、デュルケムが有機的分業社会において見出している道徳的価値の発展すなわち普遍的人権の理念、人格崇拝の観念と相通じるものである。むしろ、デュルケム によって整合的に論じられてこなかった有機的分業と連帯との間の間接的で偶然的な連関を補綴するものであると言って過言でないように思われる。すなわち、この有機的連帯の道徳に関しては、アダム・スミスの愛他的でもある感情コミュニケーションの道徳論が妥当するはずである。

しかしながら、デュルケムは、アダム・スミスを道徳理論家としてではなく分業の利点に関する提唱者としてのみ関心を寄せている。スミスの社会理論は分業と契約の、すなわち功利主義的であり個人の利得計算に基づくものに過ぎなかった。デュルケムの〝道徳＝社会〟論は、スミスの理論は分業を個人主義的・交換論的な観点から論じようとする試みだとしてそれを退けているのである。

さて、グレーバーによれば、アダム・スミスの分業論は「経済学という学問の大いなる創設神話」（『負債論』、三九頁）である。グレーバーによれば、経済学は交換媒体としての貨幣の概念によって創設の礎が据えられた。

スミスは、分業を、有用性には無頓着な、人間の本性上のある性向、すなわち、ある物をほかの物と取引し、交易し、交換しようとする性向の、必然的な帰結であると捉えている。論理や会話でさえ交易の一形態とみなせば、交換こそ人間の本性的性向に他ならない。スミスにおいては、正義の諸法、社会的交際から社会が発生する。このように、スミスは人間の交換性向から分業を導出し、分業の発展から文明を説明するのである。

しかし、個々人の交換への衝動が分業を、したがって勤労の分化、専門化を促すと説明するには、交換のダブル・コンティンジェンシー状況の克服が織り込まれなければならない。すなわち、貨幣（として使用される、受け取りを拒否されないような特定商品の一定量）を手元に持っていることが必要になる。すなわち、交換の便宜としての貨幣、第一義的に交換媒体として捉えられる貨幣を導出することによって、「ランダムな欲望を持つ人々のランダムな寄せ集め」から「貨幣として使用される単一の商品のみならず統一的な価値体系」をも生み出しているのである（『負債論』、四三頁）。「見えざる手」の観念はその骨頂をなすだろう。

以上のスミス理論における交換と分業の自由主義的概念は、デュルケム理論には首肯し難いものを含んでいる。なによりもデュルケムの分業論において、分業はランダムな交換に供されるかたちで展開するものではない。『社会分業論』第二篇Ⅱ「原因」四節によれば、デュルケムは分業の進展のあり方を生物学的分化になぞらえている。分業は、すでにある凝集性を帯びた多細胞の集合体のなかにおいてしか現れないのである。分業は、すでに構成された一社会の成員の間でのみ実現されうる。すなわち分業の本質は、これまで共有であった諸機能を分かちあうことにあるのであって、分業は既存の社会の中においてしか生じ得ないのである。それには、分業の捉え方が問われなければならないだろう。「有機的連帯が存在するためには、互いに相手を必要とする諸器官の体系が存在するだけでは十分でない。」（『社会分業論』下・二一三頁）。「これら諸器官が協同しなくてはならない様式」すなわち、「有機体の進化から神経系統が発達するように、有機的連帯を永続的なものとする連鎖網や緩慢な凝固作用が必要なのである」（『社会分業論』下・二一五頁）。このように、分業は交換の偶有性を伴っては生じないと言うのがデュルケム理論である。

このような分業展開の論理は極めて深遠にして錯雑な論理を含んでいる。この分業展開の論理は、契約と交換の社会関係の拡張に先んじた連帯の拡張、社会的依存関係の存在を提示している。既に論じたように、復元的制裁を課す法が規定する諸関係と連帯（有機的連帯）は、社会的分業から由来するものであって、共同意識に由来するものではない。したがって、社会成員の意識においては諸機能間の義務の相互性は諸個人間においてのみの義務でしかない。共通の信念や感情の総体としての集合意識に対する尊敬も帰依もそこには識別し得ない。しかしながら、（学知的反省の見地に立てば）識別し得ないそこにおいてこそ、契約と交換の社会関係の深層に存在する「相互依存」と「協働」が看取されなければならないのである。契約法はこの相互依存を「義務の相互性」として規定しているが、それは「協働」の法的表現にほかならない。すなわちそれは、復元的法が契約的諸個人の意図を超えた、社会的協働という起源を有していることである。法が「社会的」であるには、契約当事者たちの利害や意図を超えた起源を持たなければならないのである。契約が存在するには法的規制が存在しておらねばならず、そして法的規制は社会が存在するところにおいてのみ可能なのである。

4 負債論的連帯論へ

法体系の差異から二つの連帯類型が区別されるのであるが、機械的連帯において顕著な抑止的法にも、有機的連帯において顕著な復元的法にも、デュルケムはその起源に「社会的なるもの」を措定しているということができるであろう。すなわち、法とは「禁止の体系」であると同時に「裁可された行動基準」である。その観点からすれば、抑止的法も復元的法も社会に根付き社会から権威を付与されたものでなければならない。法のこのような取り扱いは、デュルケムと同時代人であるハンス・ケルゼンの法実証主義の成果である「純粋法学」が、いわば公法と私法の区別を棄却していることを想起させる。公法と私法の区別が認められないのは、両者は国家によって制定された「授権的規範」の体系としての実定法の階層構造にほかならないからである。授権的規範の観点からは、個人の裁量に基づく民事上の法律行為であれ、立法者からの授権を受けたエージェントとしての行為である。言い換えれば、集団的意志決定によるべき事項と個人的意志決定によるべき事項との境界は、それ自体が前者によって決定されるべきであるということになる。

デュルケムにおいては、この集団そのものが有する神聖性、権威が「共同体の理想」として架設されている。それはケルゼンのいう「根本規範」を思わせもする。「根本規範」の概念はまた、フロイトの「原父」(集団形成、集団心理、集団規範)(「集団心理学と自我の分析」一九二一年)の理論を想起させる。おそらくこれら同時代人は同根である。

デュルケムにあっては、道徳の本質はそれが義務的な力として発現することの中に求められる。規範が規範であるのは、それが成員の間の自己利益の促進することが相互主観的に確認されたからではなく、成員がその強制的な性格の存在を確信したからである。すなわち、社会は、自らを統合するために道徳を生み出すのである。

「オーギュスト・コントもいったように、『協同から社会がつくられたのではない。それどころか、協同はあらかじめ自生的に生まれている社会を必然的に前提としている』。人々相互を接近させるものは、血の親近性や同じ土地への愛着や祖先崇拝や慣習の共同性等々のような、機械的原因と衝動的な力とである。これらの基礎に立って集団が形成されたときにこそ、そこに協同が組織化される。」(『社会分業論』下・八一頁)。

このようにコントやデュルケムは、機械的連帯が有機的連帯の土台となって存立している社会を提示しているのである。そうした社会像をもとに、グレーバーはアダム・スミスが提起した交換媒体＝貨幣論に代えて、「原初的負債論」と称する人類学的貨幣論を提起している。貨幣の起源を交換媒体と見るのではなく、負債に位置付けて、貨幣論を負債論へと人類学的に翻案し直すのである。負債論は、「授権的」なものとして貨幣を論じることを可能とする。貨幣はその起源に遡行すれば、実質的に国家の創造物だという認識である。

あるいは、人類学がいうマナの特質を帯びた貨幣論となるだろうか。グレーバー自身は負債の意識を、「つまるところ、私たちは自己存在すべてを他者に負っている」ことに認める。

「わたしたちが話し、その中で思考する言語、習慣と意見、好きな食物、明かりをつけたりトイレを流したりする知識、さらには社会的因習に立ち向かう抵抗の身振りや反乱の流儀に至るまで、私たちは全てを他者から学んだのであり、それらの人々のほとんどははるか昔に死んでいる。そうした人々

に対して負っている負債を想像するならば、ただただ無限というしかない。」（『負債論』、九三頁）

デュルケムが論じた社会的連帯、共同意識の共有とは、このような負債意識によって措定されたものであった。「原初的負債論者」は「社会」に関心を向けていたのであり、その「社会的なるもの」は、「社会への無限の義務」というコント思想において「社会的負債」の観念に結晶化し、社会主義的政治家に多く取り入れられた。この思想が、エミール・デュルケムの社会学思想の形成に寄与したのである。（グレーバー、一〇六頁）。新自由主義と個人化によって社会的なものが拡散し空気に溶けて消えうせようとしているとき、社会的負債の観念は新たな貨幣論に結晶化し、社会的なるものを実現する社会経済政策の形成に寄与するはずである。

［引用文献］

スミス、A.『道徳感情論』（付「アマルティア・センによる序文」）村井章子・北川知子訳、日経BP社、二〇一四年。

デュルケム、É.著『道徳教育論』麻生誠・山村健訳、講談社学術文庫、二〇一〇年。

デュルケム、É.著『社会分業論』井伊玄太郎訳、講談社学術文庫（上・下）、一九八九年。

デュルケム、É.著「平和主義と愛国心」『社会科学と行動』佐々木交賢・中島明勲訳、恒星社厚生閣、一九九三年。

ホープ、V・M.著『ハチスン、ヒューム、スミスの道徳哲学』奥谷浩一・内田司訳、創風社、一九九九年。

グレーバー、D.著『負債論——貨幣と暴力の5000年』酒井隆史監訳・高祖岩三郎・佐々木夏子訳、以文社、二〇一七年。

巻口勇一郎「復元法を通じた道徳的秩序の再構築――デュルケムの法理論を用いて」『社会学評論』54(1)、二〇〇三年。

ラフィル、D・D.『アダム・スミスの道徳哲学――公平な観察者』生越利昭・松本哲人訳、昭和堂、二〇〇九年。

ルーマン、N.『社会構造とゼマンティク　3』高橋・赤堀・阿南・徳安・福井・三谷訳、法政大学出版局、二〇一三年。

コラム　ルーヴァン（ベルギー）・ハーメルン（ドイツ）にみる救貧と「有徳」性

橋本和孝

1　ルーヴァンのフロート・ベギンホフ

外地研究で英国からデンマークへ移動するついでに、二〇〇二年五月一七日から二〇日にかけてベルギーに立ち寄った。首都ブリュッセルから大学都市ルーヴァンに列車で二五分程度であった。中世風の荘厳な建造物に囲まれて著名なベルギー・ビール、ステラ・アルトスを飲むのと極上の気分になる。

ルーヴァンの街を散策していると、オランダ語のフロート・ベギンホフ（Groot Begijnhof）なる修道院らしき建物に遭遇した。ここは半聖半俗の半修道女のためのコミュニティとして、一二三二年に設立されたという。病気や貧困で苦しむお年寄りたちの収容所でとなり、半修道女たちは寄付を募り、あるいは教育やケア、裁縫、洗濯、糸を紡ぐことによって収入を得ていたのである。最盛期の一七世紀には、三六〇人

写真1　ルーヴァン市庁舎

もの半修道女がいたようである。しかし、ここは一七九五年に廃止され、当時一九八人の信徒がいた。

私は、散策後夕食を何処で食べるか思案し、ヨーロッパにいたにもかかわらず中華料理店に入ったのであった。そういえば、前夜ブリュッセルでもベトナム料理を堪能した。

2　ハーメルンのベギーネンホーフ

オランダ語はドイツ語と似ているが、デンマーク語もドイツ語に似たところがあった。ドイツ語では、ベギーネンホーフ（Beginenhof）となる。実は、フロート・ベギンホフが設立された時期、「ハーメルンの笛吹き男」で有名なドイツのハーメルン市でも、同じような施設が造られたのである。ベギーネンホーフとは、ベギーネ派の尼僧修道院[1]という意味だが、「これは俗人の宗教的活動による奉仕事業で、貧窮化した市民やその身寄りを収容した。ベギーネンホーフへの入所資格は四〇歳以上の婦人にあり、祈りと労働、病人の看護などを行なった。この事業は一四世紀以来人口増加の圧力のもとで結婚出来ず、独立した家計を営むことが出来ない婦人が増加していたことに対する救済対策でもあった」のである。[2]

写真２　フロート・ベギンホフ（ルーヴァン）

3　キリスト教的汎愛

では尼僧修道院の淵源はどこに求められるのであろうか。それはラテン語の Hospes（客人、主人、他人）に結びつくのである。巡礼や参拝者を宿泊させる施設でもあり、病人・貧困者を一時的に収容する場所であり、病院でもあったのである。その病院についてだが、やはりラテン語の Hospes を起源としている。中世においては、救貧院であり、巡礼者のための宿泊所であり、慈善学校の意味があったのである。ホスピタルやゲストハウスは、『新約聖書』の「マタイによる福音書」第二五章にしたがって、空腹の時には食べさせ、渇いているときには飲ませ、旅人には宿を貸し、裸であるときには着せ、病気の時には見舞い、獄にいる時には訪ねるという六つの「慈善」を施すために設けられた。[3]

このようなキリスト教的汎愛は、人間には、利己心のみならず利他心、愛他心（altruism）があると見なすものなのである。愛他的行動は、動物にも見出されるものであるが、愛他心とは自己犠牲や公共財への貢献など他者の利害やニーズへの見返りを求めないような関与のことである。ベギーネ派あるいはベギン派の女性たちは、キリスト教的な汎愛を実践し、敬虔な生活を日々過ごしたのであり、「有徳性」に向けて実践したのであった。[4]

［註］

（1）ベギーネンホーフ（Beginenhof）は、ベギーネ派の屋敷という意味であるが、そこからベギーネ派の修道院を指す。半俗托鉢修道会のことであり、現代日本ではベギン派と呼ぶことが多い。ベギン派は、一三世紀から一四世紀にかけて北ヨーロッパに流布したもので、「宗教的美徳」にこだわったという。生活は労働と托鉢・喜捨により、快楽を避け、敬虔な生活を旨とした。しかし、放浪しいずれ結婚するベギンもいたようである。「目指すところは『神と魂を一致』させることであり、そうした局地に至った人にはもはや教会生活だの儀礼だのは必要なく、『自由な霊』となった者は永遠であり、罪も知らず、何物も必要とはなくなり、神すら必要ではなく、至福の境地の中に遊んでいるといったような内容」をもっていたという。その結果、「教会」を否定しているととられて、バチカン教会に憎まれて「異端」とされ弾圧されたのである（小澤克彦「神々の故郷とその神話・伝承を求めて」）。とはいえ、一三世紀中葉以降は教皇庁の保護を受けた（上條敏子『ベギン運動の展開とベギンホフの形成』刀水書房、二〇〇一年、五〇頁）。

（2）阿部謹也『ハーメルンの笛吹き男―伝説と世界―』ちくま文庫、一九八八年、一三三頁。因みにベルギーで使われているオランダ語はフラマン語という。

（3）中川米造『素顔の医者』講談社現代新書、一九九三年。一四三頁、橋本和孝編著『縁の社会学―福祉社会学の視点から―』ハーベスト社、二〇一三年、一五頁。

（4）ところで「有徳性」に関して、筆者が研究しているベトナムの新興宗教カオダイ教の福善（福祉）活動についての解説の中に、以下の一節がある。「他人にお金を与えることは、善行ではない、動因となるものは善行という名誉を彼に与えことを望むために行動するからである。例え真に福善を行う人がお金を与え、人生においてそう呼ばれたとしてもまだ福善ではない」。真の精神的悟りがあるかどうかが主たる決定的要素である。名誉欲に基づく善行ではなくて、精神的悟りが重要とするあたりにまさに高潔な「有徳性」を示しているといえよう（橋本和孝『失われるシクロの下で―ベトナムの社会と歴史―』ハーベスト社、二〇一七年、一七五頁。

〔出典〕

阿部謹也『ハーメルンの笛吹き男―伝説と世界―』ちくま文庫、一九八八年。

小澤克彦「神々の故郷とその神話・伝承を求めて」、http://ozawa-katsuhiko.com/10christ_hikari/christ_hikari_text/christ_hikari08.html
上條敏子『ベギン運動の展開とベギンホフの形成』刀水書房、二〇〇一年。

中川米造『素顔の医者』講談社現代新書、一九九三年。

橋本和孝編著『縁の社会学―福祉社会学の視点から―』ハーベスト社、二〇一三年。

橋本和孝『失われるシクロの下で―ベトナムの社会と歴史―』ハーベスト社、二〇一七年。

https://www.erfgoedcelleuven.be/nl/groot-begijnhof
https://www.kuleuven.be/studentenvoorzieningen/kot-leuven/residenties-cerab/grootbegijnhof/en/history

【特別寄稿】賀川豊彦における「有徳」について

――互助友愛の教育と実業――

松野尾　裕

はじめに――「実に、神の国はあなたがたの間にあるのだ」

賀川豊彦（一八八八―一九六〇）は、神学校生の時に福祉ボランティアの活動を開始し、それ以来晩年に至るまで、キリスト教の牧師であると共に、労働組合、農民組合、協同組合、世界連邦などの社会運動において先駆的に活躍した。とりわけ、協同組合を日本に普及し、定着させた功績は高く評価されている。また、それらの活動に関連した多くの著作を残し、神戸のスラムの中で生活困窮者の支援に全力で取り組んだ前半生を描いた自伝的小説『死線を越えて』三部作（一九二〇、二一、二四年）や、詩集『涙の二等分』（一九一九年）、『永遠の乳房』（一九二五年）をはじめ、一九三〇年代に精力的に取り組んだ新しい農村づくりを主題にした小説『一粒の麦』（一九三一年）、『乳と蜜の流るゝ郷』（一九三五年）などの文学作品は広く読まれた。一九四七、四八両年にノーベル文学賞候補に、一九五四、五五、五六年にノーベル平和賞候補になった。

賀川の業績は、日本国内よりもむしろ国際的に知られてきた。近年では、一九九九年一一月に国連が採択した「子どもの権利条約」のもとで、ユニセフ（国連児童基金）により「子どもの最善の利益を守るリーダー」として世界の五二人が選ばれたが、その中に日本から唯一人、賀川豊彦が入っている。[1] 賀川は一九二四年に東京深川で開催された児童保護講話会の席上で、「六つの子どもの権利」

――すなわち、「一、子どもは食う権利がある。二、子どもは遊ぶ権利がある。三、子どもは寝る権利がある。四、子どもは叱られる権利がある。五、子どもは親に夫婦喧嘩を止めて乞《もら》う権利がある。六、子どもは禁酒を要求する権利がある」――を提唱し、子どもの生きる権利を訴えた。(2) また、二〇一六年には、ユネスコ(国連教育科学文化機関)により、「無形文化遺産保護条約」にもとづいて、「共通の利益の実現のために協同組合を組織するという思想と実践(Idea and practice of organizing shared interests in cooperatives)」が無形文化遺産に登録された。その登録にあたり、ユネスコは協同組合を「共通の利益と価値を通じてコミュニティづくりを行うことができる組織であり、雇用創出や高齢者支援から都市の活性化や再生可能エネルギープロジェクトまで、さまざまな社会的課題への創意工夫あふれる解決策を編み出している」と評価している。(3)

賀川豊彦は、キリスト者として、彼の信ずるところにしたがって、社会運動を行った。賀川は、その若い日にスラムのなかで実践した貧しくされた人と共に生活しながら聖書を読むという姿勢に徹し、自身の経験にもとづいてイエスを理解するという自己流を貫いた。それが賀川独特の自信に満ちた社会改革の主張と実践になった。賀川は、一九二六年に読売新聞に連載したエッセイのなかで、こう述べている。「見よ、神は最微者の中に存す。神は監獄の囚人の中に、塵箱の中に坐る。不良少年の中に、門前に食を乞ふ乞食の中に、施療所に群がる患者の中に、無料職業紹介所の前に立ち並ぶ失業者の中に、誠に神は居るではないか。だから、神に逢はうと思ふ者は、お寺に行く前に、監房を訪問するが宜《よろし》い。教会に行く前に、病院に行くが宜い。聖書を読む前に、門前の乞食を助けるが善い」(4)。

イエスは神の国を「社会性の裡に発見さるべきものであるとせられた」ということを、賀川は明確に理解していた。『聖書』新共同訳では「実に、神の国はあなたがたの間にあるのだ」（ルカによる福音書一七章二一節）と訳されている。ここに賀川が社会連帯を説く必然があった。「イエスの宗教は、俗の俗なる中に、神が人間を経験して、凡ての日常生活を聖くすると云ふのであつた。宗教家であるのに、社会運動をするのは俗物だと或人は云ふかも知れぬが、イエスの弟子であるから、私達は社会運動をするのである」という賀川の言葉に納得できる。

1　農民福音学校

賀川豊彦は、一九二三年九月に関東地方を襲った大地震の罹災者救援を機に、住居を神戸から東京へ移し、特に被害の大きかった本所区（現・墨田区）を拠点にして住民の生活支援活動を展開した。賀川は本所基督教産業青年会を組織して、仲間と共に江東消費組合、中ノ郷質庫信用組合（現・中ノ郷信用組合）などの設立を進めた。そして、それらの仕事が一段落ついた翌二四年一一月に賀川は全米大学連盟の招きを受けて渡米し、各地で講演を行った。その後ヨーロッパへ渡り、イギリス、フランス等一一ヶ国を訪問し、エルサレムを訪れた後、二五年七月に帰国した。この世界旅行により賀川の伝道活動は欧米各地へ広がり、また、賀川の社会改革への視野と方法は格段と広がることになった。

賀川は一九二二年に杉山元治郎[5]と協力して日本農民組合――小作農民の組合――を設立した。賀川は各地の小作争議の指導にかかわっていたが、そうした闘争主義とは異なる農民運動の在り方を模索していた。賀川はヨーロッパ歴訪の際に、杉山の勧めにしたがってデンマークを訪れた。二五年五月中旬である。それまで都市の生活への関心が強かった賀川であったが、デンマーク訪問は賀川に新たな生活観を発想させることとなった。賀川は現地から杉山に宛てて手紙を認めた。

「S兄　久しくご無沙汰致しました。国を発つ時に是非デンマークを見て呉れとの御所望でしたが、私は遂にデンマークに来ました。……デンマークでは、村に生活するほうが町に生活するよりか、生活に安定があります。それで、少し窮屈な田舎の生活に辛抱の出来る人間は、喜んで田舎を選びます。デンマークでは、最も貧乏な小作人でも平均三〇エーカーくらい[6]牧場を持つているようです。然し、S兄、問題は経済上のことだけではありません。それより深いところにデンマークの農村問題があります。デンマークの農村が今日のようによくなつたのは、まつたく宗教のお陰です。……私は繰り返して申します。デンマークの農村問題は、数字や統計の問題ではありません。それは根底において、精神主義的のものです。日本がいくら表面だけを模倣しても、それは、とても成功は覚束なうございます。問題は、愛の社会組織です。つまり、一致です。協力です。愛です。理想です。努力です。……私は、日本に帰れば、もう少し落ち着いてやるつもりにしております。落ち着いてという意味は、もう少し精神主義的に、という意味です。私は、枯れ木に花を咲かすような運動をしたいと思つてゐません。私は、一生を種播く人となつて終わりたいと思つております。グルントヴィの最初の学校は、生徒がわずか四人しかありませんでした。私はその四人から始めたいと思つております。田圃で働く人はよく知つてゐるはずです。春播いたものは秋まで待たねばならぬと云ふことを。私は待つ勇気を持ちませう[7]」。

賀川豊彦は、一九二六年一〇月に兵庫県武庫郡瓦木村（現・西宮市）に自宅を建て、東京から家族と共にそこへ移った。翌二七年一月に杉山元治郎がその隣家に転居して来た。賀川と杉山は日本農村伝道団を結成した。二月に賀川の自宅に日本農民福音学校を開校し、農業青年を対象に一ヶ月間の講習を行った。日本農民福音学校の開校に当たり賀川が書いた入学の呼びかけの言葉がある。賀川は農業青年にこう呼びかけた。

「今度私の家で農民福音学校と云ふのが開かれる。之は農民伝道の中核を為すものであつて、農村の青年であつて、宗教的に農村を改造せんとする者に開かれるものである。一ヶ月間私共と一緒に寝起きして宗教的に社会的に訓練を受けるのである。校長は杉山元治郎氏、教務主任は吉田源治郎氏[8]、私は毎朝一時間位づつ授業を受持ちたいと思つてゐる。課目はキリスト教の一般と、農村社会学と農業科学に関するものである。即ち旧約の精神、新約の精神、キリスト伝、教会歴史、農村社会学、農業通論、農家経営法、農村社会事業等に就いてゞある。今の処では食費を半分だけ学校の方で持つことにしてゐる。併し定員があつて十人以上採れない。純農村に於て農業に従事しつゝ、農村の伝道、農村の改造に志すものゝみ入学の資格を持つてゐる。開校は二月十一日で、閉校は三月十日である。問合せは兵庫県武庫郡瓦木村字高木、賀川豊彦方農民福音学校宛にせられたい」[9]。

賀川の構想による農民福音学校は、日本農民福音学校が設立されたのに次いで、三〇年に静岡県駿《すん》東《とう》郡高根村（現・御殿場市）に御殿場農民福音学校高根学園が、三二年に東京府北多摩郡千歳村（現・東京都世田谷区）に武蔵野農民福音学校が、さらに三五年に北海道空知郡江部乙《えべおつ》村（現・滝川市）に芽生《めばえ》村塾・北海道農民福音学校が、それぞれに地元の青年有志の協力を得て設立された。これらには常設の校舎があり、寄宿もでき、冬期および夏期に開催される講習を受けるために地元のみならず各地から農業青年が集まった。一九三〇年代には、これらの他に、全国各地で小学校などを会場にして短期の講習会が農民福音学校の名称でもって開催され、賀川豊彦や升崎外彦、[10]藤崎盛一[11]らが講師として全国をまわった。賀川や升崎は牧師であり、農業の実践家ではなかった。そこで藤崎が農業指導者として参加し、賀川が提唱した「立体農業」――畜産・酪農を導入した多角的循環農業――を実験し、その普及に努めた。

キリスト教の伝道と農業技術普及、農家生活改善を結びつけた農民福音学校運動は全国各地の農業青年の心に響き、そうした農業青年らによる動きは、地主中心の従来の産業組合を改革し――賀川がいう「協同組合」へ――、さらに農村社会の改革へ繋がっていった。藤崎盛一によれば、農民福音学校の卒業生は約二〇〇〇人に及び、そのうち二八人は農村伝道を志して神学校へ進学し、牧師となった。[12]

2 「三愛」・「立体農業」・「協同組合」

賀川は、農民福音学校を通じて提唱した新しい農村づくりの運動を広く世に伝えるために多くの書物を著わした。先に挙げた『一粒の麦』、『乳と蜜の流る、郷』に加え、『その流域』（一九三五年）、『荒野の呼ぶ声』（一九三七年）、『第三紀層の上に』（一九三八年）は「農村復興小説五部作」と呼ばれているが、[13]新しい農村づくり小説五部作と言うほうが適切である。賀川の新しい農村づくりの主張は論文でも著わされた。その主なものは『農村社会事業』（一九三三年）、『立体農業の理論と実際』（藤崎盛一との共著、一九三五年）、『農村更生と精神更生』（同年）である。

『農村社会事業』の冒頭で賀川はこう述べている。「農村の窮乏を救ふ道はないか？……最初神戸の貧民窟で日本農民組合の組織運動を始めてから十一年になる。そして私はその間にいろんな苦い経験を嘗めつゝ、初めから私の考へてゐたことが間違つてゐなかつたことを今も考へてゐる。然らば、その農村救済の根本精神は何であるか、曰く三つの愛である。土への愛、隣人への愛、神への愛である。然るに、近代人は土への愛を離れて、金銭への愛に走り、隣人への愛を離れて憎悪の福音を播く。……私は、これら凡ての低迷の世界から切り放されて静かに日本の農村の淪落して行く状態を眺め、協同組合組織による農村運動のほか村を救ふべき道のないことを考へてゐる。この協同組合は押し広めて社会事業にも適用することが出来る。社会事業は、今や慈善事業の領域から脱して、協同組合の基礎を持たなければならぬことになつてゐる。私はかうした立場を農村に応用して、絶大なる効果のあることを見たものであるから、その立場から新しき農村社会事業の行くべき道を書いた。この書は過去六年間、私達の小さな農民福音学校で、農村の青年達に聞いてもらつた材料を基礎にして綴つたものである」[14]。

賀川の新しい農村づくり論は三つの柱から成っている。第一の柱は、「精神更生」である。「土を愛し、隣人を愛し、神を愛する」。この「三愛」こそが農村における互助友愛の実践である。第二の柱は、「立体農業」である。賀川は、当時の農業が稲作と養蚕に片寄りすぎていることを指摘し、天候不順による凶作や景気変動による被害を最小限にとどめるためにも、多角的な農業経営へ、とりわけ有畜農業への転換を主張した。そして、耕地を拡大するためには山岳傾斜地の利用を進めることが必要であるとして、そうした傾斜地に適した栗や胡桃等の樹木作物の栽培や養蜂、山羊や兎等の小家畜の飼育による乳や毛皮の生産を推奨した。そして、第三の柱は、「協同組合」の構築である。賀川の構想した協同組合は、都市部における消費組合の設立によってまず具体化したが、農村生活への理解が深まる中で、従来の産業組合事業にとどまることなく、産業組合がもつ力を活かしながら利用組合、医療組合、保育組合、保険組合などの具体化へ広がった。

農民福音学校の成功のひとつを御殿場農民福音学校高根学園に見ることができる。賀川は、雑誌『雲の柱』一九三四年一〇月号の「身辺雑記」欄に、次のように記している。「こんど愈々《いよいよ》年来希望してゐた豚肉加工組合の小さな工場が、高根学園のうちに出来ることになつた。勝俣喜六君が農業大学講師大木氏の処に行つて、約二年間実習してきたので、その技術を用ひて、みんながやることになつた。出資金は一口拾《じゅう》円で、一方に於ては養豚組合を作り、他方に於てはハム、ソーセーヂの製造に専念することになつた。四年前に窮乏した農村を救ふため祈つた私の祈がきかれたので、私は感謝しつゝ、この加工組合の成功を祈つてゐる[15]」。

賀川が高根村に農民福音学校をつくる構想を示したのは、一九三〇年のことである。それは同地の青年有志たちの賀川への熱心な働きかけによるものであった。翌年に青年たちの熱意と賀川の資金援助と地域住民の土地や資材提供等の協力により校舎が建設された。農繁期には託児施設が設けられ、これは三四年に静岡県内初の常設託児所となった。三一年のイエスの友会夏季修養会はこの新築の高根学園校舎を会場にして開催され、講師として新渡戸稲造（一八六二―一九三三）が招かれている[16]。

上記の賀川の文章は、高根学園に「豚肉加工組合」が出来ると報じている。文中にある大木氏とは大木市蔵（一八九五―一九七四）である。農民福音学校で農業指導にあたっていた藤崎盛一は食肉加工の専門家ではなかったから、その指導者として、当時横浜で食肉加工を営み、東京帝国大学農学部や東京農業大学で畜産実習の講師もつとめていた大木市蔵が武蔵野農民福音学校の講師として招かれた。武蔵野農民福音学校には五〇〇羽の鶏舎、一五頭の山羊舎、五頭の綿羊舎、蜜蜂五群があり、それらに加え豚舎一棟が建てられた。大木はこう説いた。「農村に於ける養豚業に対しては従来の如く単に廃棄農産物の飼料化、糞尿の肥料化のみを目標とせず、之が加工又は半加工によりて経済上の利益を一層高むると共に、其内蔵及び脂肪等の利用によりて農村民の栄養を改善し活動の源泉を養ふことが出来る」。「今日の農業者の各戸に対し豚肉加工の実行を望むことは無理であるが加工組合を組織して行へば決して不可能のことで無い。特に加工品の良否は其原料たる豚の肉質と密接なる関係を有し肉質の如何は飼料の種類によりて左右さるゝものであるから、加工組合員たる各農家が此点を充分理解し統制ある飼養管理を行つたならば必ず優秀なる加工豚の産出を見、従つてこれを原料とせる加工品の優良なることは火を見るよりも明である[17]」。

高根学園で学んでいた勝俣喜六が武蔵野農民福音学校へ派遣され、大木市蔵から食肉加工の技術を学んだ。そして、高根学園へ戻った勝俣喜六は、早速、事業化に取りかかった。「御殿場養豚加工組合」が設立され、ハム・ベーコン・ソーセージの製造が開始された。組合員はまた、「福音村土地利用組合」をつくり、休耕地を共同経営し、その収益を事業資金に充てることを考えた。御殿場養豚加工組合によるハム等の製品は「富士ハム」の名で出荷された。その後、勝俣喜六は、一九三七年に群馬県に設立された群馬畜肉加工組合（現・JA高崎ハム株式会社）に製造技術指導者として招かれ、御殿場を去ることとなった。これは、同組合から製造技術者の紹介を求められた大木市蔵が勝俣を推薦したことによるものであった。大木の回想によれば、「賀川先生にお目に掛り、群馬県の熱意を伝え、此の仕事に勝俣君を割愛下さる様お願いし、承諾を得た」[18]のである。群馬畜肉加工組合の製品は「高崎ハム」の名で地元や東京方面に出荷され、農民協同による畜肉加工事業は軌道に乗り、現在に至っている。

3 むすびに代えて――「ポラーノの広場」へ――

ところで、宮澤賢治(一八九六―一九三三)の作品に「ポラーノの広場」という童話がある。賢治は一九二一年一二月に岩手県稗貫郡立稗貫農学校(二二年に岩手県立花巻農学校に改称)の教諭となり、農業青年と日々接するなかで、この作品の最初の構想を得た。一九二四年に賢治が脚本を書き、農学校の生徒たちにより上演された田園劇「ポランの広場」が、その後大幅に書き直されて童話「ポラーノの広場」となっている。この作品は、「銀河鉄道の夜」と同様に、賢治の死の翌年一九三四年に公表された。

一九二六年一月から三月まで花巻農学校を会場にして「岩手国民高等学校」が開かれ、賢治はそこで「農民芸術」という科目を担当した後、同年三月末に農学校を退職し、羅須地人協会を立ち上げた。「羅須地人」の意味は定かでないが、醜い争いが絶えない修羅の場と化したこの世の中をひっくり返した世界が「羅須」であると理解できるだろう。「地人」も聞き慣れない言い方だが、農民への共感を込めて「地人」という言葉を使ったとも考えられるし、あるいは内村鑑三(一八六一―一九三〇)の『地人論』に由来するのかもしれない。この本は日本が西洋文明と東洋文明とを総合する位置にあることを地理的、歴史的に論じた書物である。[19]平和な世の中を希求する東西両洋の文明の総合者としての農民が集うところ、それが羅須地人協会である。一九二六年四月一日付け『岩手日報』の記事で、賢治は記者のインタビューに応えて、「新しい農村の建設」についてこう語った。「現代の農村はたしかに経済的にも種々行きつまつてゐるやうに考へられます。そこで少し東京と仙台の大学あたりで自分の不足であつた『農村経済』について研究したいと思つてゐます」[20]。賢治が「農村経済」を研究したいと考えていたことは注目してよい。

童話の物語は、一匹の山羊を飼い、毎朝その乳にパンを浸して食事をとっているレオーノ・キュースト（＝私。モリーオ市博物局の職員）が、少年ファゼーロと彼の友だちミーロとの三人で、昔モリーオ市の郊外にあったと伝えられているポラーノの広場（理想郷）を探すという筋書きのなかで展開し、地元の有力者デストゥパーゴといざこざを起したことで行方不明になっていたファゼーロがキューストのところへ戻って来て結びの場面となる――

私がファゼーロの行方を心配していたところに、ファゼーロが帰ってきた。彼は、センダード市の革染め工場で働いていたのだと言う。デステゥパーゴの倒産した酒密造工場を使って、ファゼーロは革加工を、ミーロはハムをつくることにしたと言う。栗の加工も計画している。工場で働く人たちが力を合わせて組合をつくった。皆は「新しいポラーノの広場」の開場を水で乾杯をして祝った。そして物語は、「それからちょうど七年たったのです。ファゼーロたちの組合ははじめはなかなかうまく行かなかったのでしたが、それでもどうにか面白く続けることができたのでした。私はそれからも何べんも遊びに行ったり相談のあるたびに友だちにきいたりしてそれから三年の后にはたうたうファゼーロたちは立派な一つの産業組合をつくり、ハムと皮類と醋酸とオートミルはモリーオ〔の〕市やセンダードの市はもちろん広くどこへも出るやうになりました」[21]。

　栗を加工し、ハムの製造や皮の加工を楽しく続けられる産業組合をつくる。これが、宮澤賢治の農村経済研究の結論である。羅須地人協会を設立した時に岩手日報の記者に語った「新しい農村の建設」である。一九三三年五月に新渡戸稲造が盛岡に帰省した。産業組合青年連盟（産青連）岩手支部の総裁に就任するためである。県民による新渡戸歓迎の様子が『岩手日報』に報じられた。新渡戸稲造の総裁就任により岩手県の産青連運動は勢いをつけ始めた。地主中心の従来の産業組合から脱して、農業青年たちが新しい発想で産業組合にかかわり、事業を多様化していく兆しが見えてきた[22]。賢治は同年九月に亡くなった。

　宮澤賢治が賀川豊彦の新しい農村づくりの運動を知り得た事実がある。それについてはすでに別稿で論じたのでここではふれない。「ポラーノの広場」のモデルは農民福音学校ではないかという仮説を提示して本稿の結びとする。

［註］

（1）ユニセフ編『世界子供白書 二〇〇〇年版』。

（2）賀川豊彦記念松沢資料館編『賀川豊彦子どもの権利論のてびき』賀川豊彦記念松沢資料館、一九九二年を参照。

（3）https://ich.unesco.org/en/RL/idea-and-practice-of-organizing-shared-interests-in-cooperatives-01200.

（4）賀川豊彦『暗中隻《せき》語』（春秋社、一九二六年）『賀川豊彦全集』第二二巻所収、一四頁。

（5）杉山元治郎（一八八五―一九六四）は大阪に生まれ、大阪府立天王寺農学校を経て、東北学院で学んだ。福島県相馬郡小高町（現・南相馬市）の小高教会牧師となり、また同地で小高農民高等学校を開設した。小高農民高等学校は、デンマークにおいて牧師グルントヴィ（Nikolaj Frederik Severin Grundtvig, 1783－1872）の提唱により始められた国民高等学校（フォルケホイスコーレ）を手本にして、一九一三年に開始され、農村青年を対象に「農業と宗教」の学舎となることを目指した。その後杉山は大阪へ戻り、日本農民組合が創設されると、その組合長に就き、それ以降、農民運動に尽力する生涯を過ごした。

（6）三〇エーカーは約一・二ヘクタール。

（7）賀川豊彦「デンマークの印象」『雲水遍路』（改造社、一九二六年）『賀川豊彦全集』第二三巻所収、一二九～一三二頁。松野尾裕編『希望の経済――賀川豊彦生活協同論集』緑蔭書房、二〇一八年所収、一二八～一三二頁。なお、小池直人『デンマーク共同社会《サムフンズ》の歴史と思想――新たな福祉国家の生成』大月書店、二〇一七年は、グルントヴィの国民教育思想がデンマークの草の根からの福祉社会形成に寄与したことを論じていて、興味深い。

（8）吉田源治郎（一八九一―一九八四）は三重県に生まれ、明治学院神学部卒業。牧師。一九二五年に大阪市此花区四貫島においてセツルメント事業を開始した。アマチュア天文家でもあり、『肉眼で見える星の研究』警醒社書店、一九二二年の著者。宮澤賢治（後述）の星座に関する知識は同書から得られたとする研究がある。草下英明『宮澤賢治と星』（新装版）學藝書林、一九八九年、三〇～三九頁。

（9）賀川豊彦「武庫川のほとりより」（『雲の柱』一九二七年二月号）『賀川豊彦全集』第二四巻、キリスト新聞社、一九六四年所収、七五頁。

（10）升崎外彦（一八九二―一九七五）は救世軍出身の牧師。一九二七年に和歌山県日高郡南部町（現・みなべ町）に労禱学園を設立した。

(11) 藤崎盛一（一九〇三―一九九八）は、東京農業大学の出身で、在学中はＹＭＣＡで活動した。同大学助手の時に農業指導の適任者を探していた賀川へ湯浅八郎から推薦され、武蔵野農民福音学校の専任教員に転じた。戦後、一九五五年に武蔵野農民福音学校が廃止された後は、瀬戸内海の豊島《てしま》（香川県小豆郡土庄町）に移住して豊島農民福音学校を設立し、晩年までその経営に努めた。

(12) 藤崎盛一「〝立体農業〟生みの親」『賀川豊彦全集 月報一六』（第一二巻添付）三頁。

(13) 武藤富男「解説」『賀川豊彦全集』第一八巻所収、四〇五頁。

(14) 賀川豊彦『農村社会事業』（日本評論社、一九三三年）『賀川豊彦全集』第一八巻所収、三頁。

(15) 賀川豊彦『賀川豊彦全集』第二四巻、一九二頁。

(16) イエスの友会は一九二一年に賀川豊彦の提唱により、当初は超教派の一四人の牧師でもって結成されたが、その後賀川の社会事業に共鳴した学生、農民、労働者などもメンバーとなり、賀川の活動を支える組織となった。

(17) 大木市蔵・鈴木洋一『実験 豚の屠殺解体加工法』愛知県猿投農学校同窓会、一九三九年、一～二、三～四頁。

(18) 大木市蔵「創業二十周年を回顧して」群馬畜産加工販売農業協同組合連合会編『高崎ハム創業二十年史』群馬畜産加工販売農業協同組合連合会、一九五八年所収、二〇頁。

(19) 内村鑑三『地人論』警醒社書店、一八九四年。岩波文庫所収。

(20) 『新校本 宮澤賢治全集』第一六巻下、年譜篇、筑摩書房、二〇〇一年、三一一～三一二頁。

(21) 宮澤賢治「ポラーノの広場」『新校本 宮澤賢治全集』第一一巻、本文篇、筑摩書房、一九九六年、一一一頁。『ポラーノの広場』新潮文庫所収。

(22) 大島丈志『宮沢賢治の農業と文学――苛酷な大地イーハトーブの中で』蒼丘書林、二〇一三年を参照。同書は、賢治の時代の岩手県の農業と産業組合の動きに照らし合わせて、賢治の作品の解釈を行っている。

［参考文献］

賀川豊彦『賀川豊彦全集』第一二、一八、二二、二三、二四巻、キリスト新聞社、一九六三・六四年。

松野尾裕編『希望の経済――賀川豊彦生活協同論集』緑蔭書房、二〇一八年。

松野尾裕「賀川豊彦の経済観と協同組合構想」『地域創成研究年報』第三号、愛媛大学地域創成研究センター、二〇〇八年所収。

同「二人の協同組合主義者 黒澤酉蔵と賀川豊彦――『乳と蜜の流る、郷』によせて」『日本経済思想史研究』第一三号、二〇一三年所収。

同「グルントヴィと北海道酪聯の開拓者たち――宇都宮仙太郎と出納陽一を中心にして」矢嶋道文編『互恵《レシプロシティー》と国際交流』クロスカルチャー出版、二〇一四年所収。

同「御殿場農民福音学校と食肉加工品製造の実践」『愛媛経済論集』第三四巻第二号、二〇一四年所収。

同「賀川豊彦と黒澤酉蔵――相互扶助の思想にもとづく教育と実業」『賀川豊彦学会論叢』第二四号、二〇一六年所収。

同「岩手県摺沢の三愛塾運動」『雲の柱』第三一号、二〇一七年所収。

同「三浦所太郎と東北農業協会・東北ミッション」『愛媛経済論集』第三六巻第二・三合併号、二〇一七年所収。

同「賀川豊彦と宮澤賢治――新しい人づくり・新しい郷づくり」『愛媛経済論集』第三七巻第一号、二〇一七年所収。

同「秋田県仙北市田沢湖神代柏林のクリスチャン集落を訪ねて」『雲の柱』第三三号、二〇一九年所収。

【特別寄稿】 広瀬淡窓著『儒林評』の江戸儒学三変論
――朱子学に見える「有徳」性を考える――

三澤勝己

はじめに

本書の主題である「有徳性」を日本の江戸時代の社会で考える時、その与えた影響の強弱には評価の相違があるものの、人々の道徳規範を形成した一つの要因として、朱子学の存在が考えられることには異論がないだろう。それにも関わらず、後掲する土田健次郎氏の著書を除いては、江戸時代全般と朱子学との関係を扱った研究は少なかったのではないだろうか。そこで、江戸後期の儒者広瀬淡窓（一七八二―一八五六）の著述『儒林評』を素材として、この問題を検討してみたい。『儒林評』は冒頭で江戸時代の儒学を概観して三期区分し、各時期の特徴を簡潔に述べている。この著述を通して江戸儒学の概要、特に朱子学の問題を検討する。

叙述の順序としては、『儒林評』はどのような経緯で成立した著述であるかを説明した後、同書の江戸儒学三変論の内容に則して各時期の儒学を検討する。また、併せて淡窓と朱子学との関係にも言及してみたいと思う。

1　『儒林評』について

『儒林評』の内容は、淡窓の創設した咸宜園で開かれた夜話会に基づくと推定される。(1)その根拠は、門人たちとの問答を集めた『夜雨寮筆記』に、『儒林評』と同様の記述があることに拠る。[2]また、『儒林評』には、その成立年次を窺わせる記述がある。「南溟没スル年七十二、今年丙申マデ二十三年ナリ」とあるのがそれである。淡窓の先生である亀井南冥（一七四三―一八一四）に触れ、「丙申」即ち天保七年（一八三六）は、南冥の没年から数えて二三年後でありこの記事と照応する。[3]淡窓五五歳であり、『儒林評』はこの時期の夜話会の内容に拠ると考えられる。

2　朱子学の内容

『儒林評』の内容を見る前に、朱子学とはどのような内容であったのかを確認しておこう。この点については、中国の朱子学への理解を前提にして、江戸儒学を見渡すという類を見ない研究を推進している土田健次郎氏の著書の内、『江戸の朱子学』から筆者の理解した内容を説明することにしよう。[4]

朱子学の教理は、世界を理と気でとらえる。この点について、土田氏は引力の法則を例示している。リンゴが木から落ちるということは経験できるものであり、これは気のかたまりが気の中を移動しているることであるとする。それに対して、引力の法則は経験できないものであり、これが理の働きに当るとしている。理気のイメージをつかむ上で、わかりやすい比喩であるといえよう。このような理気は人間の心にも適用され、朱子学では心は性と情に分けられ、性が理であり情が気である。土田氏は「『性』の通りに『情』が動いている時が善であり、気のエネルギーの歪《ゆが》みから『性』の通りに『情』が動いていない時に悪が発生する」と説明している。このため、気の歪みを正し理に則した行動をする必要があり（気質を変化させること）、そのために学問と修養が要請される。

この内、学問は『大学』の「格物」（朱子〈一一三〇—一二〇〇〉は「物に格《いた》る」と読む）の語が示すように、経書の学習により事物の理の把握をすることであった。[5]また、修養は「居敬」（敬に居る）と表現され、土田氏は「心を専一に対象に集中させ、同時に心身の威儀を正すことで、心の善なる本来的機能を開かせようとする」と説明する。さらに、「人間がみな聖人になれるということは、心の性が善だからであり、それを意識のうえで実現させようというわけである」と言う。よく知られる「聖人学んで至るべし」のことであるが、土田氏は次のように注意を喚起する。

朱子学では重要な前提がある。それは万人が聖人に到達できるということである。これは一見、人間の可能性を温かく見る思想のようであるが、実際にはそのようには機能しない。むしろ人間の道徳的可能性を信ずる分、現実の人間に厳しくなる。いわば百点を取れるはずなのになぜ五十点しかとれないのかというように、人間の欠けている部分をクローズアップするのであって、いわばマイナス思考の傾向を持つ。

このような人間に道徳的向上を間断なく求める思想は、本書の主題である「有徳性」と密接に関わる問題である。江戸時代の人々の道徳性の涵養と朱子学とはどのように関わっていたのか、を本稿で考えてみたいのである。

3 『儒林評』の江戸儒学三変論の第一変

それでは、『儒林評』の内容を見てみよう。同書ははじめに江戸儒学の三変を述べてから、各論として林羅山から始めて淡窓と同時期の儒者・僧侶に至る個々の人物を論評するという構成を採っている。ここでは、江戸儒学を三期に区分して、その変遷を略述している冒頭の三変論に注目して取り上げる。

第一変では「二百年来ノ儒風、大略三変セリ」の出だしに続いて、藤原惺窩・林羅山を挙げ二人を「本邦儒道ノ中興ニシテ、又程朱学ノ開祖タリ」と位置づけている。続いて、中江藤樹・山崎闇斎・熊沢蕃山・貝原益軒・木下順庵を挙げて、「其人ト学ト不同アリト雖《いえど》モ、大抵性理ニ本《もとづ》キ、躬行《きゅうこう》ヲ主トセリ」と述べている。これらの学者は、朱子学が基盤であると指摘している。この見解は、妥当なものといえよう。

但し、この第一期では、林羅山（一五八三―一六五七）と徳川家康（一五四二―一六一六）との関係が問題になる。先に「程朱学ノ開祖タリ」と述べるほかに、各論の羅山の部分では「国家草創ノ砌《みぎり》ナルニ、其制度羅山ノ議ニ出ルコト多キコト、叔孫通《しゅくそんつう（しゅくそんとう）》ノ漢ニ於ケルガ如シ。一代ノ儒宗トナリテ、子孫繁盛スルコト、天其功ニ報ユル所ナルベシ」と述べている。(6) これは、江戸幕府の制度設立に羅山が大きく関わっていたとする所論である。ここには、従来の通説として、「豊臣氏のあと天下を取った徳川家康は幕藩体制という政治の仕組みを築いていくなかで、この体制を維持し正統化する思想的バックボーンとして朱子学を採り入れました」というような主張に相通ずる考え方が示されている。(7)

この点については、尾藤正英氏の主張により、修正が求められている。尾藤氏は次のように述べている。(8)

> それ以前の幕府の中における林家の待遇をみると、林羅山が慶長一〇年（一六〇五）に家康に仕えるが、その時から儒学が幕府の官学になったといわれ、幕府の体制を支える学問として儒学

が機能したと考えられることが多いけれども、実際はそうではない。羅山は幕府では道春という僧号でよばれ、一種の僧侶として扱われた。これは室町時代以来の伝統で、室町幕府では五山の禅僧を政治の顧問とし、とくに外交や貿易の面で利用することが多かった。その伝統が豊臣秀吉に、さらには江戸幕府にも受け継がれたのである。『本朝通鑑』を完成した二代目の鵞峯、三代目の鳳岡も、春斎と春常という僧号でよばれていたが、湯島聖堂ができた時、鳳岡は、初めて髪をのばして武士の姿になることを許され、大学頭という官名を与えられる。この時になってようやく儒学者が、幕府の中でほかの武士と同列の待遇を受けるようになったといえる。

ここに述べられているように、羅山から江戸幕府の教学に朱子学が採用されたとする従来の見解は修正されるべきであり、江戸幕府に朱子学が採用されるのはもっと後であると見るべきであると考える。

4　『儒林評』の江戸儒学三変論の第二変

次に『儒林評』から、第二変の箇所を掲出する。

伊藤仁斎復古説ヲ唱フルニ及ンデ、物徂徠之ニ次デ起ル。其説務メテ宋儒ノ古ヲ失ヘルコトヲ弁ジテ、古義ヲ再興スルニアリ。於是《ここにおいて》儒流ノ争ヒ盛ニナリ、仏ヲ排スルニ遑《いとま》アラズ。其学訓詁ヲ精《くわし》クシ、詩文ヲ主トシテ、躬行ヲ務メズ。是再変ナリ。

ここでは伊藤仁斎と荻生徂徠の二人が取り上げられているが、この記述は主に徂徠を念頭に置いている。そこで、徂徠の学説の特徴を見てみることとしよう。(9)

徂徠（一六六六―一七二八）については先学による数多くの研究があるが、ここは中野三敏氏の論

を挙げよう。(10)

　儒学とは、いわば学問と政治と道徳と文学のすべてにまたがる壮大な体系をもつものであることと言うまでもない。そして徂徠学の特徴とするところは、学問としては古典解釈学としての古文辞学を新しい成果とするが、対社会的にはとくに公的な政治と私的な文学の面で際立った印象を与えていたことも言うまでもない。

この記述に沿って、ここでは『論語』に対する朱子の注釈（『論語集注《しっちゅう》』）と徂徠の注釈（『論語徴《ちょう》』）の比較を素材としながら、筆者なりの説明を試みてみたいと思う。

5　朱子と徂徠の『論語』の注釈

徂徠は堯《ぎょう》・舜《しゅん》・禹《う》などの聖人による制度の制作という立場から、『論語』の「子曰」の中にも孔子の言行ではない部分を探す。例えば、里仁篇冒頭の章「子曰。里仁為美。択不処仁。焉得知」がそれである。この章を朱子は全て孔子の言葉とし、「里仁為美」を「里有仁厚之俗為美」（「里に仁厚の俗有あるを美と為す」）と注釈している。(11) それに対して、徂徠は「里仁為美。古言。孔子引之。何者。里訓居。孟荀可徴焉。……」（「『仁に里《を》るを美と為す』は、古言にして、孔子これを引く。何となれば、里を居と訓ずること、孟荀徴すべし」）と注している。(12) 徂徠は「里仁為美」を孔子以前からの古言、「択不処仁。焉得知」（ここの徂徠注は割愛）は孔子の言葉と二つに分けている。そのために、『孟子』『荀子』に用例を求めている。中野氏の「古典解釈学としての古文辞学」、『儒林評』の「其学訓詁ヲ精クシ」に該当する部分である。

中野氏の言う「公的な政治と私的な文学の面」に関連しては、徂徠の公私の分離の捉え方の内、制度の制作から導き出される政治の重視という点を、雍也篇の「子謂子夏曰。女為君子儒。無為小人儒」から挙げてみよう。ここの君子と小人について、朱子は「程子曰。君子儒。為己。小人儒。為人。」（「程子曰く、君子の儒は、己の為にす、小人の儒は人の為にす、と」）「謝氏曰。君子小人之分。義与利之間而已。……」（「謝氏曰く、君子小人の分は、義と利との間なるのみ。……」）と程頤《ていい》と謝良佐の語を引用している。[13] ここからは、朱子が道徳的修養という観点から捉えていることがわかる。それに対して、徂徠は「君子之事者。謂出謀発慮。使其国治民安也。小人之事者。謂徒務籩豆之末。以供有司之役也」（「君子の事とは、『謀を出し慮を発し』、その国治まり民を安んぜしむるを謂ふなり。小人の事とは、徒《いたづ》らに籩豆《へんとう》〈祭りや宴会に用いる器の名〉の末を務めて、以て有司の役に供するを謂ふなり」）と注釈して、政治的観点から君子と小人を捉えていることがわかる。

また、今一つの例として泰伯篇の「子曰。興於詩。立於礼。成於楽」を挙げてみよう。朱子はこの章に「興起也。詩本性情。有邪有正」（「興は起なり。詩は性情に本づき、邪有り正有り」）から始まる詳細な注を施しているが、詩・礼・音楽を人格の完成のために必要なものと見ている。一方、徂徠は「先王之教。詩書礼楽。書為学者本業。何者。書道政事。学而為士。不学則民。仕以従政。……必以詩与礼楽為輔。…… 又曰。蕩滌其邪穢。消融其查滓。是其変化気質之説已。殊不知古之成於道者。大者大成。小者小成。皆各以其材成焉。豈必変化其気質哉。学者察諸」（「先王の教へは、詩・書・礼・楽。『書』は学者の本業為り。何となれば、『書』は政事を道《い》ふ。学んで士と為り、学ばざれば則ち民たり。仕へて以て政に従ふ。…… 必ず詩と礼楽とを以て輔と為し、…… 又曰く、『その邪《じゃ》穢《あい》を蕩滌《とうてき》し、その査滓《さし》を消融《しょうゆう》す』〈割愛した朱子の楽に関する注の部分〉と。是れその気質を変化するの説なるのみ。殊に知らず古への道に成る者は、大いなる者は大成し、小なる者は小成す。皆各々その材を以て成ることを。豈に必ずしもその気質を変化せんや。学者諸《こ》れを察せよ」）と注釈している。先王の道である政治が述べられているとして『書経』を重視する徂徠は、それを補佐する詩と礼楽のことをこの章は述べていると解釈している。また、ここでは気質を変化させることはできない、という見解も表明されており、先述の朱子の気質変化説に反対の立場を示している。

文学の面では、今取り上げた『論語』泰伯篇の「興於詩」の部分に朱子は、「故学者之初。所以興起其好善悪悪之心。而不能自已者。必於此而得之」（「故に学者の初め、其の善を好み悪を悪《にく》むの心を興起して、自ら已《や》む能《あた》はざる所以《ゆえん》の者、必ず此に於てして之を得」）と注釈している。この見解は、『詩経』の詩を聖人が善を勧め悪を戒めるものと解釈した朱子の『詩経』観とも関連する考え方が示されている。それに対して、徂徠は『詩経』を道徳的に解釈することを否定して、人情を肯定しその解放を提唱した。

6 『儒林評』の江戸儒学三変論の第三変

次に『儒林評』から、第三変の箇所を掲出する。

其後伊物ノ説盛ニシテ、程朱ノ学衰ヘシニ、儒者多ク浮華《ふか》放蕩《ほうとう》ニ流レテ、躬行ヲ務ムル者ナシ。於是世人之ヲ厭《いと》ヒテ、再ビ宋学ニ帰スル者多シ。然レトモ宋学ノ弊モ、亦鑑《かんが》ミザルニ非ズ。故ニ程朱伊物ノ説ニ於テ、互ニ取捨スル所アリ。世之ヲ折衷学ト称ス。当時高名ノ儒者十ニ七八、折衷学ナリ。其行状、中頃ノ放蕩ニコリテ、少シク収斂《しゅうれん》ニ赴ケリ。然レトモ其利ニ走ルコト、極テ甚ダシ。

ここでも仁斎・徂徠の説が併記されているが、儒者の多くが「浮華放蕩ニ流レ」たというのは、徂徠への指摘として妥当するものであろう。先述したように、朱子学で説かれる学問と修養により聖人に到達することを目標とする実践躬行がないがしろにされるようになったので、宋学、即ち朱子学に回帰するものが多かったというのである。これは、気質の変化を否定して道徳的向上よりも各人の才能を発揮することを重視した徂徠の思想の影響を受けて、道徳軽視の風潮が広がっていった状況が背景にある。

しかし、朱子学の弊害も考慮する必要があったので、「程朱」（朱子学）と「伊物」（仁斎・徂徠）の説を取捨選択する折衷学が盛んになったと淡窓は指摘する。この第三変では、朱子学に回帰したという記述と、折衷学が盛行したという記述に注目したい。これについては、次節で改めて検討してみたい。

7　江戸後期儒学における朱子学への回帰

この第三変の時期は、江戸後期に当たる。江戸時代を時期区分する時に二期に分けたり、あるいは三期に分けて考察することはよく採られる方法であろう。後期の開始をどこに求めるかについても諸説あるが、この第三変の画期としては、寛政期が考えられる。寛政改革殊に寛政異学の禁が関連する。寛政異学の禁は、昌平坂学問所（昌平黌）において朱子学以外の儒学を教えることを禁止した命令である。これには従来、学問統制とする見方が強かったが、現在はその見解は見直される方向にある。淡窓が第三変で指摘する朱子学への回帰と折衷学の盛行は、寛政改革に前後して相互に関連して出てきた現象である。ここでは、第三変に出てくる順番で、朱子学への回帰から検討してみたい。これについては、徂徠学の流行から朱子学への回帰は、単に朱子学を復活させたのではなく、この場合は徂徠学を経た朱子学であったということが、大きな意味を持つのではないだろうか。この点に関する、先学の指摘を挙げてみる。

中野三敏氏は、

政治と学問と文芸の三面において、徂徠学はすでに十分に咀嚼されつくしてその役割を果たし終え、一方道徳面においては覆い得べくもない欠落感を露呈していたのが、寛政改革前夜における徂徠学末流の実態であったと理解する。すなわち儒学を中心とした封建政治の完遂を目指す定信にとって、寛政の新政の時点で異学をとり込んで朱子学に一本化し、……　ましてそれが学問の弾圧になるなどの意識はあるはずもなかったといえよう。定信自身にもまたそのブレーンとしての柴野栗山あたりにも純粋に学問としての徂徠学を云々する意識は恐らくなかったにちがいなく、あえていえば、すでに朱子学者も徂徠学的な学問方法は十分に身につけていることだし、道徳面での弛緩は目立ちすぎるから、このあたりで幕臣には朱子学一本で行かせたらどうか、その方が気分的にも引き締まってよかろうというほどのことだったかと思う。

と述べている。[14]また、土田健次郎氏はこの『儒林評』を取り上げた部分で、第三変に関連して「その朱子学は、徂徠学を知ったうえでの朱子学であった」と言われている。[15]

また、辻本雅史氏は頼春水（一七四六―一八一六）について、

頼春水は　……　それは結局、徂徠学を経た後の、十八世紀後半に政治に関わった（もしくは関わろうとした）諸学に通有の学問観であったというべきであろう。…

春水では「治人」こそ第一義目的であり、「修己」はそのための不可決の前提と位置づけられていたのである。……　とすれば、春水の学問認識それ自体は、その主観的意図とは別に、徂徠学のそれに触発されて形成された面があったのではなかったか。……

春水ら正学派朱子学が、朱子学を奉じた朱子学者であったこと、これはまぎれもない。しかしたんなる朱子学の復古というのみでは済ましえないものがあったことは、行論において明らかとなったであろう。朱子学は、宝暦以降の社会の現実に直面して、内発的かつ自覚的に択びとられた思想であった。この点にこそ、注目すべきである。またそれは、徂徠学的な学問観にもとづくことで可能であった。朱子学は、こうした修正を経ることによって、はじめて以後のイデオロギーの主流となりえたのであるともいえよう。

と述べている。(16)ここに挙げた三氏の所論は、江戸後期の朱子学への回帰は、徂徠学を経た上でのそれであったとする主張で共通するであろう。筆者なりにそのことの一端を説明すると、リアルに現実を見ることと文献学の手法などであり、それらを踏まえて朱子学が再度重視されたということではないだろうか。

8　折衷学の盛行

次に『儒林評』に「当時高名ノ儒者十ニ七八」(「当時」はここでは現在という意)であったという折衷学を見てみよう。これまで、折衷学を初めとする江戸後期の儒学は、それ以前の徂徠学などと比べて思想的価値が低いとして、あまり研究されてこなかった領域であろう。(17) それは、かつて大きな影響を与え、今日でも参照されることの多い丸山眞男氏の次のような発言にも典型的に示されている。(18)

かうして徂徠学が後継者において益々分裂し頽廃しながら、他方宋学は古学派から蒙った創痍の恢復に悩んでゐるとき、儒学界に進出して来たのは、……　いはゆる折衷考証学派である。……　結局彼等は各学派のドグマティックな党派性に抗議して自由研究を主張した点で多少の積極性は持つたが、「折衷」はどこまでも「折衷」でなんら「創造」を意味せぬごとく、理論的には殆んど新たなものを提示するところなかつた。しかもかうした折衷性は単にいはゆる折衷学派のみならず、程度の差こそあれ、徂徠学以後の儒学界の共通の傾向であつた。……　儒学界を覆ふかうした折衷性は近世儒教がすでに独創的な発展を停止したことを告示するものにほかならぬ。かくて結局、徂徠学は、儒教の最後的な再建として、理論的にも絶頂を占めたわけである。

江戸儒学の頂点は徂徠学であり、江戸後期儒学は思想的に見るべきものがないとする主張である。

折衷学は、右に丸山氏の言うような評価しか下せないのであろうか。これに関連しても、中野三敏氏と土田健次郎氏の所論に傾聴すべきものがある。中野氏の論は前節で引用した部分のすぐ前のところで、純粋に学問的な方法論、すなわち経書の正確な理解のための手段としての古文辞学という観点からは、すでに徂徠学はその学的正統性ゆえに朱子学者にも十二分に咀嚼され、それを踏まえた折衷学が成長して、朱子の新注と古学派の古注とを折衷した、より高度な古典解釈学を生み出している。

と述べている。また、土田健次郎氏は同じく前節で言及した『儒林評』を取り上げた部分で、

この折衷学者の登場は、それだけ学問が学問として自立することが定着したということでもある。複数の学説を並列させ、それを折衷するということは、新たな知の受容の可能性を開いたとも言えるのであって、それ自体が新たな価値観の創出には至らなくても、価値観の相対化と、従来と異質な価値観を受容する空間の拡大に貢献したとは言えよう。

と述べている。両氏の所論は、折衷学に価値を認めようとする点で共通しているといえるのではあるまいか。そもそも折衷をするということは、朱子学と徂徠学双方への知識が蓄積されたからこそ可能になったことではないだろうか。

さて、淡窓その人を考えてみると、『儒林評』の記述では折衷学と淡窓自身とを区別しているが、淡窓も折衷学と見なすことができると思われる。また、淡窓の思想の基底は朱子学にある、としてよいのではないかと考えている。

おわりに

広瀬淡窓の著述『儒林評』に見える三変論を通して、江戸儒学の三つの時期について考察を試みて

みた。これまで、その影響に触れられながらも、江戸儒学全体を朱子学を通して検討することがあまり行われてこなかったのではないだろうか。その点で、土田健次郎氏の研究は極めて示唆に富むものがある。土田氏は朱子学が江戸時代を通して浸透し、当時の人々のいわば基礎教養となっていたことを提示された。これは筆者も同感である。先述のように朱子学の目標とした学問と修養は、江戸の社会に一環して存在し、人々の知識獲得への関心と道徳的向上心を培ったのではないだろうか。本稿で再三引用し参照してきた中野三敏氏の前掲「十八世紀の江戸文化」の結びに、次のようにある。

道徳主義のみの観点から江戸文化を見るのも誤りであろうが、それはなお経済原理のみで江戸の文化を割り切るのよりは、誤りは少なくてすむようにも思う。江戸が江戸であるかぎり、道徳は常に経済よりは何がしかは優先して考えられていたはずだからである。それは江戸人の常識というものであった。その常識を根底から払い去ったもの、すなわち江戸の息の根をとめたもの、それが福沢諭吉であったように、私には思えるのである。

ここで指摘している道徳を支えていたものの一つが、朱子学だったのではないだろうか。

なおここに中野氏の所感を引用したが、福沢諭吉と儒教との関係について一言触れてこの小論を終わることとしたい。中野氏は福沢を「江戸の息の根をとめたもの」とされ、それ以上は語られていない。しかしこれは、福沢が儒教に否定的であったことを念頭に置いているものであろう。福沢の儒教に対する批判的姿勢は、周知のところであろう。しかし、福沢と儒教との関係には留意すべき問題もあると思われる。

福沢の思想と儒教との関係については、松沢弘陽氏の発言が参考になる。松沢氏は『文明論之概略』

の「解説」で、同書に付した注に言及して、「典拠文献への論究が最も多いもの」は「英語文献」であろうが、「引用や論究の頻度で最も多いもの」として、「儒教を中心とする漢学」を挙げている。[19]「福沢が儒教にどんなに批判的」であったかは、同書の本文からも明らかであるといわれる一方で、それは青年時代に積んだ素養の所産であることにも触れ、引用や論究の仕方の多様性を指摘している。[20]その中に、「儒教の基本思想が福沢自身の思想の表現の形として用いられている場合」のあることが挙げられている。これは、福沢が意識しない中にも骨格を成していたもの、ということを意味するのではないだろうか。その具体例としては、「第六章　智徳の弁」の徳を語る部分にある「一人の心の内に慊《こころよ》くして、屋漏《おくろう》に愧《はじ》ざるもの」を挙げている。松沢氏は前者を『大学』の朱子の注を踏まえている言葉と推測され、後者を『中庸』第三三章に典拠を求めている。共に、妥当な見解であろう。ここは、道徳とは自分の内面の問題であることを述べている部分である。先に引用した『論語』雍也篇の君子儒と小人儒について朱子が引用している程頤の「君子儒。為己。小人儒。為人。」とも共通する考え方である。

この松沢氏の考証を踏まえて、藤原昭夫氏は福沢のみならず、その青少年期を江戸時代に過ごした「明治期の経済思想家たち」は、「儒学的思考や儒学的世界観、社会観、道徳観など」が「当人がそれを意識するにせよせぬにせよ、いわば彼等の骨肉と化していた」と見なすことができるとしている。[21]

このように、福沢が自分の考え方を語る時に、儒教の用語を使用しているという側面、換言すれば儒教を否定する半面で福沢の素養として儒教の用語が発露される側面、について検討を加えるべき点があるのではないだろうか。

〔註〕

(1) 夜話会は全寮制を基本とした咸宜園において、夕食後に何人かの門人を集めて開かれた談話会である。小栗布岳は著書『豊絵詩史』(全三冊、一八八四年、西村七兵衛発兌)に、布岳の希望により李白の詩を数十日連続で講じてもらった、という逸話を紹介している。その時、淡窓は老年になってからは杜甫の詩だけを誦して、李白の古詩は忘れてしまったと言い、それは「以詩意縹緲。非学者模範也」(「詩意縹緲《ひょうびょう》として、学者の模範とするに非《あら》ざるを以《もっ》てなり」、縹緲はぼんやりとした様)だからであると語ったと記している(上巻三二丁表)。

(2)『夜雨寮筆記』(増補淡窓全集上巻〈一九七一年復刻、思文閣〉所収)巻四。また、『夜雨寮筆記』が夜話会の記録であることを裏付けるのは、『夜雨寮筆記』巻四に「先夜ノ譬《たとえ》ニ申セシ如ク」とあることによりわかる。

(3) 増補淡窓全集中巻(一九七一年復刻、思文閣)所収。同書では『儒林評』は全て句点であるが、以下の引用では読解の便宜上、一部句点を読点に改めた。なお、ここでの引用「南溟」はそのままである。

(4)『江戸の朱子学』(筑摩選書、二〇一四年)「第一章　東アジアにおける朱子学の登場」。

(5)『大学』はもと『礼記』の一篇であったが、同じく一篇であった『中庸』と共に、朱子は独立の書として取り出し、『論語』『孟子』と併せて四書と位置付けた。また、朱子は四書を学ぶことから始めて、五経に移ることを説いている。

(6) この羅山を叔孫通に擬する見解の部分は、原念斎の『先哲叢談』に類似の記述があり、『先哲叢談』を踏まえた記述であろう。実際、『儒林評』は最初に「近世儒林ノ人物ハ、先哲叢談ニ略《ほ》ボ載セタリ」とあり、これからも『儒林評』が『先哲叢談』を意識した著述であることを窺うことができる。なお、源了圓氏は『先哲叢談』(東洋文庫、平凡社、一九九四年)「解説」において、『儒林評』を取り上げて淡窓を「幕末で最も『先哲叢談』に触発された人」と評している。

（7）『大江戸万華鏡』（全国の伝承江戸時代　人づくり風土記一三、四八、農山漁村文化協会、一九九一年）第五章1「昌平坂学問所―幕府文教政策の本拠」。

（8）尾藤正英氏は『日本封建思想史研究』（青木書店、一九六一年）においてこのことを主張しているが、ここでは『日本文化の歴史』（岩波新書、二〇〇〇年）「第十章　元禄文化」から該当部分を引用した。この林羅山の位置については、小室正紀氏も羅山に期待されていたものが「コンサルタント的な役割」であったことを指摘されている（「日本の儒学と近代化」〈『日本経済思想史研究』一八、二〇一八年三月〉）。

なお、寛政二年五月の寛政異学の禁に際して、林大学頭（林錦峯）から門人に出された「示諭」には「御当家開学の初、宋学御建立有之候儀」（神沢杜口『翁草』巻一七八〈『日本随筆大成』第三期二十四、新装版、吉川弘文館、一九九六年〉）とあり、家康の開幕以来、朱子学が採用されたとしている。しかし、これについては塚田大峯が「塚田多門上疏写」（日本思想大系四十七『近世後期儒家集』〈岩波書店、一九七二年〉）の中で、「慶長年中、林道春御用ひニ相成候得共、専一ニ程朱之教斗御信用之御様子ニ而も不被為在、南光坊抔の講釈も被為　聴候事」（南光坊は天海）と述べていることは注目される。

（9）『儒林評』に「物徂徠」の「物」とあるのは、徂徠が古代の豪族物部氏の後裔であることに拠る。

（10）『十八世紀の江戸文芸―雅と俗の成熟―』（岩波人文書セレクション、二〇一五年）「一　十八世紀の江戸文化」。

（11）『論語』本文と『論語集注』は、『四書集註』（明和三年〈一七六六〉、勝村治右衛門刊、国立国会図書館デジタルコレクション）に拠る。

（12）『論語徴』の原文は『論語徴』一（荻生徂徠全集三、みすず書房、一九七七年）に拠る。また、『論語徴』の書き下し文についても同全集を参照した。

（13）この雍也篇と次の泰伯篇の『論語集注』の書き下し文は、土田健次郎『論語集注』二（東洋文庫、平凡社、二〇一四年）を参照した。
（14）前掲『十八世紀の江戸文芸―雅と俗の成熟―』「一　十八世紀の江戸文化」。
（15）前掲『江戸の朱子学』「第九章　江戸後期の朱子学」。
（16）辻本雅史『近世教育思想史の研究―日本における「公教育」思想の源流―』（思文閣出版、一九九〇年）「第五章　寛政異学の禁をめぐる思想と教育―正学派朱子学と異学の禁―」。なお、寛政異学の禁と正学派に関する研究はこれまで少なかったが、近年の注目すべき研究に島田英明『歴史と永遠―江戸後期の思想水脈―』（岩波書店、二〇一八年）がある。
（17）折衷学を儒学思想史に位置付けた研究に、衣笠安喜『近世儒学思想史の研究』（法政大学出版局、一九七六年）がある。また、江戸後期の儒学に関する近年の成果の一つに、竹村英二『江戸後期儒者のフィロロギー―原典批判の諸相とその国際比較―』（思文閣出版、二〇一六年）がある。
（18）丸山眞男『日本政治思想史研究』（新装版〈初版は一九五二年、新装版「凡例」によると内容的な訂正・加筆はなし〉、東京大学出版会、一九八三年）「第一章　近世儒教の発展における徂徠学の特質並にその国学との関連」。
（19）福沢諭吉『文明論之概略』（岩波文庫、一九九五年）。
（20）福沢の儒学に対する素養は、『福翁自伝』（『新訂　福翁自伝』〈岩波文庫、一九七八年〉を参照した）に記されていてよく知られている。そこでは、諭吉は白石照山の塾に学び、『春秋左氏伝』を十一回にわたり通読したことが語られ、「一ト通り漢学者の前座ぐらいになっていた」と述べている。なお、白石については「一体の学流は亀井風で、私の先生は亀井が大信心で」（白石は直接には亀井昭陽に教えを受けている）、同じく昭陽に学んでいる淡窓については「彼奴は発句師、俳諧師で、詩の題さえ出来ない、書くことになると漢文が書けぬ、何でもない奴だ」と酷評していたと述べている。

(21) 藤原昭夫『福沢諭吉の日本経済論』(日本経済評論社、一九九八年)「序章　福沢諭吉の経済思想研究の課題と方法」。

付記

『儒林評』は筆者が大学院の修士課程に入学した最初の演習で、指導教授の宮崎道生先生から回答を命じられた著述です。宮崎先生に納得していただける回答ができないまま、今日に至っています。宮崎先生が国学院大学ご退職後に、芝蘭会という先生を囲む談話会を定期的に開催していました。矢嶋道文先生にお目にかかったのは、その芝蘭会に入会してくださったのが機縁になります。今からおよそ三〇年前です。本書は、矢嶋先生ご退職の記念として刊行されるとうかがいました。この拙稿は、今述べたような経緯があり、多年ご厚情を受けている矢嶋先生への感謝の表白として著わしました。そのような次第から、ご依頼の分量を大幅に超えてしまいました。筆者の意とするところを、矢嶋先生に諒としていただければ幸甚です(無論、内容の当否は筆者にありますが)。

【特別寄稿】福沢諭吉の道徳教育反対論
――明治一六年『儒教主義』『徳教之説』をめぐって――

小室正紀

はじめに

自由民権運動が活発化するのに伴い、その風潮に対して、一八七九・八〇（明治一二・一三）年頃から官民の保守派の間で危機感が強まった。彼らは、そのような動向を生み出した一因は維新以来の洋学の流行にあると考え、元田永孚などを中心に儒教に基づく道徳教育の必要を主張した。また政府は、一八八〇年の改正教育令で統制を強める方向に教育政策を変更し、その後、外国語教育を減らし、儒教的内容を含む修身を重視する復古教育の方向へ進んだ。

この動向を福沢諭吉は、「専ら道徳の旨を奨励する其方便として、周公孔子の道を説き、漢土聖人の教を以て徳育の根本を立て、、一切の人事を制御せんとする者」（『徳育如何』355：カッコ内は出典を示す。数字は頁。以下同。）と見做し、一八八二・三（明治一五・六）年を中心に、『時事新報』紙上において、儒教主義復活論と政府による道徳教育を厳しく批判した。

福沢による、この一八八二・三年頃の儒教批判については、相異なる評価がある。一方には丸山眞男のように、「「独立自尊」の市民的精神」を日本に確立するために、「反儒教主義は殆ど諭吉の一生を通じての課題」であったと捉え（丸山10）、その中で、一八八二・三年頃以降の儒教批判の特質を分析する視点がある。丸山は、福沢のこの時期の儒教批判は、初期の『文明論之概略』の頃に比べれば、「より冷静に儒教思想を分析し」、その中でも当時の社会に適合しない「敵性」部分に批判を向けたものとしている（丸山27）。

他方、この時期の福沢の儒教や道徳についての言論を、儒教批判からの後退、あるいは儒教をも利用した国家主義的な教育思想への転換として批判する視点がある。その嚆矢は、一九七〇年に刊行された遠山茂樹『福沢諭吉』と安川寿之輔『日本近代教育の思想構造』だろう。遠山は、当時の福沢は「開進論＝国権論の立場から尽忠報国の道徳教育を主張している」と捉えている（遠山178）。また安川は、明治一〇年代以降の福沢は、「人民を国家の「客分」に」おしとどめるための路線を歩んだのであり、「生涯にわたる儒教主義否定論者としての福沢像」は「かれの真の実像」ではないと論じている（安川335）。

福沢あるいは『時事新報』の諸論説を読むかぎり筆者は、丸山の本質を射抜く分析力に敬服する一方、遠山や安川における文脈の取り違えに気づかざるを得ない。そこで本稿では、一八八二・三（明治一五・六）年頃における福沢の儒教批判を再検討してみたい。当時、福沢による儒教批判の論説は数多いが、中でも最も注目されているのは一八八二年の『学校教育』（単行本としての書名は『徳育如何』）『徳育余論』と一八八三年の『儒教主義』『徳教之説』である。本稿では紙幅が極めて限られているので、それらの中で、一八八三年の『儒教主義』『徳教之説』に限って取り上げて、この二本の論説に関する遠山および安川の解釈が適切であるか否かを検討したい。

1 『時事新報』論説二本の要旨

『時事新報』論説を適切に読むには、その論説全体が誰に対して何を主張しているかを正しく把握しなければならない。個々の部分的な文言は、論説全体の意図と構成の中に位置付けて読み取らなければ、文脈から切り離した恣意的な解釈となる。そこで、まずは『儒教主義』と『徳教之説』全体の要旨を紹介したい。なお、『儒教主義』は一八八三（明治一六）年一一月一九日から二一日の三回、『徳教之説』は一一月二二日から始まり休刊日二五日を除いて二九日までの六回の論説であり、両論説の掲載日が連続していることからしても、一連の論説と考えるべきである。ちなみに、『徳教之説』については福沢の自筆草稿が残っているので、本稿では両論説を、仮に福沢の著作として論をすすめる。

『儒教主義』の要旨

この論説が論敵としているのは、儒教教育を復活しようという者たちである。彼らは、現状を「洋学流行して青年子弟甚だ不遜なり」と見て、「之を矯正するには道徳専一の儒教主義に依頼せざる可からず」と考えていた（『儒教主義』、以下同。268）。この論説の主題は、そのような者たちに対して、儒教[1]が明治の社会あるいは近代社会における道徳としては不適格であると論ずることである。

福沢はまず、儒教が、その論理構造からして、青少年の政治的情熱を抑えて道徳のみを教育するには不適当であることを論ずる。すなわち、儒教主義とは、「政治と道徳と打混りたる一派一種の学風」（268）であるとの指摘だ。儒教では、その徳論部分である「修身斉家」（すなわち個人家庭道徳）とその政論部分である「治国平天下」（すなわち政治）とは化学融合のように不可分になっており、「徳教の部分だけを引分けて之を利用せんなどの考は、唯是れ不学者流の頭脳に往来する妄想」だと断言する(271)。つまり儒教教育復活論者たちが、その種の教育により青年子弟の政治的社会的反抗心を抑えようとしても、そもそも、その目的に対して儒教教育という手段は不適切だと指摘しているのである。

儒教教育復活論者に反対する第二の論点は、儒教は中国古代周代の社会に適合した思想であり、一九世紀の現代社会には向かいないという点だ。儒教の生まれた周代には、世界は、いわゆる華夷秩序で考えられており、中国中心部から離れれば離れるほど、「王化及ばざるの夷狄」の世界、「国家に関係なき群民の居所」であった(272)。したがって、国家を形成する中央部の政府さえ堅固であれば、「天下」すなわち世界を統治できる。その中央部を堅固にするには、そこに「忠良の臣民」が多くなければならず、そのためには「修身斉家の方便を仮て人を秩序に導き、その容易なる変動を制止」することが必要と考えられた(同)。それ故に、「修身、斉家、治国、平天下」という四層に「道徳と政治を配剤したる儒教主義」が生まれたのであり(273)、それは周公孔孟の時代には適合した教えであった。福沢は、このように儒教を歴史上の特定の時代のものとする。

その上で彼は、中国古代に適合した儒教が「今年今月の世界に適す可きや否や」を問う(274)。近代世界は、華夷秩序ではなく、貿易や戦争も含めて「外国の政府、外国の人民と、平均均一の交際」(273)を行う世界であり、外国交際の中で国家の存亡が決まる。このように周公孔孟の古代とは「組立表裏悉く顚倒した」近代世界では、「古代の儒教主義が此今代の社会に適合すべき理由なき次第」(同)だと断言する。したがって、A「若しも古聖賢をして今代の新世界に再生せしめ」たとしたら、彼らも、治国平天下の外に外国交際の一箇条を付け加えなければ「世に立て其説を持すること」はできない(274)(本稿中の傍点は全て筆者による強調。以下同。)。それにもかかわらず、今の儒教主義の信奉者たちが「三千余年前の治国平天下主義」で足りると信用しているのは(275)、甚だしい迂闊だと批判する(276)。

あるいは、彼らが、日本国の人民は不徳であるので、徳を正す必要があると考えているとすれば、それも当たらないとも言う。何故ならば、B日本人民は、私徳については平均して身が修っており、公徳も堅固であり、国も治っており、修身斉家・治国平天下は、現状で少しも問題ないからである(276)。それに比して、日本の大欠点は、外国交際に処して行くための諸条件が未熟であることである。それにもかかわらず、「世上の儒教先生」が、「唯修身云々の一題目を死守して之を活動世界に応用せん」としているのは、「真正着実の所業」ではない(同)。Cもし、「今の儒教先生が果たして周公以下の遺志を継続せん」(276)というならば、外国交際に関する「古聖人の不足を補綴」(277)しなければならない。自分たちは、儒教の「局外者」であるから、儒教で外国交際をどのように論じればよいか指図する権利はない。しかし、儒教信奉者、老儒碩学は、「裡面より其不平を泄らす」のではなく、「修身斉家の道徳論と治国平天下の政治論とより成る儒教主義」に、「別に外国交際の一項を加へずして実際に差支あらざるか」を大いに論じるべきである(同)。このように、現代に合わせた儒教の改変ができるものならやってみろと言わんばかりの挑発をして、この論説は終わっている。

『徳教之説』の要旨

『儒教主義』で述べられたように儒教が今日の道徳論として不適切であるとすれば、「道徳の教は如何するや」（278）という反論が、当然予想される。『徳教之説』の主題は、この想定される反論に答えることである。

論説を始めるに当たって、まず二つの原則が示されている。第一は、道徳を支えるものは「各人又各種族の人の心事」（278）であり、それは一様でなくてよいとする見解だ。例えば宗教でもよい。さまざまな宗教があるが、道徳との関係で言えば、つまるところ「各人又各種族が信じる所を信じて徳を脩め身を慎む」（279）ことが出来れば、目的は果たされる。したがって、道徳を支える宗教は、「婬祀も仏門も外道も耶蘇も」（同）、なんであれ「一切其信ずる所に放任」（同）すればよい。宗教の進歩に関しては、D「道徳宗教の信心」も「人の知見の徐々に進むに従て……徐々に改進する」ので、それを待つだけだ（同）と言う。あるいは、宗教ではなく、日本の士族のように彼らの間の気風で精神を育む者もいる。また、進化論や功利論などの主義で理論的に道徳を維持することも今後は在りうるかもしれない。つまり、他の人々が何によって道徳を維持しているか、「其理由の詰問は無用の事」（280）であり、また、他人の「人心の内部に立入り」、自分の信じる道に人を導こうというのは、「精神の不自由なるもの」（同）だとして、それを否定している。このように、福沢は、第一には、道徳を支えるものは各人各種族の自由であり放任すべきであるという原則を述べている。言い換えれば、政府が道徳教育を行うべきではないという明言でもある。

第二の原則は、道徳の教を「博くせんとする」（280）には、「数理」（科学・理論）ではなく「情」

だという見解である。福沢によれば、「人間世界を支配するものは情と理と相半ばするもの」（同）である。例えば、宗教で「三世の因縁」などを感じるのは「情の働」である。また、古い君家を貴び、父母、自分の家、居村、自国を愛するのも、理屈ではなく「情」による（同）。「報国尽忠」の主義もそのような価値観や愛情から生じており、それも全く「情の働」（281）である。一方、政治の根拠となる法律経済は「数理」によっている。このように、「情の働く所」と「数理の在る所」とは明確に異なるので、「情の働」である「宗教の信心」や「居家の人倫」や「尽忠報国」などと、「数理」に基づく「政治の主義」を混同してはいけない（同）。福沢は、このように論じ、かつ、儒教が道徳の教として適切でないのも、「政論と徳論を混同するが故」（同）であると指摘している。

以上の原則を述べた上で、この論説は、日本の現状分析に論を進める。まず、日本の士人の場合はどうか。人々が「道徳心を維持する趣意は千種万様」（281）であってよいのだが、[E]彼らの場合には、「報国尽忠等の題目」（同）を道徳の標準とするのが最適である。何故なら、進化論や功利論などの理論を道徳の支えとすることは、今日の実際問題としてはまだ難しい。また、[F]仏教でもキリスト教でも、宗教に帰依して道徳を維持するのは随意であるが、日本の士人は、伝統的に「宗教を度外視している」（同）ので、宗教を信じることは簡単ではないからである。したがって[G]福沢は、「先づ今日の全般に於ては」（同）、士人は「旧習慣」すなわち「報国尽忠等の題目」によって道徳を維持している者が多数だと見なしている（同）。

「忠義忠節」（282）は封建制度の中で育まれたものだが、一度び養成された「士人の気風」（284）は、「君臣上下の関係に止まらず」（同）に発揮され、また、封建制度が廃止されても、「人間交際些末の辺」（同）

にまで発達して及んでいる。徳が、封建の制度から来たとしても、あるいは宗教から生じたとしても、その徳で人々の品格を高尚に維持し、文明の道に進めるのであれば問題はない。また、Hこの「忠誠宗の信徒」が仏教やキリスト教に改宗するのも随意であるし、入信を奨めることは「今の人智に於ては」便利でもある(285)。また、理論学者が数理で精神の支えを得られるとすれば、それも拒むものではない(同)。Iただ、この論説では、日本士人の場合は、宗教には拠らず、「忠誠」によって道徳を維持してきたという「事例」を示すのみだと述べている(同)。

続いて福沢は、ある道徳が社会の気風と成ると、それは簡単には破壊できず(285)、徳教で左右することはできないないとも言う(286)。徳川時代の士人も、儒教に従って道徳を形成したのではなく、むしろ「一世の気風」の中ではぐくまれた「自家固有の精神」に儒教を合わせたのである(同)。したがって、儒教を「国民道徳の標準」として「精神を支配せんとする」ことなど、もとより可能ではない(287)。この点でも、福沢は儒教教育復活論を否定する。

さらに、士人の場合に現時の「愛国至誠の情」(287)を支えているものを、総合的にも考察している。それは、歴史的に形成された気風である「士人忠誠の心」(同)だけではなく、Jわが国の置かれている困難な「大勢」に対する客観的な認識からも生まれているとしている(同)。また、そこにK「一系万代の至尊」すなわち皇室が存在し「尽忠の目的」が明確になっていることも(同)、日本の特色として挙げている。

それでは、学校教育はどうあるべきか。「報国尽忠の誠心」が「社会の気風」となっているのだから(288)、道徳に関しては「学校教育の如きは枝末の事」(同)であり、「社会の気風に一任」すればよい（289）。むしろ、学校教育は徳育ではなく「人の知識見聞を博くする」（同）こと（智育）を勉めるべきであるとする。Lなぜならば、西洋の学術を学び、西洋を知り西洋の書を読み文明を求めようとすれば、先進国と日本との比較ができ「報国尽忠の因」（290）となるからである。福沢は、このような観点からも、道徳の書を読ませたら道徳の人となると思うのは誤りであることを、重ねて述べている。

以上の士人の場合につづいて、「下流の人民」（291）について考察が加えられる。福沢は、「下流の人民」の場合には、「報国尽忠の気風」などでは道徳を維持することはできないと判断し、歴史的に小民が道徳を維持して来たのは宗教の信心であったとする（同）。また、そのM宗教は「社会の進歩と共に」「次第に其装を改る」ものだから、「自然の働に任する」のが穏やかであり、キリスト教であっても、人々の信心に任せ、政治の外に放任すべきであるとも述べている（同）。それでは、なぜ宗教がいいのか。「文明の理学」が進歩すれば、すべてがそれによって理解できるようになるだろうが、「死生幽冥の談」だけは実証不能で、理学も同じ土俵で論じることができない（291―292）。宗教と数理・理学は全く立論の根拠がかけ離れており、それ故に「却て滑に両立」している（292）。だからこそ宗教は、道徳の標準となるという。それに対して儒教は道徳と物理を非科学的に結びつけて説明している所に問題がある。それ故に「道徳の標準」にならない。このように福沢は、再度ここでも、儒教道徳教育を否定している（同）。

それにもかかわらず、世を憂える者は、西洋の新主義が徳風退廃を齎しているとして儒教を復活しようとしている。福沢によれば、それは、その者たちが、かつて儒書を読んで感銘した経験があるからである。しかし、それは儒書を当時の気風に引きつけて読み込んで感動していただけで、儒教が彼らを感化したわけではない。このように儒書の力も否定した上で、思想が「雑駁」な儒教は理論と両立せず、むしろ「全く数理を離れたる」宗教の方が道徳の基準になるのだとする（294）。

このように論を進めて、最後には現状分析をまとめて、日本の「下流」では宗教の信心が普及しており、「上流士人」の間には「報国尽忠」の資質が乏しくないとする。したがって、「我日本国国民道徳の標準は素より既に備はりて」おり（294）、この徳義で問題はない。つまり、道徳教育政策をする必要はないと結論してこの論説は終わっている。

2　遠山、安川による批判の概要とその問題点

以上の二編の論説に関して、遠山、安川は大きく捉えれば、二つの点で福沢を批判している。

第一は、『儒教主義』では儒教は否定されておらず、福沢は、新たな国際関係に対応して儒教の「経書」に「あたらしく「外国交際＝国権拡張」という項を付け加えることを主張した」（安川341）という批判だ。つまり、福沢は、初期の儒教否定からは後退し、国権拡張のために儒教を利用しようとしており、その議論は「儒教主義否定論ではなく改良論」（安川343）であったという解釈である。

この批判は安川によるものであるが、彼は、『儒教主義』が当時の日本について、次のように述べている所を取り上げている。「一身公私の徳に欠く所なし。……概すれば国すでに治まり天下既に平らかなり。修身、斉家、治国、平天下の諸点に於ては、一も申分ある筈なし」。この引用部分を根拠に安川は、福沢が「「修身斉家治国平天下」の課題については問題ないと結論した」（安川341）と

述べ、あたかも彼が「修身斉家治国平天下」という部分に関する限り儒教思想を肯定したかのように論を進めている。しかし、この安川の引用部分は、先の『儒教主義』要旨の傍線部Bに相当する箇所であり、そこで、福沢は、儒教教育復活主義者たちに対して、日本では私徳も公徳も国内政治も既に整っており、儒教でいえば「修身斉家治国平天下」という言葉に要約される課題は存在せず、儒教による道徳教育は必要がないと述べているに過ぎない。儒教思想としての「修身斉家治国平天下」を肯定したわけではないことは明らかである。

　さらに安川は、福沢は儒教主義の修身斉家治国平天下だけでは近代の国際関係に対処できないと考え、「「古聖人の不足を補填する」という経書の修正増補版を出すことを提案している」（安川341）と述べている。あるいは、「（福沢が）経書にあたらしく「外国交際＝国権拡張」という項を付け加えることを主張した」（同）とも記している。これらの指摘は要旨の傍線部AとCに相当する箇所を引用して論じられているが、『儒教主義』全編を通して福沢が、儒教を修正増補しようと「提案」したり、自ら儒教の経書に付加をしようと「主張した」ところは一箇所もない。福沢が述べているのは、「若しも古聖賢をして今代の新世界に再生せしめ」たとしたら、彼らも外国交際の一箇条を加えなければならないだろうということである。またもし儒教主義者が「周公以下の遺志を継続」しようというならば、外国交際に関する「古聖人の不足を補綴」しなければならないということである。近代思想としては儒教が不適切であることを揶揄している箇所といってもよい。それを福沢の「提案」や「主張」とするのは、きわめて初歩的な読み間違いと言わざるを得ない。

　そもそも福沢が、そのような付加や「補綴」が可能と考えていたのだろうか。『儒教主義』で、福沢は、儒教では、徳論と政論が分離しがたく結びついていること、その政論は華夷秩序を前提としていることを述べている。その政論の前提となる華夷秩序自体が崩壊すれば政論の基礎が揺らぎ、徳論の根拠も失われることになる。これが論説『儒教主義』で示されている儒教観である。だからこそ、論末で、儒教主義者に対して、あたかも改変ができるならやってみろと言わんばかりの挑発的な言辞を述べているのだろう。また、続く『徳教之説』において、儒教によらない道徳の標準について考察しているのも、福沢自身が儒教の改良など歯牙にもかけていないからである。

福沢は、「儒教主義否定論ではなく改良論であった」という安川の解釈は全く妥当性を欠いていると言わざるを得ない。

遠山・安川による第二の批判点は、『徳教之説』における道徳論に関するものである。その批判は、相互に関連する以下の①と②の二つの論点から成り立っている。①の論点は、福沢は、『文明論之概略』などの初期の著作では「智徳の不可分の関係を述べた」（遠山179）が、『徳教之説』では、そこから後退し、「情と数理との相互関連をみとめず」（同）、「「人間世界を支配するものは情と理と相半ばするもの」という前提から道徳を論じるようになった」（安川362）という把握である。そして、それを、福沢初期の開明的な啓蒙精神とは異なる「非合理なものへの傾斜」（同）と批判する論点である。

②の論点は、その非合理な情によって「報国尽忠」精神を拡大し、さらにそれを「天皇への尽忠」へ結びつけようとしたという説である。安川は、福沢は、「情」に拠ることで、「「数理を離れた」非合理の世界において、「報国尽忠」の徳目を「道徳の標準」とすることを理想とした」（安川365）という。あるいは、「「尽忠報国」を日本人のアプリオリな「道徳の基準」だと主張した」（同）とも断定

している。また遠山も同様に、福沢の意図が、「「数理」とかかわりなく尽忠報国の徳目をもって道徳の基準と定めようという」（遠山180）所にあったとしている。

さらに、天皇制との関連では、安川は、福沢は「尽忠の人格対象を天皇に設定した」あるいは「「一帝室に忠を尽」すことをかれ（福沢）は説く」（安川363）と記し、福沢が天皇への尽忠を主張しているとする。遠山も、「尽忠報国」を徳目とすることから「天皇の名で道徳の基準を定めるという結論は、おのずと出てくる」（遠山180）とみなし、また、「徳育の権を天皇が持つという元田の主張に（福沢の説が）接近する」（遠山180―181）とも述べ、福沢の思想が天皇の絶対化へ向かっていることを示唆している。

それでは、この①と②の論点は適切か。①の論点は、道徳思想における福沢の苦闘についての全くの無理解から生じている。福沢は、遠山も引用しているように『文明論之概略』において「徳義は智恵の働きに従って其領分を弘め」（『文明論之概略』132）るとは述べているが、実は、同書でも『学問のすゝめ』でも、徳義そのものの淵源については深く論じることを避けていた。それは、そもそも、徳を根底から智で説明することは極めて難しいからである。例えば、『学問のすゝめ』で福沢が参考としたF. Wayland の *Moral Science* では、モラルの淵源を神に置いていた。しかし、神は福沢の論拠とする所ではなく、『学問のすゝめ』ではその問題は避けている。また、もちろん儒教（朱子学）のように、徳の淵源を天理に求めことも、福沢にとっては言語道断である。神でも天理でもないとすれば、何に淵源を求めていたのか。その点で、『文明論之概略』では、「徳義は形を以て人に教ゆべからず」（同134）だとしている。また、徳義にかんしては、「無形の際に人を化すべきのみ」（同139）だとも述べている。これは徳義の淵源は論理でも科学でもないということである。それは、『徳教之説』において、論理を超えた「気風」や「情」により徳義が育まれるという説と共通している。福沢は、決して一八八二・三（明治一五・六）年になって、はじめて、この社会を「情と理と相半ばするもの」と捉えたわけではないのである。また、人間社会における「情」の存在を認識することは、決して「非合理なものへの傾斜」でもない。ただ、初期の啓蒙書では「聡明叡智の働」によって「私徳私智を拡て公徳公智と為す」（同120）ことが目前の課題だと考えたが故に、徳の淵源に関しては深く論じなかっただけである。

ところで、「情」に徳の淵源をもとめる福沢の視点には、伊藤仁斎・東涯の古義学の影響がある可能性が高い。朱子学が天理を淵源として為政者から下位者への徳の教化を必然としているのに対して、仁斎・東涯は、徳は、人間の自然な「情」を元として、その「情」が社会の中で磨かれることにより形成されるとした。徳の淵源を社会的な「情」とすることによって、徳の主導者を為政者ではなく民間に切り替えたのである。ただ、ここでは、紙幅の関係で、参考としてこの点に言及するにとどめておく。

なお、①の論点では遠山・安川は、『徳教之説』で福沢が「情と数理との相互関連」をみとめていない（遠山179）とも論じているが、これも適切ではない。『徳教之説』では宗教も情に基づくものとしているが、その宗教は、「人の知見漸く広くして心事漸く高尚するに従ひ」、「人の知見の徐々に進むに従て」（279）改進すると考えている（傍線部D。傍線部Mも同趣旨。）。あるいは、「尽忠報国」も情に基づくものであるが、その「尽忠報国の主義を拡張」しようと思えば「西洋の学術」を学ばなければならないとのべている（傍線部Ｊ・Ｌ）。『徳教之説』において、福沢は決して「情と数理との相互関連をみとめず」という立場ではない。「情」の「拡張」には「知見」や「学術」が必要だとしており、その思想は『文明論之概略』の時と基本的に変わっていないと見る可きだろう。

遠山、安川による②の論点は、福沢による現状分析を、その主張・提案と読み違えているために生じている。要旨でも示したように『徳教之説』は、儒教道徳教育を主張する者たちに対して、道徳を支えるものは各人各種族で一様である必要はなく、また日本国民の道徳の標準は既に備わっており、学校で道徳教育をする必要はなく、むしろ知育に専念すべきことを論じたものである。『徳教之説』は、このことを主張するために、既に備わっている日本の道徳について、現状（Sein）を分析することに専念しており、道徳がどうあるべきか（Sollen）を論じたものではない。そもそも、どうあるべきかを論じるとすれば、それは、この論説が掲げている第一の原則である、道徳は「各人各人種の人の心事」に任されるものであり一様である必要ないというスタンスと矛盾することになる。

『徳教之説』における福沢の所説に関して、安川は、「「報国尽忠」の徳目を「道徳の標準」とすることを理想とした」（安川365）と断じ、遠山は、「尽忠報国の徳目をもって道徳の基準と定めよう」というのが福沢の目的であるとしていることは既に述べた。しかし、福沢自身は、日本の士人に関して次のように述べている。「（日本の士人は）忠義の一主義を以て安心立命の根拠と為し、此主義を拡めて、以て私の身を処し家に居り、以て朋友に交り、以て社会を組織し、曾て宗教に依頼せずして其道徳を維持したるものなり。」（『徳教之説』283）。この文章からも明らかなように、福沢は、「忠義の一主義」を基にして「其道徳を維持したるもの」という「士人」の現状を述べているのである。

なお、この論説において、唯一紛らわしい表現は、遠山も引用している「我日本国士人の為に道徳の標準を為す可きものを求むるに、我輩の所見に於ては報国尽忠の題目を以て最も適応なものなりと信ずるなり」（『徳教之説』281）という箇所（傍線部E）であろう。これは福沢が「報国尽忠」の精神を推進することを積極的に主張しているかのように読み誤りやすい箇所である。しかし、この一文の前後では、日本の士人は「宗教を度外視」しており、また、進化論や功利論のような理論が道徳の根拠となるのは将来のことであるとしている。その状況の中で、当時の士人にとっては「報国尽忠」を基とすることが最も「適応」しやすいから、そのようになっているのだ、という判断を示したのがこの文章である。事実、この文章の数行後には、「先づ今日の全般に於ては旧習慣（報国尽忠などを道徳の標準とする習慣）に依るもの多数ならんと信ず」（同281）と述べ（傍線部G）、士人についての考察が現状分析であることを表明している。

しかも、福沢は、日本の士人が、「報国尽忠」や「忠誠宗」ではなく、キリスト教や仏教に帰依し、それらによって道徳を維持するのも随意であるということも繰り返し述べている（傍線部F、H）。「報国尽忠」や「忠誠宗」は、あくまで、当時の士人の現状であり、福沢が、それらを道徳の基準として「定めよう」としたとも「理想とした」とも「主張した」とも読み取ることはできない。

同様に福沢はこの論説で、「尽忠の人格対象を天皇に設定した」（安川363）こともないし、「「一帝室に忠を尽」すことをかれ（福沢）は説く」（同）こともしてない。「天皇の名で道徳の基準を定める」（遠山180）などというのも、道徳の基準は「各人各種族の人の心事」であるという『徳教之説』の主旨からしてあり得ない。この論説で、帝室のことが言及されるのは傍線部Kのみであるが、そこでは、自分の内部に「愛国至誠の情」を持っている日本の士人にとって、「一系万代の至尊」が象徴として存在することによって、いっそう「尽忠の目的は分明」であるという現状が述べられているのである。

加えてここで、なぜ福沢は、士人の「報国尽忠」の精神や、「尽忠の目的」としての帝室について述べているかにも付言しておきたい。『儒教主義』と『徳教之説』が、儒教教育復活論者への反論として書かれたことは既に述べた。その復活論の先導者が元田永孚であることも本論の冒頭で触れた。元田が天皇の名で出したのが『教学聖旨』であり、そこでは孔子を主とする「道徳ノ学」により「仁義忠孝」を学校において「脳髄ニ感覚セシメ」るほどに教育すべきことが述べられていた（元田78―79）。この元田らの主張に対して、「仁義忠孝」の精神（福沢はそれを「尽忠報国」「報国尽忠」と表現している）は、すでに現状として十分にあり、天皇も尊ばれており、いまさら教育の必要は無いことを論ずるのが福沢の意図である。「報国尽忠」の現状を強調しているのはこのためである。

この論説で福沢は、自らが展開した所論につき、次のように述べている。

「唯我輩が前論の要点は、古来今に至るまで日本士人の真相を記し、其宗教に関せずして能く忠誠の道徳を維持し、世界古今に稀有なる事例を呈したる次第を示すに在るのみ。」（『徳教之説』285）（傍線部Ⅰ）

このように、自論の要点は、「真相」「事例」と「次第」すなわち現状と由来（Sein）を示すことだと明言してもいる。福沢が、「報国尽忠」を「理想とした」り、帝室へ忠を「説く」こと（Sollen）を目的としてなかったことは明らかである。

おわりに ――なぜ誤読が起こったのか――

遠山茂樹や安川寿之輔のような碩学にして、なぜ誤読が生まれたのか。その理由は軽々に論じるべきではないと思うが、ありうる可能性につき多少言及し、自戒ともしたい。

まず、彼らのような真摯な研究者が、意図的な曲解を行うことは、考え難い。

だとすれば、一つには、彼らの著作が刊行された一九七〇年という時代を考えるべきかもしれない。大学全共闘などを中心として、既成の体制や欧米的価値観を否定する思潮が燃え盛った時代である。その中で、理念としての欧米「近代」を一つの規範としていた丸山眞男のような、いわゆる「近代主義者」への批判も昂じていた。その「近代主義者」たちが、日本における「近代」思想家と位置付けていたのが福沢である。とすれば、福沢の「近代」性が、偽りの仮面であることを論証することが、「近代主義者」たちへの批判となり、その時代の意義ある課題と考えられたとしても不思議ではない。研究者といえども、福沢の言う「一世の気風」「社会の気風」の中に生きている。そのような中で、知らず知らずの内に、自分の関心に引きつけて資料を読んでしまうことは十分にありうる。

もう一つは、全二一巻という『福沢諭吉全集』の膨大なボリュームである。この膨大な『全集』を縦横に使って自論を展開した遠山、安川は、その点では尊敬に値する。とはいえ、数年という短期間のうちに、この『全集』に収められている個々の論説にまで深い考察を加えることは彼らにしても非常に難しかったはずだ。いきおい、個々の論説の主旨や、文中の言説につき誤読が生じたとしても不思議ではない。

しかし、思想史はまず、思想家の個々の論説を、丁寧に読み、その論説の主旨を正しく把握し、かつ翻って個々の文言を適正に解釈することから始めなければならない。それ故、今回は、あえて『儒教主義』『徳教之説』という二論説だけに限って、できるだけ丁寧にその全体を紹介する。『福澤諭吉全集』には様々な刺激的な文言が散りばめられている。多くの論説に亘って、それらの文言をつなぎ、新たな自分の福沢論を展開してみたいという誘惑がないわけではない。しかし、第一歩として、まず大切なのは、個別の論説を注意深く丁寧に読むことである。

［註］

（1）『儒教主義』において想定されている儒教は、基本的に朱子学であると考えられる。

［引用文献］

『徳育如何』（慶應義塾『福沢諭吉全集』第五巻、岩波書店、一九五九年）所収。

『徳育余論』（慶應義塾『福沢諭吉全集』第八巻、岩波書店、一九六〇年）所収。

『儒教主義』（慶應義塾『福沢諭吉全集』第九巻、岩波書店、一九六〇年）所収。

『徳教之説』（慶應義塾『福沢諭吉全集』第九巻、岩波書店、一九六〇年）所収。

遠山茂樹『福沢諭吉』東京大学出版会、一九七〇年。

丸山眞男著・松沢弘陽編『福沢諭吉の哲学』岩波書店、二〇一一年。

元田永孚「教学聖旨」（『日本近代思想大系6』岩波書店、一九九〇年）所収。

安川寿之輔『増補 近代日本教育の思想構造』、一九九二（増補前の初版は、一九七〇年）。

Ⅳ まとめ
——有徳論の国際比較——

矢嶋道文

(1) 諸論文の概要

以上、三部に大別される本書の内容を振り返りつつ、結びを導くことにしたい。Ⅰ「江戸期における「有徳」論――儒者芦東山と士農商・経世家との比較――」については「まとめ――儒者の「有徳」論と士農商・経世家との比較考察――」に論述したのでここでは省き、以下必要に応じて比較検討する。

Ⅱ「イギリスにおける「有徳」の歴史」は、一編の本論と二編の補論から構成されている。本論の「序」には「イギリスにおける「有徳」の歴史をたどる前に、西洋的「徳性」についての概観をしておかなければならない」と伊藤哲氏は指摘し、**1**「市民的特性」(シヴィック・ヴァーチュウ)の伝統を論じる。氏はプラトンの『国家』に「市民的特性」を考える上での有益性を求める。プラトンによれば「国家の起源は、お互い自給自足できず、お互いの必要に基づいて近隣に居住することから始まるという」ものであった。さらにプラトンは『国家』において「分業の効率性と職業特化の必要性を指摘する」。ここに生じる問題は、分業と職業特化の成果としての国家の豊かさが「隣国からねたまれ、疎まれる状況」であり「国家的富の蓄積が外的を作る原因」となることであった。それでは果たして「誰がこの国家を守る仕事をすべきか」という難問が浮上するのである。伊藤氏はこの問題解決の糸口として「まさに、ここに守護者階級の誕生の意義が示され、同書ではこの後に守護者階級を育成すべき教育論が続いていく」と述べる。ここでプラトン『国家』の言う「守護者階級育成論」としての教育論については、東山「上言」（総論）における「民ニ長タル人学問ナキトキハ其徳下ニ及シ難ク」を想起しうる。同氏が取り上げるポーコック（J.G.A.Pocock）の指摘する「徳」virtue の問題については2）を待つとして、マキアヴェッリ（Niccolò Machiavelli, 1469 — 1527）『君主論』が「軍事的な徳が市民的な徳と結び付けられる局面を時代的に持っていたことがわかる」（ポーコック）とした点は江戸期の対外的平和思想（鎖国下）とは乖離が見られる。**2**　近代市民社会の徳性　1「高慢心」は悪徳である（トマス・モアと友人エラスムス）2「高慢」は商業社会を構築したか―ホッブスからロックへ―。伊藤氏は「ホッブス（『リヴァイアサン』）の展望できなかった名誉革命後の社会状況の中で人間の本来性を考察したのがロックであった」とし、「ロックの『人間知性論』の中にも、商業社会の私たちの幸福追求への有徳性の片鱗を見ることができる」という。近世商業社会における「有徳論」との近似性がうかがえるが比較には論証が及ばない。3　マンデヴィル批判はストア哲学批判と同根である。

伊藤氏が「ケインズに多大な影響を与えた人物として経済思想史的に重要な位置にある」としたマンデヴィルは「『蜂の寓話―私悪は公益なり―』の中で、道徳厳格主義者への批判を行う」。氏によれば「一八世紀初めのイギリスが繁栄している時期には、未だ多くの道徳厳格主義者や宗教家が、この繁栄を批判し、節約・節制という禁欲的生活を声高に主張していた」のである。「一国繁栄主義的な従来の重商主義者も外国製品の輸入に反対する立場から、彼らに賛同していたのであった」[1]。そして、氏は「このマンデヴィルを批判したのが、スミスである」とするのである。氏は、スミスによる三つの情念に関する議論の中で、「徳性への愛（the love of virtue）へ」の道程に、「もっとも崇高で神のような動機から行為する」ものから、「人間的な弱さが、いっそう多く混合されている」ものまでの実践的徳性の許容性を認めるのである」という。4　スミスの「徳性の性格」とは。氏はここで『道徳感情論』第六版（一七九〇年）での大幅な増補改訂作業でのストア学派への評価の異なりに注目したのち、第六版に新しく追加された第六部「徳性の追加」に筆を伸ばす。同書は三編からなり、個人の幸福に作用する「慎慮（prudence）」と他の人々の幸福に作用する「慈愛（benevolence）」、さらに「自己規制（self-command）」から構成されている。このうち第一番目の「慎慮」の徳性については「第一に自己利害関係に基づいた徳性であって、観察者視点評価を即時的に得られる高貴な徳性ではない」。「それは、一定の冷静な尊重を獲得するが、何か非常に熱烈な愛情または感嘆を受ける権利を持つとは思われない」。二番目の「慈愛」について、氏はつぎのように紹介する。「スミスの普遍的慈愛についての見解は、それ自身がいかに高貴であり寛大であろうとも幸福の源泉とはなりえず、普遍的慈愛は神の業務に関わるものであり、人間のそれではないと結論付ける」。スミスはいう。「すなわち、彼自身の幸福について、彼の家族、彼の友人たち、彼の国の、幸福についての配慮である」と。3　労働者階級（一般の人々）の徳性について――まとめに代えて――　伊藤氏はここでヒューム（David Hume, 1711 ― 1766）を登場させる。「人々はたえず職業に従事し、その報酬として、彼らの労働の果実としての快楽だけでなく、その職業それ自身を楽しむようになる。精神は、……正直な労働への精励によって、その自然的欲求を満足させると同時に、安楽と怠惰によって育てられた場合には通常わき上がってくる［浪費への］不自然な欲求の成長を抑止するのである」（『政治経済論集』）と。ここには直ちに、ヒュームとほぼ同時代の石田梅岩による「商人道」（「正直」）が想起される。また伊藤氏による次の言葉「これは、労働者が自らの労働に見合った報酬を受け取ることが可能であれば、彼らの職業に対するモーティヴェーション＝意欲はかき立てられ、勤勉に仕事を遂行していく姿が描かれている。」「まさに、ヒュームの言う「勤勉の精神（the spirit of industry）」が労働者の一つの徳性としての役割を果たしている」には、直ちに尊徳の勤労観（「財宝増減之解」）が想起される。

氏はスミス『国富論』第一編における分業論と生産効率の増大および第五編における分業の進展と労働者への影響紹介した上で、スミスが「一般の人々（common people）」への教育において「一般の人々の教育はおそらく、文明化した商業社会では、ある程度の身分や財産のある人々の教育よりも、公共の配慮を必要とするだろう」と述べたことに注目している。東山「二十一箇条之上言」における教育論の主眼は、領内農民の育成であり、そのための「民ニ長タラシムル者」

の育成であり藩の財力による「学問所」（学校）の必要性であった。伊藤氏は最後に、古代ギリシア・ローマの制度に言及したスミスが「武勇の精神（martial spirit）」の必要性を主張した点にも触れつつ、そのためには「国家が教育を施すことの重要性」をスミスは強調しているとのべ「ここでは、ヒュームの「勤勉の精神」、スミスの「武勇の精神」が提示されることで、近代市民社会の実践的徳性の在り方と重要性・必要性が明確に強調されている時代的情景が見て取れよう」とこれを結ぶ。

（補論）アダム・スミス「見えざる手」と「有徳」性（永井四郎氏）では、スミスによる徳の本性について「われわれ自身の幸福への関心としての慎慮、他者の幸福への関心としての正義（われわれを抑制して他者に害を与えないようにする）、慈恵（われわれを促して他者の幸福を促進させる）」とした上で「すなわち完全な慎慮、厳格な正義、適切な仁愛の諸規則にしたがって行為する人が完全に有徳な人であるが、この状態はどのようにして実現できるか。これはスミス道徳論の核心であり、『道徳感情論』の中での次の言葉が暗示している。「自分のふるまいと行動の全体を胸中の偉大な同居者、偉大な半神（the great inmate, the great demigod within the breast）が規定し、是認する、抑制され訂正された諸情動にしたがって統御する人、そういう人だけが本当に徳のある人であり、愛と尊敬と感嘆の唯一の本当で適切な対象なのである。無感覚と尊厳および適宜性の感覚に基づく高貴な不動性、崇高な自己規制とはまったく同じとはとうていいえないのであって、前者が生じるに比例して後者の値打ちは多くの場合まったく除去されるほどなのである。」（水田　洋訳『道徳感情論』下・岩波文庫一七〇頁）。氏は「まさにスミスの道徳論は彼の信仰に立ったものであることが分る」として「スミス道徳論の核心は、胸中の偉大な同居者（神聖な存在）によって導かれた行為のうちにこそ真の徳が見出されるという点にある。一方で正義に反する行為があったとしても、そこから生ずる悪い結果は「神の見えざる手」の働きによって社会的に望ましい状態に導かれるというのである。したがって「スミスの有徳性」は、彼の聖書信仰と切り離して理解することはできないのである」と結論づける。

（補論）古代キリスト教会の有徳性——イエス・キリストの平和主義をめぐって（安井聖氏）では、はじめに、「平和主義の徳目に生き得なかった教会の歴史」と小題し、「イエス・キリストは、いっさいの戦争・暴力を否定する平和主義者であられた。イエスは山上の説教において『平和を実現する人々は、幸いである、その人たちは神の子と呼ばれる』（マタイによる福音書第五章九節）と言われ、『敵を愛し、自分を迫害する者のために祈りなさい』（同第五章四四節）とお教えになった』とした上で、「しかしこのような事例はごくわずかであり、概してキリスト者たちの行動はイエスの平和主義の徳目によって規定されてきたとは言えない」とする。安井氏は、メノナイト派の神学者である矢口洋生氏の「実際、キリスト教あるいは『キリスト教国』の歴史を眺めると、戦争と無縁の時代はほとんどない」という言葉を引きつつ「確かに教会の歴史において起こった十字軍、宗教戦争、キリスト教国と呼ばれた国々による戦争の数々を考えると、イエスの教えに反する歩みを重ねてきたと言わざるを得ない」とする。

安井氏は「キリスト教会の信仰は四世紀にローマ帝国の国教となり、国家体制の中に組み込まれ、政教一体のキリスト教社会が誕生する。国家は戦争という政治的選択を決して排除できないのであり、教会はその国家と歩みを共にするようになったことでイエスの平和主義に生き得なくなった」として、次の小題「国教化以前のキリスト教会は平和主義の徳目に生き得たか？」を掲げるのである。安井氏はこのテーマについての木寺廉太氏の書を引用し「その考察の範囲を「ミラノの勅令」（三一三）までに限定している本書が明らかにするのは、国教化以前においてすでに教会が厳格な平和主義に生きることができなかった、ということである」という。同論によれば「全体的にみると「ローマの平和（パクス・ローマーナ）」を享受しており、教父たちは国家が悪魔化しないかぎりその存在意義を認め、支配者への服従を信徒に説いていた」のである。氏は次なる小題「有徳性を担う共同体の形成」において、「二人の神学者、S・ハワーワスとW・H・ウィリモンが「「山上の説教は、本来、コロニーの民に向けて語られた言葉であって、個人に向けて語られたものではない。なぜなら、キリスト者のもっとも陥りやすい失敗は個人主義だからである。非暴力の共同体に加わることによってのみ、暴力的個人はまともになることができる。」」。安井氏は自らの解釈を次のようにのべる。「この言葉は、古代キリスト教会の姿によく当てはまる。

彼らは、イエス・キリストの平和主義の徳目に生きようとする共同体を形成していた。そのように共同体としてイエスのお教えになった徳目に生きようとしていた姿にこそ、古代キリスト教会の有徳性の特質がある」と。イエス・キリストの平和主義の徳目に生きようとする共同体を形成していた古代キリスト教会の姿と、封建制下、二三年間に及ぶ蟄居謹慎身分にありながら「民心背クトキハ其情離ル」としての姿勢を崩さずに藩政改革を訴えた芦　東山に共有する教えは見出せないものであろうか。

Ⅲ「イギリス現代社会の「有徳」性――アンソニー・ギデンズの所論を手懸りとして――」では、同稿の冒頭において、筆者の高橋一得氏は本論の目的を「グローバル化が深化するイギリス現代社会において、「有徳性」がどのような意味をもち、またどのような有効性を見出すことができるのかといった問いをイギリスの社会学者アンソニー・ギデンズの議論を手懸りとして考察しようとするものである」と明示したうえで、「ただし、本論で着目するアダム・スミスの「有徳性」に関して、ギデンズが直接論じることはない。また、ギデンズによるスミスへの言及もほとんどない」と論断する。しかしながら高橋氏は「ギデンズの社会理論の中には、スミスと共通する視点を見出すことは可能である」ともいう。その一例について氏は「例えば、スミスは資本主義社会の中で人々がいかに適切に生きていくことが可能かということを分業論によって示した。一方、ギデンズは社会主義の刷新を模索して、いかに「善い社会」(Good Society)が形成されうるかといった点を考察していった」とする。その上で氏は「本論において『善い社会』を希求する態度に、スミスとギデンズの共通性を認めることにしたいという。LSEの学長をも務めたイギリス現代の社会学者アンソニー・ギデンズ（A. Giddens）について、氏は「構造化理論」と「第三の道」の二つの議論をあげ、前者は「日常生活における諸個人の生活の営みを重視し、理論的には「主体の回復」を目指したものである」と、後者は「「社会民主主義の刷新」を目指す政治哲学である。すなわち、イギリスにおける社会民主主義の伝統を、グローバリゼーションが深化していく時代に再考しようとした試みであった。ギデンズが主張するのは、グローバリゼーションに対応した社会民主主義の在り方である」と氏はいう。

ついで高橋氏が論じるのは「イギリス的思想系譜としてのギデンズである。すなわちギデンズが「イギリス的ではない社会学者、あるいは社会理論家と見なされる」ことへの反証である。氏はギデンズが「第三の道」において「イギリスの思想的伝統に敏感であったという点」をあげる。次に氏は「ギデンズの社会理論の中にイギリス的なものを見いだすとすれば、それは行為主体の考え方である」として、「ギデンズのこのような理論的指向性は、例えば、イギリスの歴史学者のエマーソン・P・トムソンの考察と重なる」（『イングランドにおける労働者階級の形成』）といい、ギデンズが「むしろイギリス的知的伝統の上に、社会理論を構築している」根拠の一つとしている。**2**「イギリス現代社会とグローバリゼーション」では、現代のイギリスがEUからの離脱（Brexit）をめぐる状況が世界から着目されている点に氏の「グローバリゼーション」論が展開される。３「損なわれた連帯性の修復と能動的信頼」ではギデンズによる「善い社会」に改めて注目し、本論との関わりでその「有徳性」を論じる。スミスとギデンズに論及した田中拓道氏によれば「善い社会とは、諸個人が「よく生きる」ために働くことのできる社会」であった。氏によればギデンズは自身の「善い社会」の構想を、ユートピア的現実主義と称した」という。氏は続けて「こうしたグローバル化を基調とする世界規模での社会的分断は、エミール・デュルケムが示した連帯の議論では十分対応できないとギデンズは言う」として、「現代社会においてデュルケムの主張が「実現不可能な夢である」とギデンズは断じる」ことを紹介する。氏は４「道徳的個人主義と倫理的自由主義」において、まず前者の「道徳的個人主義」に関し、氏は「個人主義に関してギデンズは社会学的な伝統により道徳的個人主義を前提とする。すなわち、諸個人同士相互に尊厳を保つような意味での道徳を前提とした個人主義の考え方である」という。次いで後者については「ギデンズが依拠した倫理的自由主義は、個人の自立性を損なわないことが第一の要件である」とされる。５「有徳性への視点」において氏は「連帯性の系譜――スミス、デュルケム、ギデンズ」に触れ「フランスの社会学者エミール・デュルケムの存在が、ギデンズとスミスとの関連性をより鮮明に際立たすのである」といい「デュルケムは社会的連帯のあり方に着目したのである。言い換えれば、デュルケムの問題意識はスミスが着目した分業の問題を一九世紀のフランス社会に即して再検討したものである。デュルケムは、スミスが着目したのと同じ「分業」という社会的事実を取り上げながら、それを「連帯の社会学」として構想していくことになる」。

かかる氏は「このデュルケムを結節地点として、スミスとギデンズは連帯の社会学という意味において結びつくのである。このことは外在的要因ながら、ギデンズの社会理論の中にも、スミスがもっていた問題意識の継承があったといっても過言ではないであろう」と論述するのである。すなわち氏は、ギデンズが「デュルケムの影響を受けて道徳的個人主義の系譜で個人主義を捉えている。それは社会に拘束されているといった意味での個人主義である」とした上で「これは自己と他者との共約可能な価値を希求するものであり、デュルケムの示した道徳概念であるともいえる」といい、「こうした考え方が、単に個人ひとりのよき生の充実を超えて、「善い社会」としての共同体が成立することへの基層として置かれる。以上、ギデンズの議論の中に、スミスが提起した有徳性の議論と共通する理論的な視点を見出すことが出来るのである」と結論付ける。論稿の小括において、高橋氏は「グローバル化が深化し、国際的分業と経済市場主義に社会が分断されることによって、いかなる諸個人の幸福な生活すら揺らぎかねない。それは時として、生の保証すら脆くなりかねない。現代社会において、イギリスも、また我が国も例外ではない。このような現代社会であるからこそ、有徳性の意味や普遍性を問うことは意義をもつと言える」としている。

（補論）「デュルケム（フランス）における開かれた分業社会と道徳的連帯の可能性」（大澤善信氏）、「１　分業と道徳的連帯」では「デュルケム社会理論もまた分業の理論である。とはいえ、単なる市場関係の拡大を称揚するものではない」ともされ、「デュルケムの錯雑な分業理論にあっては、分業の進展は社会組織を形成する社会的連帯の一源泉なのである」とされる。氏によれば「分業の拡がりが進み諸国家の連合によって、いわば今日のEUほどの社会単位が創られうるものという構想を含んでいた」とされ「デュルケムは、道徳的コスモポリタニズムの可能性をほのめかしながらその限界を指摘する」と氏はいうのである。つぎに氏は「２　交換と道徳的連帯」において「近代的社会形成である有機的分業社会においては、この両側面が明瞭な差異をもって浮かび上がるようになる。有機的分業社会においては単に強力かつ抑圧的な集合意識から免れるようになるというだけではない。有機的分業自体に教育的作用があるのだと見ることができよう」と指摘する。その上で大澤氏は続ける。「すなわち、有機的分業は契約の一事において明白なように近代法とともにあり、規制を抽象化し抑止的・刑罰的な制裁を緩和し、それによって人々の経済活動や投機・合意の自由を外部から規制する道徳が活気づけられよう」とデュルケムの論を紹介する。ここにおいて、本書のテーマである「有徳論の国際比較」を考えるのであれば、直ちに芦東山『無刑録』と「二十二箇条の上言」の執筆意図と目的が念頭におかれる。

氏は「3「同感」原理と「交換」原理」においてスミス『道徳感情論』を再度登場させ、「第一部・第二部における道徳コミュニケーションの中で人格の観念が主体に帰属するものとして現れてくる。道徳論において問われる有徳性（virtue）とは、その人格性において現れるこの内発的主体性ということであろう」という。さらに氏によれば「スミスの道徳論の構成は、相互行為から社会を構成する社会学的な道徳の相互主観性の理論」であって、「それは一見するところ、デュルケムが有機的分業社会において見出している道徳的価値の発展すなわち普遍的人権の理念、人格崇拝の観念と相通じるものである」とされ、「むしろ、デュルケムによって整合的に論じられてこなかった有機的分業と連帯との間の間接的で偶然的な連関を補綴するものであると言って過言でないように思われる。すなわち、この有機的連帯の道徳に関しては、アダム・スミスの愛他的でもある感情コミュニケーションの道徳論が妥当するはずである」と指摘する。ただし、デュルケム自体は「アダム・スミスを道徳理論家としてではなく分業の利点に関する提唱者としてのみ関心を寄せている。スミスの社会理論は分業と契約の、すなわち功利主義的であり個人の利得計算に基づくものに過ぎなかった。デュルケムの〝道徳＝社会〟論は、スミスの理論は分業を個人主義的・交換論的な観点から論じようとする試みだとしてそれを退けているのである」と氏は説いている。

ここで氏はデュルケムの「極めて深遠にして錯雑な論理を含んでいる」分業展開に触れたのち

に「法が『社会的』であるには、契約当事者たちの利害や意図を超えた起源を持たなければならないのである。契約が存在するには法的規制が存在しておらねばならず、そして法的規制は社会が存在するところにおいてのみ可能なのである」とする。氏は最後の「4　負債論的連帯論へ」において、次のように補論テーマを纏める。「デュルケムにあっては、道徳の本質はそれが義務的な力として発現することの中に求められる。規範が規範であるのは、それが成員の間の自己利益の促進することが相互主観的に確認されたからではなく、成員がその強制的な性格の存在を確信したからである。すなわち、社会は、自らを統合するために道徳を生み出すのである」。ここにはどうしても東山「上言」との重なりが想起されるのである。

（コラム）「ルーヴァン（ベルギー）、ハーメルン（ドイツ）にみる救貧と「有徳」性」（橋本和孝氏）橋本氏のコラムは本書の主題を考える上に有効である。はじめに氏はルーヴァン（ベルギー）における「ルーヴァンの街を散策していると、オランダ語のフロート・ベギンホフ Groot Begijnhof なる修道院らしき建物に遭遇した」として、一二三一年「半聖半俗の半修道女のためのコミュニティとして」設立されたという建物を紹介される（写真）。カラーで見る空の色はブルー・スカイ・ブルーである。ここは「病気や貧困で苦しむお年寄りたちの収容所でとなり、半修道女たちは寄付を募り、あるいは教育やケア、裁縫、洗濯、紡糸によって収入を得ていたのである最盛期の一七世紀には、三六〇人もの半修道女がいたようである」とされるが「ここは一七九五年に廃止され、当時一九八人の信徒がいた」と記される。もう一つはハーメルン（ドイツ）におけるベギーネンホーフである。氏は「オランダ語はドイツ語と似ているが、デンマーク語もドイツ語に似たところがあった」との感想を述べたのち、「ドイツ語では、ベギーネンホーフ（Beginenhof）となる」と説明する。

氏は続けて「実は、フロート・ベギンホフが設立された時期、「ハーメルンの笛吹き男」で有名なドイツのハーメルン市でも、同じような施設が造られたのである」（写真）、「ベギーネ派の尼僧修道院という意味」を持つベギーネンホーフの活動内容を次のように紹介する。「これは俗人の宗教的活動による奉仕事業で、貧窮化した市民やその身寄りを収容した。ベギーネンホーフへの入所資格は40歳以上の婦人にあり、祈りと労働、病人の看護などを行なった。この事業は14世紀以来人口増加の圧力のもとで結婚出来ず、独立した家計を営むことが出来ない婦人が増加していたことに対する救済対策でもあった」。信仰に基づく、素晴らしい事業目的である。氏は最後に「キリスト教的汎愛」について触れる。「では尼僧修道院の淵源はどこに求められるのであろうか」。氏はいう「それはラテン語のHospes（客人、主人、他人）に結びつくのである」「巡礼や参拝者を宿泊させる施設でもあり、病人・貧困者を一時的に収容する場所であり、病院でもあったのである」と。氏は続ける。「中世においては、救貧院であり、巡礼者のための宿泊所であり、慈善学校の意味があったのである」。

氏は「ホスピタルやゲストハウスは、『新約聖書』の「マタイによる福音書」第25章にしたがって、空腹の時には食べさせ、渇いているときには飲ませ、旅人には宿を貸し、裸であるときには着せ、病気の時には見舞い、獄にいる時には訪ねるという六つの「慈善」を施すために設けられたのであった」と聖句を紹介された上で「このようなキリスト教的汎愛は、人間には、利己心のみならず利他心、愛他心（altruism）があると見なすものなのである。愛他的行動は、動物にも見出されるものであるが、愛他心とは自己犠牲や公共財への貢献など他者の利害やニーズへの見返りを求めないような関与のことである」として、「ペギーネ派あるいはペギン派の女性たちは、キリスト教的な汎愛を実践し、敬虔な生活を日々過ごしたのであり、「有徳性」に向けて実践したのであった」とコラムを結ぶのである。

以下、本書に寄せられた特別寄稿（三編）について、その概要を見ておきたい。はじめに「賀川豊彦における「有徳」について――互助友愛の教育と実業」（松野尾裕氏）である。賀川豊彦（一八八八―一九六〇）は「キリスト教の牧師であると共に、労働組合、農民組合、協同組合、世界連邦などの社会運動において先駆的に活躍した」。「一九四七、四八両年にノーベル文学賞候補に、一九五四、五五、五六年にノーベル平和賞候補になった」ことでも知られる。氏はまた「賀川は一九二四年に東京深川で開催された児童保護講話会の席上で「六つの子どもの権利」――すなわち、「一、子どもは食う権利がある。二、子どもは遊ぶ権利がある。三、子どもは寝る権利がある。

四、子どもは叱られる権利がある。五、子どもは親に夫婦喧嘩を止めて乞《もら》う権利がある。六、子どもは禁酒を要求する権利がある」――を提唱し、子どもの生きる権利を訴えた」とし、ユニセフにより「子どもの最善の利益を守るリーダー」として世界の五二人が選ばれたが、その中に日本から唯一人、賀川豊彦が入っている」と紹介する。

賀川は「その若い日にスラムのなかで実践した貧しくされた人と共に生活しながら聖書を読むという姿勢に徹し、自身の経験にもとづいてイエスを理解するという自己流を貫いた」が、「イエスは神の国を『社会性の裡に発見さるべきものであるとせられた』ということを、賀川は明確に理解していた」と氏は紹介する。一九二二年、賀川はデンマークを訪れた。賀川は言う「デンマークの農村問題は、数字や統計の問題ではありません。それは根底において、精神主義的ものです。日本がいくら表面だけを模倣しても、それは、とても成功は覚束なうございます。問題は、愛の社会組織です。つまり、一致です。協力です。愛です。理想です。努力です」。さらに賀川が「グルントヴィの最初の学校は、生徒がわずか四人しかありませんでした」と国民教育思想家グルントヴィですら最初は数名の生徒から始めたことを松野尾氏は紹介するが、ここでは梅岩が心学を説いた際の門人数を想起する。賀川は帰国後帰国後現西宮氏に自宅を建て家族とも東京から移り自宅で「農民福音学校」を設立した。ただし「食費を半分だけ学校の方で持つことにしている」ため「定員があつて一〇人以上採れない」とされた。賀川の構想は農業青年の協力のもと、全国各地で「農民福音学校」の名称での講習が開催された講習が開催された。しかし賀川は牧師であり農業の専門家を伴う必要があった。松野尾氏はここで賀川『農村社会事業』を引き「然らば、その農村救済の根本精神は何であるか、曰く三つの愛である。土への愛、隣人への愛、神への愛である。然るに、近代人は土への愛を離れて、金銭への愛に走り、隣人への愛を離れて憎悪の福音を播く」と紹介し、「賀川の新しい農村づくり論は三つの柱から成っている」という。すなわち「第一の柱は、「精神更生」である。『土を愛し、隣人を愛し、神を愛する』。この『三愛』こそが農村における互助友愛の実践である」。ここにいう、「土を愛し、隣人を愛し、神を愛する」は尊徳「財宝増減之解」のいう「天地人」の教えそのものである。ついで「第二の柱は、「立体農業」である。賀川は、当時の農業が稲作と養蚕に片寄りすぎていることを指摘し、天候不順による凶作や景気変動による被害を最小限にとどめるためにも、多角的な農業経営へ、とりわけ有畜農業への転換を主張した」として、具体的農政としては「耕地を拡大するためには山岳傾斜地の利用を進めることが必要であるとして、そうした傾斜地に適した栗や胡桃等の樹木作物の栽培や養蜂、山羊や兎等の小家畜の飼育による乳や毛皮の生産を推奨した」という。さすがに殺生禁止の江戸時代にあって「山羊や兎等」など有畜農業の奨励は見られないものの東山の藩政改革論においては「商品作物」の奨励として「上言」（「田畠興廃」）に論じられたところである。「第三の柱は、『協同組合』の構築」であった。これについては、紙面の関係上本書に挙げることの出来なかった江戸の農村指導者大原幽学がいるので参考にされたい。[2] 松野尾氏は「御殿場農民福音学校高根学園」を成功例の一つとしてあげている。ここでは「一方に於ては養豚組合を作り、他方に於てはハム、ソーセーヂの製造に専念することになつた」。また「農繁期には託児施設が設けられ、これは三四年に静岡県内初の常設託児所となった」とされる。

なお、一九三一(昭和六)年の「イエスの友会夏季修養会はこの新築の高根学園を会場にして開催され、講師として新渡戸稲造(一八六二―一九三三)が招かれている」とある。[3] ついで松野尾氏は「武蔵野農民福音学校には、五〇〇羽の鶏舎、一五頭の山羊舎、五頭の綿羊舎、蜜蜂五群があり、それらに加え豚舎一棟が建てられた」として、同所での食肉加工業と農村民への滋養供給面が紹介されるが、この点に関しても佐藤信淵の鶏舎大規模経営策を想起する。松野尾氏は「むすびに代えて」において、宮沢賢治の童話「ポラーノの広場」を紹介して「栗を加工し、ハムの製造や皮の加工を楽しく続けられる産業組合をつくる。これが、宮澤賢治の農村経済研究の結論である」として「ポラーノの広場」のモデルは農民福音学校ではないかという仮説を提示して本稿の結びとする」とされる。

ついで、広瀬淡窓著『儒林評』の江戸儒学三変論――朱子学に見える「有徳」性を考える――(三澤勝己氏)の論稿である。三澤氏は「本書の主題である「有徳」性を日本の江戸時代の社会で考える時、その与えた影響の強弱には評価の相違があるものの、人々の道徳規範を形成した一つの要因として、朱子学の存在が考えられることには異論がないだろう」と江戸の「有徳」性と朱子学との不可分性を論じる。その上で氏は、広瀬淡窓（一七八二〔天明二〕—一八五六〔安政三〕）の『儒林評』を取り上げ、江戸時代全般と朱子学との関係に論及するのである。「『儒林評』の内容は、淡窓の創設した咸宜園で開かれた夜話会に基づくと推定される」という三澤氏は、『儒林評』の「江戸儒学三変論」について詳述する。淡窓は「第一変では「二百年来ノ儒風、大略三変セリ」の出だしに続いて、藤原惺窩・林羅山を挙げ二人を「本邦儒道ノ中興ニシテ、又程朱学ノ開祖タリ」と位置づけている。続いて、中江藤樹・山崎闇斎・熊沢蕃山・貝原益軒・木下順庵を挙げて『其人ト学ト不同アリト雖《いえど》モ、大抵性理ニ本《もとづ》キ、躬行《きゅうこう》ヲ主トセリ』と述べている」とし、「これらの学者は、朱子学が基盤であると指摘している。この見解は、妥当なものといえよう」と同意を示している。ついで「第二変」では「伊藤仁斎と荻生徂徠の二人が取り上げられているが、この記述は主に徂徠を念頭に置いている」と氏は指摘し、朱子と徂徠の『論語』の注釈について中野三益氏の論を交えつつ論述する。また「第三変」について三澤氏は「この第三変では、朱子学に回帰したという記述と、折衷学が盛行したという記述に注目したい」とし、「江戸後期儒学における朱子学への回帰」に触れる。さらに氏は「この第三変の画期としては、寛政期が考えられる」としつつ「徂徠学の流行から朱子学への回帰は、単に朱子学を復活させたのではなく、この場合は徂徠学を経た朱子学であったということが、大きな意味を持つのではないだろうか」

という見解を示し、中野三益、土田健次郎、辻本雅史の解釈をあげた上で「ここに挙げた三氏の所論は、江戸後期の朱子学への回帰は、徂徠学を経た上でのそれであったとする主張で共通するであろう」と指摘するのである。

次に三澤氏は「これまで、折衷学を初めとする江戸後期の儒学は、それ以前の徂徠学などと比べて思想的価値が低いとして、あまり研究されてこなかった領域であろう」とし、代表的論著として丸山眞男『日本政治思想史研究』（一九五二年初版）をあげる。しかし氏は、先の中野氏と土田氏の論述に導かれつつ「両氏の所論は、折衷学に価値を認めようとする点で共通しているといえるのではあるまいか」として、「そもそも折衷をするということは、朱子学と徂徠学双方への知識が蓄積されたからこそ可能になったことではないだろうか」というのである。「広瀬淡窓の著述『儒林評』に見える三変論を通して、江戸儒学の三つの時期について考察を試みてみた」三澤氏は、「おわりに」において、再度「これまで、その影響に触れられながらも、江戸儒学全体を朱子学を通して検討することがあまり行われてこなかったのではないだろうか」と指摘する。「その点で、土田健次郎氏の研究は極めて示唆に富むものがある」という三澤氏は「土田氏は朱子学が江戸時代を通して浸透し、当時の人々のいわば基礎教養となっていたことを提示された。これは筆者も同感である」と結ぶのである。

最後の特別寄稿は「福沢諭吉の道徳教育反対論」——明治一六年『儒教主義』『徳教之説』を

めぐって――」（小室正紀氏）である。論文タイトルからは福澤諭吉が「道徳教育」そのものを否定しているようにも受け取れるが、決して福澤が「道徳教育」そのものを否定しているのではない。小室氏の論文では福澤の『儒教主義』と『徳教之説』が取り上げられるが、両著は一八八三（明治一六）年一一月一九日～二二日（『儒教主義』）、一一月二二日～二九日（『徳教之説』）と連続したものである。このころでは、自由民権運動への危機感と連動する一八八〇年代の教育政策（外国語教育の非重点化と併行した儒教的復古教育）があり、その教育政策変容の一因が維新以来の「洋学」にあると考えた元田永孚らが「儒教に基づく道徳教育」の必要性を訴えたという背景がある。

かかる福澤への評価は二分される。一つは丸山眞男による「反儒教主義は殆ど諭吉の一生を通じての課題」と捉えた評価で、丸山は「福沢のこの時期の儒教批判は、初期の『文明論之概略』の頃に比べれば、「より冷静に儒教思想を分析し」、その中でも当時の社会に適合しない「敵性」部分に批判を向けたものとしている」とされる。もう一つの評価は遠山茂樹（『福澤諭吉』）、安川寿之輔（『日本近代教育の思想構造』）による福澤批判である。はじめに遠山の福澤批判について、小室氏は「遠山は、当時の福沢は「開進論＝国権論の立場から尽忠報国の道徳教育を主張している」と紹介し、安川については「明治十年代以降の福沢は、「人民を国家の「客分」に」おしとどめるための路線を歩んだのであり、「生涯にわたる儒教主義否定論者としての福沢像」は「かれの真の実像」ではない」と紹介する。

これらの評価に対し、小室氏は「福沢あるいは『時事新報』の諸論説を読むかぎり筆者は、丸山の本質を射抜く分析力に敬服する一方、遠山や安川における文脈の取り違えに気づかざるを得ない」と批判した上で、「当時、福沢による儒教批判の論説は数多いが、中でも最も注目されているのは一八八二年の『学校教育』（単行本としての書名は『徳育如何』）『徳育余論』と一八八三年の『儒教主義』『徳教之説』である」とする。ここで氏は『儒教主義』における福澤の論を「この論説が論敵としているのは、儒教教育を復活しようという者たちである。彼らは、現状を「洋学流行して青年子弟甚だ不遜なり」と見て、「之を矯正するには道徳専一の儒教主義に依頼せざる可からず」と考えていた（268）。この論説の主題は、そのような者たちに対して、＊儒教が明治の社会あるいは近代社会における道徳としては不適格であるとを論ずることである」と解釈する。こう考える福沢を小室氏は「儒教が、その論理構造からして、青少年の政治的情熱を抑えて道徳のみを教育するには不適当であることを論ずる」として、「儒教主義とは、「政治と道徳と打混りたる一派一種の学風」（268）であるとの指摘だ」とし、ついで「儒教では、その徳論部分である「修身斉家」（すなわち個人家庭道徳）とその政論部分である「治国平天下」（すなわち政治）とは化学融合のように不可分になっており、「徳教の部分だけを引分けて之を利用せんなどの考は、唯是れ不学者流の頭脳に往来する妄想」だと断言する（271）のである。ただし、福沢が『儒教主義』において「何故ならば、日本人民は、私徳については平均して身が修っており、公徳も堅固であり、国も治っており、修身斉家・治国平天下は、現状で少しも問題ないからである（276）」といい、もし「今の儒教先生が果たして周公以下の遺志を継続せん」（276）というならば、外国交際に関する「古聖人の不足を補綴」（277）しなければならない」という解釈には多少の疑問も生じる。というのも、論文を拝読する限りにおいては「日本人民は、私徳については平均して身が修っており、公徳も堅固であり、国も治っており、修身斉家・治国平天下は、現状で少しも問題ないからである」という福沢の「私徳」論、「公徳」論には根拠が示されていないからである。また、もし「今の儒教先生が果たして周公以下の遺志を継続せん」（276）というならば、外国交際に関する「古聖人の不足を補綴」（277）しなければならない」という解釈についても科学的論述とは到底思えないからである。しかしこの点については、小室氏は「このように、現代に合わせた儒教の改変ができるものならやってみろと言わんばかりの挑発をして、この論説は終わっている」と福沢の真意を代弁されてはいる。

続く『徳教之説』において注目されることは、「道徳の教を「博くせんとする」（280）には、「数理」（科学・理論）ではなく「情」だという見解である。福沢は言う。「古い君家を貴び、父母、自分の家、居村、自国を愛するのも、理屈ではなく「情」による（同）。「報国尽忠」の主義もそのようにして成っており、それも全く「情の働」（281）である。一方、政治の根拠となる法律経済は「数理」によっている。」と。すなわち福沢は「「情の働く所」と「数理の在る所」とは明確に異なるので、「情の働」である「宗教の信心」や「居家の人倫」や「尽忠報国」などと、「数理」に基づく「政治の主義」を混同してはいけない（同）と強く主張するが、これを氏は「儒教が道徳の教として適切でないのも、「政論と徳論を混同するが故」（同）であると指摘している」と解釈する。ここで筆者は「その教育政策変容の一因が維新以来の「洋学」にあると考えた元田永孚らが「儒教に基づく道徳教育」の必要性を訴えたという時代背景」に再度注目しておきたい。というのも、福沢のいう「「情の働」である「宗教の信心」や「居家の人倫」や「尽忠報国」などと「数理」に基づく「政治の主義」を混同してはいけない」という指摘が、たとえば本書の１で取り上げた芦 東山など近世の儒者をも含めてどの程度の時を超えた「普遍性」を持ち得るかという細やかな疑問である。(4)

(2) むすび――「有徳論の国際比較――日本とイギリス――」

以上、近世の日本では、本論（補論を含む）では、芦 東山「二十二箇条の上言」を基調論文として、川路聖謨（武士）、二宮尊徳・佐藤信淵（農政・農学）、石田梅岩（商業）、本多利明（経世家）を、イギリスでは、マキアヴェリ、トマス・モア、ホッブズ、ロック、マンデヴィル、スミス、ギデンズ、フランスではデュルケムが登壇し、最後の特別寄稿では、広瀬淡窓、賀川豊彦、福沢諭吉が紹介されている。都合日本では九名、イギリスでは八名、フランスでは一名の都合一八の人物が本書には収録されたことになる。

それでは果たして、以上にあげた東西の事例から「有徳」に関する共通的解釈は抽出しうるのであろうか。はじめに近世の日本から見ると、①「善人を育てること」に教育目標をおいた芦東山は「人を褒めること」を教育の基調においた。蟄居生活二三年に及ぶ中、一七年目にしての東山刑罰縮小論を『無刑録』に説き、さらにその間「二十二箇条の上言」を書いた儒者としての東山の「有徳」性は重く、その論は普遍的な教えが見出せる。②「士」としての川路聖謨は恐らく「日々の鍛錬」に他者への思いやりを身につけ「自国の文化を以て他国の文化を批判してはいけない」と論じ、津波に旗艦を失ったプチャーチンを励ます「有徳」性をみせた。③二宮尊徳は少年期に学びえた「勤労」観を理論的に普遍化し、関東以北を中心とする諸藩復興に勤めて政策応用したほか、小田原仕法「畳置き」（尊徳仕法廃止）とほぼ同時期における日光「御神領仕法」に活路を見出し、荒廃農家家々の復興に心を尽くすという「有徳」性を見せた。④佐藤信淵は寒冷地農業の土壌対策と商品作物の奨励による農法に創意工夫を凝らし、農業経営者（商品作物生産者を含む）および農民を助けるという「有徳」性をみせた。⑤梅岩は商《あきない》における「正直」を最も肝要なものとして独自の「商人道」を説き、論著において「誠実・孝心・正直」の三徳を列挙論じた点において「有徳性が」認められる。

一方のイギリスでは如何なるものであろうか。スミスについては上記に江戸思想との対比を交えてその概要をまとめておいたが、㈠伊藤哲氏はスミスについて次のようにもいっている。「スミスの「同感の原理」の核心である「適宜点（the point of propriety）」に関して、我々は次のことを振り返っておかねばならない」。「すなわち、高い「適宜点」を持つ性向として、人間愛、親切、自然的愛着、友情、尊重への性向を上げる。他方、人々を相互に離反させる、または人間社会の結合を破壊する傾向性のある性向、すなわち、低い「適宜点」を持つ性向として、怒り、憎悪、羨望、復讐への性向を上げる」と。東山「二十二箇条の上言」の核心は「民心背クトキハ其情離ル」であった。尊徳の桜町仕法が不備に終わり成田山断食となったこととも重ねて考えることができる。しかし、一方において伊藤氏は次のようにもいっている。「スミスは、「高慢」と「虚栄」を悪徳として認めているけれども、それらの性格を有する人間が、日常生活の中で、そのまま悪徳の人として扱われているか否かを問う」と。また伊藤氏は続けて「スミスは、確かにこの両者は悪徳であり、その悪徳の性格を有している人を普通の水準より低く位置付ける風潮があることを認めているのだが、その一般的見解に異論を唱える」こともして「スミスは、この両者を一般的水準よりもかなり高く位置付ける。彼らを本当の競争者の中において眺める。そのとき、彼らが真の優越性を保持しようとするとき、「高慢」はしばしば尊敬すべき徳性を、「虚栄」は愛すべき徳性を伴うとスミスは指摘するのである」と。この問題について伊藤氏は「これらの考察は、諸徳性の真の評価基準の複雑性と難解性を同時に照らし出すとともに、諸徳性の尊厳と輝きを導き出す徳性としての「自己規制」の存在を強調し、近代市民社会の諸徳性の在り方と適切な社会の進展を『道徳感情論』第六版第六部が示した、と言っていいであろう」として「諸徳性の真の評価基準の複雑性と難解性」を確認するのである。

(二)一方、「スミスの『有徳』性に関して直接論じることのなかった」ギデンズの場合、イギリスの現代社会において、高橋一得氏によれば「社会主義の刷新を模索して、いかに「善い社会」(Good Society)が形成しうるかといった点を考察した」とされる。高橋論文に注目される点は、氏がギデンズの「有徳性」問題に接近する一手法として、「ギデンズは社会主義の現代的刷新に関する問題や、民主制に関する議論を行った。そうした彼の議論の帰結が「ユートピア的現実主義」という考え方に至るのである」としたことであろう。氏はいう「しかし、ギデンズの社会理論において功利主義的な個人主義は批判の対象であった。個人主義に関してギデンズは社会学的な伝統により道徳的個人主義を前提とする。すなわち、諸個人同士相互に尊厳を保つような意味での道徳を前提とした個人主義の考え方である」。イギリス現代社会に生きるギデンズを近世日本の思想・政策と比較することに比較することに困難性はあるが、ギデンズのいう「道徳を前提とした個人主義の考え方」に江戸の「有徳性」との普遍性を見出せる可能性はある。高橋氏は「(エミュール)デュルケムは、スミスが着目したのと同じ「分業」という社会的事実を取り上げながら、それを「連帯の社会学」として構想していくことになる」。とし「このデュルケムを結節地点として、スミスとギデンズは連帯の社会学という意味において結びつくのである、と論じる。

しかし、続く大澤善信氏のデュルケム論では「以上のスミス理論における交換と分業の自由主義的概念は、デュルケム理論には首肯し難いものを含んでいる」とされ、「なによりもデュルケムの分業論において、分業はランダムな交換に供されるかたちで展開するものではない。『社会分業論』第2篇Ⅱ「原因」4節によれば、デュルケムは分業の進展のあり方を生物学的分化になぞらえている」と説くものであり、上掲のように氏はデュルケムの論を「このような分業展開の論理は極めて深遠にして錯雑な論理を含んでいる」とする点に、思考の方法としては近世社会における「倹約」論をきわめて迂遠的に説いた梅岩「心学」との共通性を想起しうる。そのほか同氏の論と江戸のそれとの比較考察（道徳の本質論）については既に論じたところである。

以上、本書の主題となる「日本とイギリス」の事例をあげ考察対象としてきたが、本書の「はじめに」も論じたように、一七〜一八世紀の日英では国家経営（国益）追及手段の在り方が正反対で、一方における（「鎖国」と他方における「海外拡張」）であり、このような両国における環境上の差異を念頭におくことなく「東西比較」を行うことには違和感が生じる。(5) しかしながら、歴史の営みとして、人間生活に深くかかわる「徳」の問題は古今東西を問わず生活の日常的課題であったことも本論諸稿から読み取ることができよう。その意味では、直接取り上げることのなかったIの「コラム稿」もきわめて示唆的である。

　はたして「有徳」とは何であるのか。答えの出るものではないが、筆者が文学部に移籍して以来、研究室においてあるものがオスカー・ワイルドによる『幸福の王子』である。この絵本童話には人（燕も）の優しさを追求するというワイルド「有徳」性の底力をみる思いがする。また、筆者が渡英の際に唯一観劇した「キャッツ」にもその意外な結末に深く感動した。

　なお、イギリスの社会（西欧社会）を考える場合「信仰」の問題もかなり重要であることが諸論稿から学びえたことの一つである。

　「まとめ」を終えるにあたり、貝原益軒が『慎思録』（八五歳）に述べた次の言葉を挙げておきたい。「今の学者は書物を読み、文を学ぶことは十分に務めてはいるが、残念ながら人間としての徳を慎みよい行為をする努力に欠けている。だから学問は次第に進歩していくが、徳行はかならずしも進歩したとはいえないのはまことに当然である」（学問と徳行との並進）[6]。全国の小中学校では二〇一九年度より「道徳教育」が必修化される中、重みのあることばである。本書では、必ずしも形ある結論を導くには至らなかったが、主として近世日本における「有徳論」と近現代におけるイギリスの「有徳論」とを比較し、その異同に留意し、解釈上の共通性（普遍性）が多少なりとも認められるのであれば当初の共同研究における目的は一応達せられたのではないかと考えている。ともあれ、江戸を講義しつつ常に頭に置かれていた「有徳論」の国際比較を一書に纏められたことに感謝申し上げ本書の結びとしたい。

［註］

（1）「重商主義」についての理解は、前掲、拙書『近世日本の「重商主義」思想研究—貿易思想と農政』第一章「『重商主義』概念の普遍化と日本への適応」を参照。

（2）大原幽学は（一七七九〔寛政九〕～一八五八〔安政五〕）、香取郡長部村の農業指導者で「神儒仏」のほか心学の影響も受けたともいわれる。農村に日本で初めての「先祖株組合」を設けたが、幕府の嫌疑のもと自刃した。幽学高弟の農民による『成毛五郎兵衛の日記』本郷書店、一九九九年は幽学研究に必読である。

（3）新渡戸稲造には『農業本論』（一八九八〔明治三一〕年、裳華房）のほか、札幌農学校における講述（口述原稿）『農業発達史』（同年、大日本実業学会蔵版）がある。新渡戸は大著『農業本論』第一章「農の定義」結論において「要之、特殊の目的を以て解釈を下す場合にあらざる以上は、本書に列挙せる農の定義中、第二種即ちテエル氏（Alberecht Thaer 1752—1828、引用者）若くは佐藤信淵翁の説の如きを以て最も当を得たものとす」として、本書にあげた佐藤信淵の農学・農政論を高く評価している。なお、新渡戸稲造については、草原克豪『新渡戸稲造１８６２—１９３３　我、太平洋の橋とならん』藤原書店、二〇一二年を参照されたい。

（4）なお、この点については松野尾　裕氏による意義深い指摘があるので紹介しておきたい。「翻ってみれば、近世（前近代）日本社会にあっては、経済をめぐる緒論は基本的に「経国済民」論、すなわち、統治の術策であった。そこでは。三民（農工商）の経済行為に、積極的な意義が認められることはなかった。」（『田口卯吉と経済学協会』、日本経済評論社、一九九六年）。

（5）スミスが『国富論』第四篇において「しかし国防は富裕よりもはるかに重要であるから、航海条例は、おそらく、イングランドのすべての商業上の規制のなかでもっとも賢明である」（水田洋監訳・杉山忠平訳『国富論』三一六～三二〇頁）といったことはイギリスの地理的・歴史的環境を言い当てている。なお、拙稿「重商主義の政策と思想」（小林照夫編著『イギリス近代史研究の諸問題―重商主義時代から産業革命へ―』丸善株式会社、一九八五年）に「イギリス航海法」の歴史と意義を論述した。

（6）貝原益軒『慎思録』講談社学術文庫（伊藤友信 現代語訳）。一九九六年、四六頁。なお、本書の執筆中、コラムご執筆の橋本和孝先生に紹介された麗澤大学とホーチミン市国家大学人文社会学大学の共同研究である『現代における経済と道徳』（二〇〇四年）には改めて興味を深めた。中山理学長の近世経済思想（職業倫理）を核とする「経済と道徳」の追究、ヴォ・ヴァン・セン学長による日本近代化とベトナムの将来構想図の提言、グエン。ティエン・ルック先生によるファン・ボイ・チャウ「十大快」（例えば「民を妨害する官吏はいない」社会を目指す）には、すぐに芦 東山「二十二箇条の上言」との共通性を思い起こした。

（謝辞）

本書の核となる部分は「はじめに」も記しましたように矢嶋・伊藤・高橋三名による二〇一三年以来の共同研究です。併せて本書には、三名の論稿を補う意味においていくつかの補論およびコラムをご寄稿頂いており深く感謝いたします。また、三澤勝己先生、松野尾 裕先生、小室正紀先生にはご多用の中「特別寄稿」をお寄せ頂きました。本書に執筆をご一緒させて頂いた皆様を含め厚く御礼申し上げます。なお、最終校正までご一緒された三澤勝己先生には格別なるご助力を頂きました。クロスカルチャー出版社長の川角功成氏のご尽力と合わせてここに感謝申し上げます。末尾にはなりましたが、本書の出版に際しては人文科学研究所二〇一八年度「出版助成金」を受けることになりました。この間、終始お骨折り下さった研究所所長の中村克明先生には衷心より御礼申し上げる次第です。

なお、同書を恩師の小林正彬先生と昨年逝去された大学院後輩の長谷川洋史君に捧げます。

執筆者紹介

編著者（「共同研究員」）

矢嶋道文　関東学院大学名誉教授

「共同研究員」主要業績

伊藤哲　関東学院大学非常勤講師、二〇一二年～二〇一三年度人文科学研究所「共同研究員」

『アダム・スミスの自由経済倫理観』八千代出版、二〇〇〇年。『「見えざる」社会―想像力の真価とアダム・スミス―』八千代出版、二〇一〇年。

高橋一得　関東学院大学非常勤講師・柏木学園高等学校教諭（二〇一二年度～二〇一三年度人文科学研究所「共同研究員」

「藤田都市論の射程」『関東都市学会年報』第一七号、二〇一六年三月。「A・ギデンズのグローバリゼーション論―その位置づけと射程」『社会論集』第二〇号、関東学院大学人文学部社会学部会、二〇一四年三月。

〈補論・コラム、執筆者紹介〉主要業績

橋本和孝　関東学院大学社会学部教授

『失われるシクロの下で―ベトナムの社会と歴史―』ハーベスト社、二〇一七年。『コミュニティ事典』（共編）春風社、二〇一七年。

大澤善信　関東学院大学社会学部教授

『ネットワーク社会と空間のポリティクス』春風社、二〇一〇年。『自己言及性について』ちくま学芸文庫、二〇一六年（共訳書）。

永井四郎　麗澤大学名誉教授

『技術情報の経済学』税務経理協会、一九八六年。『新環境政策原理』麗澤大学出版会、二〇一六年。

安井　聖　関東学院大学准教授

共著『いつも喜びをもって――エフェソの信徒への手紙・フィリピの信徒への手紙講解説教』教文館、二〇一八年。『アタナシオス神学における神論と救済論』関東学院大学出版会、二〇一九年。

宮田　純　帝京大学准教授

『近世日本の開発経済論と国際化構想―本多利明の経済政策思想―』御茶の水書房、二〇一六年。共著『幕藩体制転換期の経済思想』慶應義塾大学出版会、二〇一六年。

伊藤　綾　関東学院大学非常勤講師

「明治初期における日伊外交貿易の特質―「彰義隊隊長」渋沢喜作の養蚕視察とイタリアの対日貿易需要」矢嶋道文編著『互恵（レシプロシティ）と国際交流』（クロス文化学叢書 第1巻）

クロスカルチャー出版、二〇一四年。「渋沢喜作を通してみた明治維新―彰義隊発足から新政府出仕まで―」関東学院大学文学研究科博士学位論文、二〇一七年。

暴　図亜　関東学院大学非常勤講師

「『明実録』にみる室町幕府と日明貿易―室町幕府崩壊の外因―」関東学院大学修士論文、二〇一四年度。「日中双方からみた勘合貿易―国益と互恵性―」関東学院大学博士学位論文、二〇一八年度。

洪　涛　昆明理工大学専任講師

「漢方医・馬栄宇の研究：北山寿安前史」『KGU比較文化論集』第八号、一二五～一五三、五三頁、二〇一六年。「漢方医北山寿安―中日医薬学文化思想の比較研究」『KGU比較文化論集』No.九、一二九～一四六頁、二〇一八年。

小田弘史　関東学院大学大学院文学研究科比較日本文化専攻博士後期課程在籍

（翻訳）金ギョンスク『日本に行った朝鮮の知識人たち』（二〇一二年・未刊行）、（翻訳）孫承喆「朝鮮後期　対日政策の性格研究」（一九八九年、学位論文）。

石川和枝　関東学院大学大学院文学研究科比較日本文化専攻博士後期課程単位取得

「福田敬子〈十段位〉の「柔道精神」にみる「文武両道」の思想と教え―嘉納治五郎「女子柔道教育思想」の継承と発展―」関東学院大学修士論文（二〇一五年）。「福田敬子（十段位）にみる柔道精神と「文武両道」思想の教え―嘉納治五郎の教えと福田敬子 Soko Joshi Judo Club ―」関東学院大学博士予備論文（二〇一九年）。

（特別寄稿）

三澤勝己　関東学院大学、早稲田大学非常勤講師

『江戸の書院と現代の図書館』樹村房、二〇一八年。『蒙求』（新書漢文大系二八、明治書院、二〇〇五年（編著）。

松野尾　裕　愛媛大学教育学部教授

『希望の経済―賀川豊彦生活協同論集』編・解説　緑蔭書房、二〇一八年。『日本における女性と経済学―一九一〇年代の黎明期から現代へ』共編著　北海道大学出版会、二〇一六年。

小室正紀　慶應義塾大学名誉教授

『草莽の経済思想―江戸時代における市場・「道」・権利―』御茶の水書房、一九九九年。編著『近代日本と福沢諭吉』慶應義塾大学出版会、二〇一三年。

（肩書きは二〇一九年度のもの）

人名・事項索引

あ 行

か 行

さ　行

た　行

な 行

や　行

ら　行

欧　文

クロス文化学叢書（Cross-cultural Studies Series）発刊に際して

二一世紀は精神生活を豊饒にする世紀である。ＩＴ革命が進んだ今、書物の復権が叫ばれて久しいが、物質文明に浸食されてものが溢れてしまい、却ってものを見たり、感じたりする力が衰えてきている。慎ましやかな人間の存在が人間の創造した物質によって自らを破壊していることは事実である。今こそこうした人間の危機を打開し、世界の平和を求めて、知の円環運動を射る新しい矢が必要なときである。このような事態に直面して、真の教養とは何かを地球規模で問いながら、真理は万人のために拓かれることを痛感したとき、私たちは新たな知の地平を構築する意味の重要性に気づく。

クロス文化学叢書（Cross-cultural Studies Series）は〈知〉の気球を飛ばして狭くなった地球をじっくり歩く試みとして発刊する。国と国との境界を超え民族間の争いを超えて、私たちの精神生活が豊饒さを共有するとき、私たちは初めて shake hands できるのである。そこには政治的、経済的、社会的、文化的な枠組みから放たれて、ものごとの全体をよりよきバランス感覚をもって俯瞰できる地球人として自覚された人間がいる。ゆえに、クロス文化学（Cross-cultural Studies）とは国際間の交流をはかるものさしである。換言すれば、地球人としての自覚をより進化させる学問なのである。

それはまた、異文化、多文化、多言語化の現状を認識し相互理解を深めていく知の連関運動でもある。出版界がかつてないほどの怒涛にある現在、あえて新教養書を発刊する意味は大きいが、また、幾多の困難も予想されることも事実である。ここに出版人としての自覚を促しつつ読者諸氏の共感を期待するものである。

二〇一四年　九月

クロス文化学叢書 第3巻　有徳論の国際比較——日本とイギリス——

2019年3月30日　初版第1刷発行

編　著　　矢嶋道文
発行者　　川角功成
発行所　　有限会社　クロスカルチャー出版
〒 101-0064　東京都千代田区神田猿楽町 2-7-6
電話 03-5577-6707　　FAX 03-5577-6708
http://crosscul.com
印刷・製本　シナノパブリッシングプレス

ISBN 978-4-908823-51-0 C0020 Printed in Japan